不懂社交 小心社死

「談」情說愛、先「捧」後求、萬事有「禮」，一本書教你

屬於成年人的社交潛規則

「好想放棄，做人太難了！」
「能力不足的我將來會如何？」

本書帶領你了解屬於成年人的社交潛規則，找回人生定位。

康昱生，田由申 —— 著

崧燁文化

目錄

目錄

第四章　一副好口才，處處受歡迎

目錄

第七章　思考帽＋行動鞋，萬事皆有可能

第八章　可方可圓，萬事通達

目錄

前言

做人做事，對每個人來說，都是人生的必修課！誰忽略了它，就會失敗；反之，就能擁有成功人生。

在生活中，那些春風得意、成績斐然的人，無一不是懂得做人之道的人；那些輕鬆駕馭人生局面，左右逢源、逢凶化吉的人，也無一不是懂得做事之道的人。

但世界上最難的兩件事也是做人和做事。為什麼這麼說呢？平常談到做人，我們就會被其中深奧的道理所困惑，乃至於百思不得其解。拿破崙有一句名言：「善做人者，就可以贏得世人最豐厚的回報。」但是在這個世界上得到豐厚回報的人卻是少之又少。儘管我們思考過做人方面的問題，也曾碰到過許多解不開的「結」，也曾向那些成功者學習做人的道理，但我們仍在做人方面有許多的苦惱和不解。

不善於做人，自然也無法把事做好。正如美國哈佛大學著名行為學家皮魯克斯所說的：「做人是做事的開始，做事是做人的結果。掌握不住這兩點的人，永遠都是邊緣人！」可見，做人和做事雖然發生在兩個互不相干的領域中，但更多的時候是相互交融並相互影響的。也就是說，若想避免生活中那些本不該有的麻煩和挫折，成就一番偉大的事業，就要把人做好，把事做成。畢竟，成功的機會對每個人來說都均等，我們唯一能勝過別人，與眾不同的地方就是做人做事的方式。

那麼，究竟如何做人做事才最有幫助呢？具體來說，展現在以下幾個方面。

其一，做人做事的過程中要找對位置做對事，忙要忙到重點上。

做人做事要有目標，有了目標後行為的針對性更強，效率更高。一個人若想不斷提升自己做人做事的境界，就要先對自己有正確的了解，然後為自己找到準確的定位，如此才能靈活自如的去做人做事，以便解決棘手和麻煩的問題，成為現實世界裡的強者。

其二，以德為先：做人做事先從修身開始。

詩人但丁說：「一個知識不全的人可以用道德來彌補，而一個道德不全的人卻很難用知識去彌補。」花不可無蝶，人不可無德。做人做事最重要的就是自身的修養。

其三，做人做事先處理好心情，才能處理好事情。

表面看來，事情和心情是兩個完全不同的概念，但是身為一個有著複雜情感因素的人，許多時候，心情和事情是交織在一起的。當一個人的心情沒有處理好時，他的事情也常常處理不好。反之亦然，如果心情處理好了，接下來的事情就容易處理多了。因此，在做事之前先處理好自己的心情，做事也將變得容易很多。

前言

其四，做人做事口才很重要，練就了一副好口才，才能處處受歡迎。

說話的藝術已成為成就非凡人生的必要條件。無論是在日常生活中，還是在職場中，或是在感情世界裡，口才都發揮著很大的作用。

其五，做人做事貴在細節，小事才能成就大事，細節方可成就完美。

生活實踐告訴我們「禍患常積於忽微。」在做人做事方面，千萬不能忽略關鍵性的細節，因為人生的關鍵處只有幾步。對此，自古有很多論述，如「不積跬步，無以至千里；不積小流，無以成江河。」、「千里之堤，潰於蟻穴。」細節是一根小小的鐵釘，當你忽略它時，它也會忽視你，最終可能使你付出更大的代價；若是你重視它，它也會幫助你，為你鋪墊成功之路。

其六，做人做事人脈最有幫助，只有結好人脈網，才能做人生大贏家。

「結網天下，雀無所逃。」任何人都有需要幫助的時候，可是別人憑什麼幫你呢？只有在平時花些心思，多為別人做點事情，積下感情分數，才能在關鍵時刻讓別人站在你這邊。弄清楚什麼樣的人值得交，什麼樣的關係需要好好維護，怎樣才能將微小的關係發展成日後有大收益的關係網，才是聰明做人做事的大學問。

其七，思考與行動的合作會使做人做事的成就倍增。

思考是大腦的寶藏，不思考的大腦是平庸的，甚至是災難性的。只要人善於積極的思考，任何困難和問題都能迎刃而解。養成勤於思考的習慣，方能闖出一片天地。但是，腦子絕不是讓我們躺在床上做一夜成功的夢，而是要我們運用大腦找到做事的思路，並付諸行動。如此，我們就能從平凡走向璀璨，由約束獲得自由，做人做事才能成就倍增。

其八，做人做事可方可圓，萬事皆通達。

「圓」有動態、整體、圓滿、靈活等含義，「方」則相對的具有靜態、部分、規則、原則性等含義。人們常說：「沒有規矩不成方圓。」、「有所不為才可有所為。」說的就是做人要方；而圓，就是處世老練，圓融。我們做人做事必須在方中安身，圓中立命；在方中做人，圓中歸真，如此萬事皆通達。

其九，深諳人情世故，智慧做人巧妙做事

一個人不管有多聰明，多能幹，背景條件多好，如果不懂得人情世故，不懂得如何做人做事，那麼他就會處處碰壁，最終的結局也肯定是失敗。行走於現代社會的我們，不僅要面對激烈的競爭，還要面對紛繁複雜的社會關係，只有深諳人情世故，智慧做人，靈巧做事，把人做得坦蕩，把事做得漂亮，才會繞過艱難險阻，成就美好人生。

其十，做人做事憑的是真本事

做人不能全是虛的，有本事，能做事，才能在社會上穩住腳跟，才能把人做好，把事做成。記住：一切都會改變，唯有真才實學是別人無法搶走的，也無須擔心時運不濟。

總之，做人做事是一門大學問，本書運用平實知性的文字，取材於現實，解析現實社會的做人做事之道，旨在引導讀者靈活自如的去做人做事，以便解決棘手和麻煩的問題。從而使你在風雲突變的現實社會中找到成功之路，開創一番輝煌的人生。

第一章　找對位置做對事，忙要忙到重點上

忙是一種工作狀態。但忙一定要忙到重點上，絕不能「瞎忙」。忙要有目標、有方法。凡事要抓住關鍵，分清輕重緩急。如果你只顧低頭拉車，卻不知抬頭看路，那你會永遠到不了目的地。

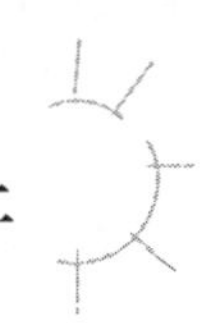

一、認識自己，做人做事的第一要點

在我們的生活中，無數成功的範例告訴我們，做人做事成功的起點就是認識自己。銘刻在希臘聖城德爾菲神殿的著名箴言「認識你自己。」已成為哲學家喜歡引用來規勸世人的名言。怎麼才能讀懂自己呢？早在古希臘時期，蘇格拉底似乎領會了箴言的真諦，便經常自謙的說自己一無所知。所以，認識自己是做人做事的第一要義。

但俗話說：「畫龍畫虎難畫骨，知人知面難知心」。知人難，為人知更難。而要知己，則更是難上加難。因為認識他人時，我們能夠站在理性的角度，做出較為公允的判斷。然而對於自身，因為太過於熟悉，我們習慣用感性的眼光審視自我，再加上時常受到外界資訊的困擾，我們在心中勾勒出的自我形象，往往與真實的自己相去甚遠。

在日常生活中，我們習慣借助外界的資訊來評判自己，經常得出與事實不符的結論。或許你原本就是一隻極具天賦的「白天鵝」，只是因為才能還未發揮出來，卻因為別人不公正的評判而妄自菲薄，認為自己是一隻「醜小鴨」；在與異性交往時，對方的一顰一笑都會在你的心頭掀起漣漪，成為自身魅力的重要評判依據；或許因為別人的一句無心之話，便認為對方不尊重自己，對自己有成見，無端生出惱怒、嫉恨等情緒，影響了自己的心緒等。有些時候，我們不僅將別人的評判當作窺視自我的鏡子，更將大眾的特徵當作自己的特質。

比如，一位算命先生說你近日出門頗為不順，應少外出，下個月開始就會財運臨門。如此一來，你就會把近日裡發生的一切不幸的小事都歸類到頗為不順，最後得出一個結論，算命先生說得可真準。

又比如說，一位心理學家根據大多數人的心理特徵，寫下了這樣一段描述性文字：「你需要得到他人的尊重，有自我批判的意識。你有很多特殊的能力，有望成為你的優勢，但還沒有全部發揮出來。同時，你也有一些缺點，不過你通常可以輕鬆的克服它們。你喜歡獨立思考，並因此而自豪，有時也會聽取別人的建議，但如果沒有充分的理由，你是不會斷然接受的。你不太喜歡過於坦率的表露，展示真實的自己，認為這是不明智的舉動。你時而外向、友善、喜歡交朋友，時而內向、謹慎、沉默寡言。你有夢想和抱負，有些往往是不現實的。」

令人不可思議的是，很多人看過這段籠統的、幾乎適用於任何人的文字後，絕大多數都認為這段話將自己刻畫得活靈活現。

處於群居的我們難免會受他人的影響，但我們要學會從多種管道找出與自己有關的資訊，與自己身邊的人相比較，經常問問「我是誰？」、「我將來要如何？」、「我應該怎樣做？」等一系列涉及認識自我、發展自我的問題。唯有如此，我們才能正確的認識自己，進而不斷的完善自己。

那麼一個人該怎麼做才能正確認識自己呢？專家告訴我們以下幾種方法：

（一）在和別人的比較中認識自己：有一則名為〈鄒忌諷齊王納諫〉的故事，在故事中，鄒忌不斷的拿自己與美男子徐公比較，從妻、妾、客等人的不同回答中，正確的認識自己，從中悟出了深刻的道理，從而突破了蒙蔽，超越了自我。

（二）從別人的評價中認識自己：俗話說「當局者迷，旁觀者清」，當自己不能正確認識自

己，不能正確的評價自己時，你可以把別人對自己的評價綜合起來，經過多層次、多角度的分析，得出比較全面而公允的結論。這樣，你就可以清楚的認識你自己了。

(三) 從實踐中認識自己：人們經常說，實踐是檢驗真理的唯一標準。因此，你可以在生活中，透過反覆實踐，反覆回顧來總結人生道路上的點點滴滴。這是正確認識自己最主要的方法和途徑。

正確認識自己的才能，把自己放在合適的位置上，這樣你和別人的關係會更融洽，你的事業會更順利，進而你的人生也會是最順利的。

正確認識自己，它是夢想之石，去擊出理想之火；它是理想之火，去點亮創造之燈；它是創造之燈，去照亮成功的路；它是成功之路，通向四面八方而不迷途！

做事成功的起點就是認識自己，只有正確的認識了自己，我們才能理解生活，認識人生，懂得做人的道理。

二、有了目標，人生才有動力和方向

有人說，一個人無論年齡多大，他真正的人生之旅，都是從設定目標的那一天開始。以前的日子，不過是在繞圈子而已。

這就好比一個故事，說的是唐太宗貞觀年間，長安城西的一家磨坊裡，有一匹馬和一頭驢子。牠們是好朋友，馬在外面拉東西，驢子在屋裡推磨。貞觀三年，這匹馬被玄奘大師選中，

二、有了目標，人生才有動力和方向

出發經西域前往印度取經。

十七年後，這匹馬馱著佛經回到長安。牠又到磨坊見驢子朋友。老馬談起這次旅途的經歷：浩瀚無邊的沙漠，高入雲霄的山嶺，凌峰的冰雪，熱海的波瀾……那些神話般的境界，使驢子聽了極為驚異。驢子驚嘆道：「你有多麼豐富的見聞啊！那麼遙遠的道路，我連想都不敢想。」老馬說：「其實，我們跨過的距離大致是相等的，當我向西域前行的時候，你一步也沒停止。不同的是，我與玄奘大師有一個遙遠的目標，按照始終如一的方向前進，所以我們打開了一個廣闊的世界。而你被蒙住了雙眼，一生就圍著磨盤打轉，永遠也走不出這個狹隘的天地，所以，你的一生終究是碌碌無為。」

傑出人士與平庸之輩最根本的差別，並不在於天賦，也不在於機遇，而在於有無人生目標。就像那匹驢子與老馬，當老馬始終如一的向西天前進時，驢子只是圍著磨盤打轉。儘管驢子一生所邁出的步數與老馬相差無幾，但因缺乏目標，牠的一生始終沒有離開那個磨坊，始終也走不出那個狹隘的天地。

生活的道理同樣如此。一個人若是沒有明確的目標，那麼不管他如何努力工作，都像是一艘失去方向舵的船，到達不了理想的彼岸

所以，靜下心來，問問你自己的生活目標是什麼？如果你的心中已有了一個明確的目標，我由衷的為你而感到高興。但值得注意的一點是，光有目標是遠遠不夠的，你還要訂下實現這個目標的明確計畫。

前美國財務顧問協會的總裁曾接受一位記者採訪，要他談談有關投資計畫的問題。他們聊

了一會，記者問道：「到底是什麼因素使人無法成功？」

總裁回答：「模糊不清的目標。」記者請總裁進一步解釋。他說：「我在幾分鐘前就問你，你的目標是什麼？你說希望有一天可以擁有一棟山上的小屋，這就是一個模糊不清的目標。問題就在『有一天』不夠明確，因為不夠明確成功的機會也就不大。」

「如果你真的希望在山上買一間小屋你必須先找出那座山，找出你想要的小屋現價，然後考慮通貨膨脹，算出五年後這棟房子值多少錢；接著你必須決定，為了達到這個目標每個月要存多少錢。如果你真的這麼做，你才有機會在不久的將來擁有一棟山上的小屋，但如果你只是說說，夢想就可能不會兌現。夢想是愉快的，但沒有配合實際行動計畫的模糊夢想，則只是妄想而已。」

有理想、有追求、有上進心的人，一定都有一個明確的奮鬥目標，他們知道自己活著是為了什麼。而他的所有努力，從整體上來說都能圍繞一個比較長遠的目標進行，他知道自己怎樣做是正確的、有用的，否則就是做了無用的工作，或者浪費了時間和生命。因此，他們做事總是能事半功倍，卓越而有成效。

一個人有了明確的奮鬥目標，也就產生了前進的動力。因為目標不僅是奮鬥的方向，更是一種對自己的鞭策。有了目標，就有了熱情，有了積極性，有了使命感和成就感。

三、人生需要定位，選對舞臺才能演出精彩

自從我們來到了世間，便像蒲公英一樣撐著小傘苦苦尋覓著一片適合自己的土壤，因為只有在那裡，我們才能生根發芽、茁壯成長。或許，你的那把傘早已收起，卻盼望著過另一種生活；或許，你在色彩紛呈的流光中迷失了自己，只知道麻木的追隨別人。這一切只因為你還沒有認清自己的人生定位。

在現實生活中，人們往往忘記自己的存在，忘記對自己的關愛，從不去問「我從哪裡來，我到哪裡去？」之類的問題，偶爾想起，也不過茫茫然一片空白。因此，只有認清自己的人生定位，才不至於茫茫然，才能在屬於自己的舞臺上精彩演出。

喬．吉拉德出生在美國一個貧民家庭。他從懂事起就開始擦皮鞋、做報童，然後又做過洗碗工、送貨員、電爐裝配工和住宅建築承包商等等。三十五歲以前，他只能算是一個失敗者，朋友都棄他而去，他還欠了一身的債，連妻子、孩子的生活都成了問題，同時他還患有嚴重的口吃，換了四十多份工作仍然一事無成。為了養家糊口，他開始賣汽車，步入推銷員的行列。

剛剛接觸推銷時，他反覆對自己說：「你認為自己行，就一定行。」他相信自己一定能做得到，以極大的專注和熱情投入推銷工作中，只要一碰到人，他就把名片遞過去，不管是在街上還是在商店裡。他抓住一切機會推銷他的產品，同時也推銷他自己。三年以後，他成為全世界最偉大的銷售員。誰能想到，這樣一個不被人看好，而且還背了一身債務，幾乎走投無路的人，竟然能夠在短短的三年內被金氏世界紀錄稱為「世界上最偉大的推銷員」。他至今還保持著

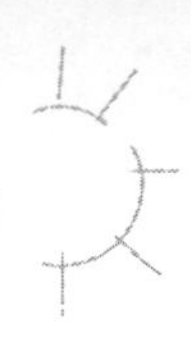

銷售昂貴產品的空前紀錄——平均每天賣六輛汽車！他一直被歐美商界稱為「能向任何人推銷出任何商品」的傳奇人物。

喬·吉拉德做過很多種工作，屢遭失敗。最後，他把自己定位於做一名銷售員，結果他取得了成功。因此，根據自己的愛好、信心、目標等諸多因素進行審視評估，並做出符合自身特點的正確選擇是十分重要的。評估得正確，目標選得準確，才不會在遇到阻力時半途而廢。

當然，要為自己一個準確的定位，就要探討認識自己的問題。這裡所說的認識並不是像曹雪芹在《紅樓夢》中所講的道理一樣，對於那些身外之物我們還是應該去追求的。我們不反對去追求「身外之物」，更不鼓勵人們這輩子禁慾，下輩子進天堂享福。

正好相反的，我們要極力鼓勵人們去追求現實的身外之物，因為畢竟只有這些身外之物才能反映出我們今世過得好不好，才能看出我們這輩子活得值不值。但同時我們也絕對不贊同將這些身外之物當作唯一。那些將身外之物當作唯一的人，當追求得到滿足後，又會很迷茫，結果仍是丟失了自己，不知該往哪裡去，於是就會墮落，尋求感官享受。因此，定位不僅要建設在極大豐富的物質家園上，同時還需要建設自己的精神家園。

一個乞丐坐在一條繁華的大街上賣鑰匙圈，一名商人路過，向乞丐面前的杯子裡投入幾枚硬幣，匆匆離去。

過了一會兒，商人回來取鑰匙圈，對乞丐說：「對不起，我忘了拿鑰匙圈，你我畢竟都是商人。」

一晃幾年過去了，這位商人參加一次高級酒會，遇見了一位衣冠楚楚的老闆向他敬酒致謝，說：「我就是當初賣鑰匙圈的那個乞丐。」這位老闆告訴商人，自己生活的改變，得益於商人的那句話。

在商人把乞丐看成商人那一天，乞丐猛然意識到，自己不只是一個乞丐，更重要的是，還是一個商人。於是，他的生活目標發生了很大轉變，他開始販賣一些在市場上受歡迎的小商品，在累積了一些資金後，他買下一家雜貨店。由於他善於經營，現在已經是一家超級市場的老闆，並且開始考慮開幾家連鎖店。

正如富蘭克林說的那樣：「寶貝放錯了地方便是廢物。」人生的訣竅就是認準人生定位，定位準確能夠發揮你的特長。經營自己的長處能使你的人生增值，而經營自己的短處會使你的人生貶值。那麼朋友你呢？是否已給自己準確定位，找到了舞臺，如果答案是否定的，那麼請你趕緊分析一下自己，根據自己的特點，尋找真正適合自己的位置吧！

一個沒有目標的人就像一艘沒有舵的船，永遠漂流不定，只會到達失望、失敗和喪氣的海灘。

四、做好職業規劃，擺脫窮忙族

自己應該從事什麼工作？什麼職業更適合自己？為何求職老是吃閉門羹？為何很多人總是沒有工作動力，不願意工作？為何我們總會產生職業倦怠？有新的工作機會，去還是不去？這類工作做得厭倦了，換個方向行嗎？職業發展遇到瓶頸如何解決？下一步你的職涯該如何

發展……

伴隨著一系列的職業生涯問題，不管你是主動的還是被動的，在競爭如此激烈，就業如此嚴峻的社會背景下，職業規劃開始發揮著越來越重要的作用。事實上，職業規劃是職涯求得發展的前提和基礎。任何盲目的努力，都不會取得最好的成績。

美靜畢業於某大學財經金融科系，在校兼修日語並取得了保險證照、會計證照、駕照。畢業後順利找到了某企業的會計職位，邁出了職業生涯的第一步。然而，三個月試用期後，美靜發現自己並不喜歡會計工作，於是她到保險公司做起了業務代表，沒想到兩個月後由於沒有業績而被公司淘汰。此後，美靜做過櫃檯接待、理財顧問、電話銷售等不同的工作，但都沒能超過三個月。

像美靜這種剛就業就頻繁跳槽型的人有很多。他們在求職過程中茫然又盲目，頻頻對眼前的工作不滿意，妄想透過頻繁的跳槽來尋找正確答案，最終又墜入了反覆求職、頻頻跳槽的惡性循環。究其原因仍是因為缺乏職場定位，以及由此引發的職業規劃缺失。

因此，對於職場中的我們來說，不斷制定、調整有利於個人發展的職場規劃是十分必要的，因為「你不去規劃人生，反過來就要被人生規劃」。等到客觀規律來規劃你的時候，往往會違背你的初衷，使你難以接受現實。

那麼怎樣制定一個合理的職涯規劃呢？成功學家給出了以下幾個建議：

第一，給自己明確的定位

不妨自問：我的核心競爭力有哪些？身價有多少？這些可以憑藉自己所處的職業大環境來做評估，衡量並確定自己在該行業領域的薪資價值。一般來說，衡量個人價值一方面是根據自己的市場競爭力，另一方面則是市場需求。構成競爭力的基本要素是個人素養，包括知識、經驗、技能、閱歷及解決問題、處理人際關係的能力，工作績效，職位高低，知名度等。

第二，寫下你的目標

進入職場後，你一定要有一個明確的目標，比如你希望用五年時間做到公司經理，或者你希望八年後擁有自己的公司。不要去考慮你是否能夠做到，你首先要敢於把你的願望寫下來，並記在心裡。

第三，分解目標

有了大的目標，並不能代表就能實現。比如，你不可能一口氣跑上聖母峰，你要將它分解成若干個目標，征服了一個目標後，再向新的目標發起進擊。

所以，我們要明白，從小職員一躍成為總裁的可能性實在微乎其微，那麼制訂能逐步實現的階段性目標，是最為關鍵的。但如果目標過於細碎，也不利於職業前景的順利發展，因為不可預知因素和其他職場上的旁枝瑣節會打亂自己的發展計畫。

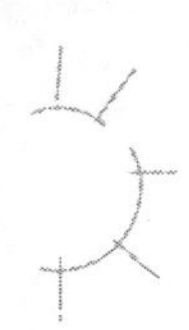

第四，估計將會遇到的障礙

具體說，就是阻礙你達到目標的你的缺點，所處環境中的不利因素。找出與達到目標有關連性的缺點，詳細分析。它們可能是你素養方面、知識方面、能力方面、創造力方面、財力方面或是行為習慣方面的不足。當你發現不足時，就下決心改正它，才會使你不斷進步。

第五，不斷調整計畫

計畫總是趕不上變化快，且不說我們所處的行業會發生不可預知的變化，我們自己也很有可能隨著閱歷的加深，興趣的轉移，而改變自己事先制訂的計畫。一成不變的發展計畫有時形同虛設，所以我們要根據個人需要和現實變化，不斷調整職業發展目標與計畫。

第六，加強自律

自律是成功者必備的素養，任何人若想在職場上取得成功，就要不斷提高自己的自律能力，尤其是嚴格遵守自己制訂的職業規劃。

如果規定自己在業餘時間充電，那麼你就不能偷懶，如果你的自律性較差，可以尋求外界幫助，比如讓你的父母、老師、朋友、上級主管、職業諮詢顧問來監督你。

第七，制訂行動計畫與措施

有了職涯規劃，行動便成了關鍵。這裡所指的行動，是指落實目標的具體措施，主要包括工作、訓練、教育等方面的措施。例如，為了達到目標，在工作方面，你計劃採取什麼措施以提高你的工作效率？在工作能力方面，你計劃學習哪些知識，掌握哪些技能，提高你的工作能力？在潛能開發方面，採取什麼措施開發你的潛能等，都要有具體的計畫與明確的措施，以便定時檢查。

第八，分析自己的角色

如果你目前已在一家企業工作，對你來說進一步的提升非常重要，你要做的是進行角色分析。你要弄清單位對你的要求和期望是什麼？你做出哪種貢獻可以使你在公司中脫穎而出？

當然，一個萬全的職涯規劃是不存在的！但這並不是要我們完全放棄規劃，而是要我們根據職涯的發展與個人的動機的變化，結合現實，不斷考慮調整自己的定位，使自己成為「適合推銷」的「商品」。

職業生涯目標越具體，就越有可能制定出有效的策略來實現這一目標。

五、感性做人，理性做事

在一般人看來，人大約可以分成兩種形態：一種人非常的感性，另一種人則非常的理性。一般人對感性之人的印象是不理智、無理取鬧，理性的人則是理智而有智慧。所以大多數人都願意接受理性的人，對感性的人反而敬而遠之。

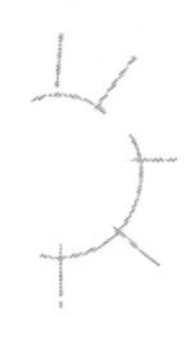

但事實上，當我們在與人交往時，由於理性的人做事容易一板一眼，不容許自己和他人犯一丁點錯誤，過於追求完美，所以與他相處會給人較大的壓力。如此一來，理性的人雖然做事有條有理，但是人緣卻不是很好。

相較而言，感性的人就不同了，雖然有時他們顯的有些多管閒事，且易感情用事，但在與人相處時常會顧慮別人的感受，會同情、諒解、包容別人。

言瑾和斐墨是同事兼好友，此次職位升遷中，同事們一致推舉業績平平的言瑾升任為部門主管，而平常工作業績較出色的斐墨則任原職。本來言瑾覺得這次升遷肯定斐墨莫屬了，於是把自己的那一票毫不猶豫的投給了斐墨，可是等到投票結果公布時，言瑾卻大感意外，斐墨居然只有兩票，而投票人卻是自己和斐墨本人。而自己竟然獲得了全票（除了斐墨和言瑾的票）。

這是怎麼一回事呢?原來這得益於言瑾的感性。比如平常同事加班時，言瑾會留下來幫忙，同事家裡出事時，言瑾也會伸出援助之手，平常同事們穿了新衣，言瑾也會送上真誠的讚美……這使他與上司和同事的關係都非常融洽，自然在升遷一事上，大家第一個想到的就是他了。

反觀斐墨則不同了，他覺得自己的事情應該自己做，所以即便是一件舉手之勞的小事情他也不會幫。若是同事中誰在工作中出現了錯誤，斐墨也總會毫不留情的給予批評，他覺得每個人都應該為自己的錯誤負責……如此一來，斐墨雖然工作業績不錯，但因不得人心而錯失了升遷的機會。

看來，做人還是感性一些好，如果過於理性，待人處世，樣樣照規矩來，沒有變通性和彈

五、感性做人，理性做事

性，就像機械一樣，每一個螺絲都得規規矩矩的定位，不能更換。如果像這樣的機械化，生活還有什麼味道呢？當然了，我們也不能說理性不好，如果做事理性，這樣你就會少犯錯誤，少走彎路，更容易達到成功。如果只憑著一腔熱血、異想天開的想怎麼樣就怎麼樣，結果只會把事情弄得一團糟。這種人只會「成事不足，敗事有餘」，永遠無法領略到成功的滋味。因為理性思考、做事有計畫的人做事沉穩謹慎，環環相扣，效率明顯，成績斐然。

因此，我們說，做人感性點好，這樣你才會魅力無限，你才會開心，才會快樂，才會拋棄世間所有的凡塵雜念，做好自己想做的事，才不會管那麼多。一切隨緣，一切順其自然。要記得，是你去適應社會，而不是要求你去改變世界，怎樣做好你自己，活出你自己，體現出你存在的價值，成為你做人的動力，才是最重要的。做事理性點好，這樣就會透過嚴密的思維，做事的沉穩讓自己少犯錯誤，少走彎路，自然取得成功的機會也就更大。

可以說，我們的頭腦代表理性，而心靈代表感性，我們用了太多的頭腦，便會心靈空虛。因此，有時不妨停止運轉不息的頭腦，感性做人。應該利用情感的時候，我們需要用心靈去感受外面的世界，用心靈去感受人與人之間的溫情與友誼。當我們的頭腦與心靈達成平衡時，我們的人生就會變得和諧而美麗。

在這個世界上，很多事情在原則上不能有任何妥協，但是在做人上，人性與溫情卻需要我們自己用心去衡量。

這便是做人做事的智慧。

一個既感性做人，又懂得理性做事的人，才能在為人處事中居於有利地位，才能在生活的

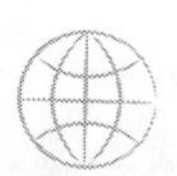

競技場上贏得先機。

六、人若有自知之明，就能從容面對生活

《老子》一書中說：「知人者智也，自知者明也。」一個嚴於分析自己的人，往往是有自知之明的。但人要做到這一點，往往是比較難的，分析別人易，分析自己難。所以人們又說「人貴有自知之明。」意思是說能清醒認識自己，看待自己，是最明智最難能可貴的。

所謂自知，意思是要認識自己、了解自己。「人貴有自知之明」中把人的自知稱之為「貴」，可見人是多麼不容易自知；把自知稱之為「明」，又可見自知是一個人智慧的體現。人之不自知，正如「目不見睫」的典故，一個人的眼睛可以看見百步以外的東西，卻看不見自己的睫毛一樣。

一天，一隻羊在草地上悠然的吃著美味的綠草，突然，一隻鷹從天而降，向羊襲擊過來，老鷹憑著尖利的雙爪和帶勾的嘴，加之兇悍猛烈的衝擊力，向羊俯衝過來，羊在如此強勁對手的攻擊之下，只能眼睜睜的看著鷹向自己襲擊而來，牠眼睛裡除了恐懼之外，已毫無反抗之力，只能乖乖的束手就擒，就這樣可憐的羊化作了老鷹的一頓美餐。這一情景被站在樹上的烏鴉看見了。牠心想：我和鷹有什麼區別，不都是在天空中飛，而且依靠嘴來尋找食物嘛，既然這樣，我為什麼不能也像鷹一樣獵取羊來大飽口福呢？於是，牠學著鷹的樣子，從天空中，向羊俯衝而來。可是當牠飛向羊時，情況卻和鷹飛來時截然不同。烏鴉發現，當牠撲向羊時，羊不僅沒有害怕、驚慌，反而嘲笑它：你只是一隻平庸的黑鳥，豈敢在我的頭上動土，真是癩蛤蟆想吃天鵝肉。此刻的羊，面對突襲而來的烏鴉，根本沒有理睬，結果，烏鴉突襲羊的目的不僅沒有得逞，反而成為牧羊人的獵物。

烏鴉之所以在襲擊羊時失敗，是因為烏鴉沒有自知之明，牠只看到了鷹獵取羊的成功，卻沒有把自身條件和鷹做比較，進行深入分析，鷹的嘴十分尖銳，只要被牠啄到的東西幾乎沒有能逃脫的，而烏鴉卻沒有鷹如此尖銳的嘴，牠只看到了鷹的成功，但卻沒有把鷹和自己做一個比較，結果把自己不具備的優勢強加到自己身上，最終的結果只能是失敗。

因此，人要了解自己，認識自己，擺對自己的位置，這樣才能對自己所處的環境有一個準確的掌握，才能知道自己的工作能力、教育程度、社會關係等處在一個什麼樣的狀況下。如此一來，才能準確的掌握現在，贏得明日的輝煌。

日本近代有位一流的劍客，叫宮本。有一位叫柳生的年輕人，一心想成為一流的劍客，就慕名前來拜宮本為師學藝，他說：「師傅，根據我的資質，要練多久才能成為一流的劍客呢？」

宮本答道：「最少也要十年。」

柳生說：「哇！十年太久了，假如我加倍的苦練，多久可以成為一流的劍客呢？」

宮本答道：「那就要二十年了。」

柳生不解的問：「師傅，為什麼我越努力練劍，成為一流劍客的時間反而越長呢？」

宮本答道：「要當一流劍客的先決條件，就是必須永遠保留一隻眼睛注視自己，不斷的反省。現在你的兩隻眼睛都看著劍客的招牌，哪裡還有眼睛注視自己呢？」

柳生聽了，頓時開悟，並以此為道，終成一代名劍客。

人生路上，無論我們做什麼，都應保留一隻眼睛注視自己，時時認清自己，如此才能從容的面對生活加諸在我們身上的一切，獲得物質上和精神上的雙重成功。

一位少年去拜訪一位年長的智者。他問：「我如何才能變成一個自己愉快，也能夠帶給別人愉快的人呢？」

智者笑著望著他說：「孩子，你有這樣的願望，已經是很難得了。很多比你年長的人，從他們問的問題本身就可以看出，不管給他們多少解釋，都不可能讓他們明白真正重要的道理，就只好讓他們那樣好了。」

少年滿懷虔誠的聽著，臉上沒有流露出絲毫得意之情。

智者接著說：「我送給你四句話，第一句話是，把自己當成別人，你能說說這句話的含義嗎？」

少年回答說：「是不是說，在我感到痛苦憂傷時，就把自己當成別人，這樣痛苦就自然減輕了；當我欣喜若狂之時，就把自己當成別人，那些狂喜也會變得平淡一些？」

智者微微點點頭，接著說：「第二句話，把別人當成自己。」

少年沉思一會兒，說：「這樣就可以真正同情別人的不幸，理解別人的需求，而且在別人需要的時候給予恰當的幫助？」

智者兩眼發光，繼續說道：「第三句話，把別人當成別人。」

少年說：「這句話的意思是不是說，要充分的尊重每個人的獨立性，在任何情形下都不可侵犯他人的核心領地？」

智者哈哈大笑：「很好很好，孺子可教也，第四句話是，把自己當成自己，這句話理解起來太難了，留著你以後慢慢品味吧！」

少年說：「這句話的含義，我一時體會不出，但這四句話之間有許多自相矛盾之處，我用什麼才能把它們統一起來呢？」

智者說：「很簡單，用一生的時間和經歷。」

後來少年變成了壯年人，又變成了老年人，直到他離開這個世界很久以後，人們都還時時提起他的名字，人們都說他是一位智者，因為他是一個愉快的人，而且給每一個見過他的人帶來了愉快。

由此可見，人只有正確的認識自己，才能端正自己的心態，才能正確的對待自己和他人，才能讓自己擁有一個從容的人生。

正確的認識自己，對自己的為人處世有很大的裨益。認識自己的同時，你才能尊重他人，才能讓他人尊重你，你的人生才能是一個隨心所欲的、快樂的人生。

七、除了正確做事，更要做正確的事

現代管理學之父彼得．杜拉克曾說過：「管理是一種實踐，其本質不在於知，而在於行；其驗證不在於邏輯，而在於成果；不但要正確的做事，更要做正確的事。」

「我們不一定知道正確的道路是什麼，但卻不要在錯誤的道路上走得太遠。」這是一條對所有人都有重大意義的告誡。他告訴我們一個十分重要的做事方法，如果我們一時還弄不清楚「正確的道路」在哪裡，那就先停下手頭的事情，先找出「正確的事」。

下面這則寓言故事就說明了沒有找到問題所在，而盲目做事的話，只會導致失敗。

動物園裡新來了一隻袋鼠，管理員將它關在一片有著一公尺高的圍欄的草地上。第二天一早，管理員發現袋鼠在圍欄的樹叢外蹦蹦跳跳，立刻將圍欄的高度加到兩公尺高，又把袋鼠關了進去。第三天早上，管理員還是看到袋鼠在欄外，於是又將圍欄的高度加到三公尺，把袋鼠關了進去。

隔壁獸欄的長頸鹿問袋鼠：「依你看，這個圍欄到底要加到多高，才能關得住你？」

袋鼠回答到：「很難說，也許五公尺高，也許十公尺高，甚至可能加到一百公尺高——如果那個管理員老是忘了把圍欄的門鎖上的話。」

任何時候，不要總是抱怨環境、抱怨周圍的人和事，很多時候，我們該反省自己，改變自己做事的方式方法。

每個人在社會上的角色不同，社會分工也不同。農民種地，工人做工，教師教書，不同角色承載著不同的義務。所以，無論是求人做事還是幫人做事，都得估量一下自己的身份。社會地位變了，你的做事能力就會發生變化。所以，一定要明白什麼事不該辦，什麼事應該辦，能辦到什麼程度，需採取哪種方法等。

再看看這樣一個故事：

七、除了正確做事，更要做正確的事

有一位作家在寫作時，他四歲的孩子吵著要他陪。作家很忙，便將一本雜誌中的世界地圖撕碎，對他兒子說：「你將這上面的世界地圖拼完整，我就陪你玩。」

過了不到三分鐘，孩子便拼好來找他了！

作家驚訝的問道：「你不要說謊。怎麼可能這麼快就拼好一張地圖！」

孩子說：世界地圖的背面是一個人的畫像。我反過來拼，只要這個人拼好了，地圖就完整了。

看來，做事情一定要先找方法。方法對了，事情也就做好了。也就是要我們正確的做事，但值得注意的是，「正確的做事」與「做正確的事」有著本質的區別。「正確的做事」是以「做正確的事」為前提的，如果沒有這樣的前提，「正確的做事」將變得毫無意義。首先要做正確的事，然後才存在正確的做事。

關於這一點，管理大師杜拉克曾在《卓有成效的管理者》一書中寫道：「效率是『以正確的方式做事』，而效能則是『做正確的事』。效率和效能不應偏廢，但這並不意味著效率和效能具有同樣的重要性。我們當然希望同時提高效率和效能，但在效率與效能無法兼得時，我們首先應著眼於效能，然後再設法去提高效率。」

那麼如何把「正確的事」做到正確呢，以下幾點可供借鑑：

（一）改進原來不合理的做事方式：原有的做事方法未必就是最好的做事方法。對原有的方法加以認真分析，找出那些不合理的地方，加以改進，使之與實現目標要求相符。也可在明確目的的基礎上，提出實現目的的各種設想，從中選擇最佳的手段和方法。

（二）合併處理，分類解決：如果有兩項或幾項事情，它們既不相同，又有類似之處，互相關聯，實質上又歸於同一目的的，就可以把這兩項或幾項事情合而為一，利用其相同或相關的特點，一起研究解決，這樣自然就能夠省去重複工作的時間。

（三）適當給予休息：盡可能把不同性質的問題內容互相穿插，避免打疲勞戰，如寫報告需要幾個小時，中間可以找人談談別的事情，讓大腦休息一下。

（四）常態性問題，統一處理：即用相同的方法來安排那些必須常態進行的工作。比如，記錄時用通用的記號，這樣一來就簡單了。對於常態性的詢問，事先可準備好標準答案。

要把事情做到位的原則是：要正確做事，更要做正確的事。而首先找出「正確的問題」，則是做正確的事的第一步。

八、盲從是最大的迷失

曾經，有些大學生夢想著畢業後做一個了不起的人，或者是作家，或者是體育健將，或者是美術家，或者是外交官等等。可是，一進入社會，他們就總感覺這也不行那也不行，否定了自己的能力。結果自然是一事無成，碌碌無為。

成功不是每個人都可以擁有的，那麼，為什麼有的人成功，有的人卻終生碌碌無為呢？關鍵在於：是否做自己的事情。換句話說，要有自己的想法，按照自己的想法切實可靠的行動。現在是一個行動的社會，希望固然美好，但如果不去按照想法去做，就會變成失望，到頭來失敗的還是自己。

愛默生在他的散文《自己靠自己》一文中說：「在天才的每一項創作和發明之中，我們都看到了我們過去放棄的想法；當這些想法再呈現在我們面前的時候，就顯得相當的偉大。」

我們每個人都是世上獨一無二的，你就是你自己，你無須按照他人的眼光和標準來評判甚至約束自己，你無須總是效仿他人。保持自我本色，是拯救自己最重要的一點。

我們不能丟掉自己身上最好的東西，去盲目模仿別人，把自己變成別人的影子。人們只有在找到自我的時候，才會明白自己為什麼會到這個世界上來、要做些什麼事、以後又要到什麼地方去等這類問題。

假如「成熟」能帶給你什麼好處的話，那便是發現自己的信念及實現這些信念的勇氣——無論遇到什麼樣的風雨。

也有人認為，那些不隨波逐流的人，通常是一些古怪、喜歡嘩眾取寵或喜歡標榜「與眾不同」的人。我們不會讚賞一個在大街上打赤腳的人，或穿著休閒服參加正式宴會的人，或在劇院內抽雪茄的女士，或是一些喜好自由的獨立人士，反而會認為他們像動物園裡的猴子一般，受教育程度不高罷了。

當前，不隨波逐流的人好像真不多，他們在受到別人攻擊的時候總能堅持到底，不受大眾化的影響，這確實需要很大的勇氣。

某個社交聚會上，在場的人均贊成某個觀點，只有一位男士表示異議。他先是客氣的不表示意見，但後來因為有人單刀直入的問他的看法，他才微笑道：「我本來希望你們不要問我，

因為我是與各位站在不同的一邊，而這又是一個愉快的社交聚會。但既然你們問了我，我就把自己的看法說出來。」接著，他便把看法簡要的說了一下，立即遭到大家的圍攻。但他堅定不移的固守自己的立場，毫不讓步。結果，他雖然沒有說服別人同意他的看法，卻贏得了大家的尊重。因為他堅守自己的信仰，沒有人願做別人思想的「應聲蟲」。

妍捷從小就對害羞非常敏感，她的體重過重，加上一張圓圓的臉，使她看起來更顯肥胖。她的媽媽十分守舊，認為妍捷不用穿得那麼體面漂亮，只要寬鬆舒適就行了。所以，她一直穿著那些樸素寬鬆的衣服，從沒參加過什麼聚會，也從沒參與過什麼娛樂活動，即使入學以後，也不與其他小孩一起到戶外去活動。因為她害羞，而且已經到了無可救藥的程度，她常常覺得自己與眾不同，不受他人的歡迎。

長大以後，妍捷結婚了，嫁給了一個比她大好幾歲的男人，但她「害羞」的特點依然如故。婆家是個平穩、自信的家庭，他們的一切優點似乎在她身上都無法找到，生活在這樣的家庭之中，她總想盡力做得像他們一樣，但就是做不到。家裡人也想幫她從封閉中解脫出來，但他們善意的行為反而使她更加封閉。她變得緊張易怒，躲開所有的朋友，甚至連聽到門鈴聲都感到害怕。她知道自己是個失敗者，但她不想讓丈夫發現，於是，在公共場合她總是試圖表現得十分快活，有時甚至表現得太過頭了，於是事後她又十分沮喪。因此她的生活失去了快樂，她看不到生命的意義，於是想到自殺……

後來，妍捷並沒有自殺，那麼是什麼改變了這位不幸女子的命運呢？竟然是一段偶然的談話！妍捷說：「一天，婆婆談起她是如何把幾個孩子帶大的。她說：『無論發生什麼事，我都

八、盲從是最大的迷失

堅持讓他們保持本色。』『保持本色』這句話像黑暗中的一道閃光照亮了我。我終於從困境中明白了——原來我一直在勉強自己去充當一個我不太適應的角色。一夜之間，我整個人就發生了改變，我開始讓自己學會『保持本色』，並努力尋找自己的個性，盡力發現自己究竟是一個什麼樣的人。我開始觀察自己的特徵，注意自己的外表、風度，挑選適合自己的服飾。我開始結交朋友，參加一些社交活動，他們第一次安排我表演節目的時候，我簡直嚇壞了。但是，我每開一次口，就增加了一點勇氣。過了一段時間，我的身上終於發生了變化。現在，我感到快樂多了，這是我以前做夢也想不到的。此後，我把這些經驗告訴孩子們，這是我經歷了多少痛苦才學習到的——無論發生什麼事，都要保持自己的本色！」

我們每個人的生活面貌都是由自己塑造而成的，如果我們能學會接受自己，看清自己的長處，明白自己的短處，便能踏穩腳步，達到目標，這樣就不至於浪費許多時間和精力，獨自苦惱。

不能保持自己的本來面目，是人性叢林中的一種普遍現象，這也是造成許多精神衰弱症、精神異常或精神錯亂的根源。不能表現出自我本色者註定要失敗，而且失敗得很快。

下面讓我們再來看看柏林給蓋希文的忠告吧。

他們兩人初識的時候，柏林已是位有名的作曲家，而蓋希文還是個每星期只賺兩百塊錢的無名小子。柏林很賞識蓋希文的才華，願意付三倍的價錢請蓋希文當音樂助理。「但是，你最好別接受這份工作。如果你接受了，可能會變成一個二流的柏林，但如果你保持本色奮鬥下去，你會是個一流的蓋希文。」柏林說，蓋希文記下了柏林的忠告，後來果然成了世界著名的

音樂家。

卓別林剛開始拍電影的時候，導演要他模仿當時一位有名的德國喜劇演員。卓別林一直都不顯得出色，直到找到了屬於自己的戲路。鮑伯．霍伯也有類似的經驗，他花了好幾年的時間唱唱跳跳，直到還原自己本來的面目，並以其機智的妙語而廣受歡迎。

所以，你既然已來到世上，就應慶幸自己是世上獨一無二的，應該把自己的天賦發揮出來。是什麼就唱什麼，是什麼就畫什麼。經驗、環境的遺傳造就了你的面目，無論是好是壞，你都得耕耘自己的園地；無論是好是壞，你都得彈起生命中的琴弦。

每個人在受教育的過程當中，都需要一段時間去確信：嫉妒是愚昧的，模仿只會毀滅自己，每個人的好與壞都是自身的一部分。縱使宇宙間充滿了美好的東西，但如果不努力你什麼也得不到，你內在的力量是獨一無二的，只有你知道自己能做什麼，但除非你真的去做，否則連你也不知道自己真的能做什麼。

每一個人都有自己的想法，然而，在擁有自己想法的同時，常常會遭到別人的非議，如果不能堅持做下去，反而人云亦云，到頭來，就不會有什麼特別顯眼的地方。

九、按重要性做事

把時間用在高報酬的地方。做事之前，應該清楚的知道什麼是自己最應該做的。在現實生活中，許多不善於利用時間的人在處理日常生活的各方面時分不清哪個更重要、哪個更緊急，

九、按重要性做事

時常左右為難。這正如法國哲學家布萊茲．帕斯卡所說：「把什麼放在第一位，是人們最難懂得的。」對許多人來說，這句話不幸被言中，他們完全不知道怎樣把人生的任務和責任按其重要性排列。

當然，人生有許多推不開的負擔，但是，在這些負擔中，有許多是不必要的，由於貪多、太求全、太急切而使自己顧此失彼。所以請記住，不論事情有多少，永遠是要事第一。先把當前該做的事做好，分清主次，你才會在不知不覺中養成做事的好習慣，從而獲得效率，獲得成功。

如果你在生活中留心，就會發現這樣一個事實：總是那些百分之二十的客戶帶來百分之八十的業績，世界上百分之八十的財富被百分之二十的人掌握，世界上百分之八十的人只分享了百分之二十的財富。做事也一樣，我們每天處理的事情當中，只有百分之二十的事情才是重點問題，這百分之二十的事情決定了百分之八十的結果，這就是所謂的「二八法則」。

若想做事高效率，就一定要堅持「二八法則」，集中一切資源及所有的時間和精力，堅持把最重要的事情放在前面去做。

美國著名的效率專家艾維．利在回答鋼鐵公司總裁查理斯．舒瓦普的問題時，給了舒瓦普一張白紙，並說：「我可以在十分鐘之內把你公司的業績提高百分之五十。」

「請在這張紙上寫下你明天要做的六件最重要的事。」舒瓦普用了五分鐘寫完了。

艾維．利接著說：「現在用數字標明每件事情對於你和你的公司的重要性次序。」這又花了五分鐘。

艾維．利說：「好了，把這張紙放進口袋，明天早上第一件事是把紙條拿出來，做第一項。不要看其他的，只看第一項。著手辦第一件事，直至完成為止。然後用同樣方法對待第二項、第三項……直到你下班為止。如果你只做完第五件事，那不要緊。你總是做著最重要的事情。之後，叫你公司的人也這樣做。這個試驗你愛做多久就做多久，然後給我寄支票來，你認為值多少就給我多少。」

整個會見歷時不到半個鐘頭。幾個星期之後，舒瓦普給艾維．利寄去一張二十五萬美元的支票，還有一封信。信上說從錢的觀點看，那是他一生中最有價值的一課。後來有人說，五年之後，這個當年不為人知的小鋼鐵廠一躍而成為世界上最大的獨立鋼鐵廠，艾維．利提出的方法功不可沒。這個方法還為查理斯．舒瓦普賺得一億美元。

十八世紀的法國博物學家布本定居巴黎後，社交活動很繁忙。為了不影響學術研究這個重要的工作，他嚴格執行自己規定的工作時刻表，抓住時間高效的工作，為此布本專門請了一個彪悍的僕人來監督自己，並且約定好：如果布本不起床，僕人就可以把他拖到地板上；如果布本發脾氣，就可以對他用武力。有時他赴宴會直到半夜兩點多鐘才回家，一到凌晨五點，也得按時起床，否則僕人就可按約行事。布本嚴格執行自己的規定，在高效時間裡大顯身手，一直工作到晚上六點多鐘。

人的精力和時間是有限的，每件事情的重要程度也是不相同的，很多人因為在有限的時間裡做了太多不重要的事，以至於擠走了做重要事情的時間。查理斯．舒瓦普和布本的成功在於他們能夠按事情重要程度的次序來做事，把時間用在高報酬的地方。

九、按重要性做事

據一位著名學者多次對人腦進行腦功能的測試後發現，上午八時大腦具有嚴謹、周密的思考能力，下午二時思考能力最敏捷，而晚上八時卻是記憶力最強的時候。但邏輯推理能力在白天二十小時內卻是逐步減弱的。基於以上測試結果，早晨處理比較嚴謹、周密的工作，下午做那些需要快速完成的工作，晚上可做一些需要加深記憶的事，對於這些做某項工作效率最佳的時間，更要加倍「珍惜」，是一點「耗費」不得的。

美國著名建築技師指出：「個人的一些成功，是精力旺盛所致。」當興趣上來，對一些問題的研究計算，比平常沒興趣時要精確得多。很多中外成功者的經驗說明，要取得較好的學習和工作效果，除了要有強烈的進取心和堅忍不拔的毅力以外，還必須善於利用人體「生理時鐘」刻度上的最佳時間。

把一天的時間安排好，這是很關鍵的。這樣可以每時每刻集中精力處理要做的事。把一週、一個月、一年的時間安排好，也是同樣重要的。這樣做會給你一個整體方向，使你看到自己的宏圖，從而有助於你合理有效的利用時間。

人們總是根據事情的緊迫感而不是事情的重要程度來安排先後順序，這樣的做法是被動而非主動的，要學會以分清主次的辦法來統籌時間，把時間用在最高回報率的地方。

因此，從現在開始，培養你統籌時間的做事習慣吧，只要有了這個好習慣，你做事才能有效率，從而達到事半功倍的效果。

人生短暫，時間有限，只有弄清楚哪些事情是最重要的，哪些事情是關鍵的，分清事情的輕重緩急，先做那些對自己的使命而言最重要的事情，才不會揀了芝麻，丟了西瓜。

十、任何時候都不可輕視自己

心理學家經過研究認為，希望自己受人尊重，愛好虛榮，這都是每個人的高級心理需求，是無可厚非的。雖然想受人尊重要經過別人的權衡，但實際上卻取決於每個人自尊的程度，也就是說人格品性、道德修養的高尚或低下。一個品性高尚、涵養很深的人，也就是所謂德高望重之士，必然受到社會的重視和人們的尊重。相反的，小人的品性低劣，沒有涵養，首先自己就輕賤了自己，更不必去指望別人尊重了。自尊的輕重決定了自己，這是每一個有德性的人很清楚的，也是必須牢牢記住的古訓。

不輕視自己，任何時候都要保持自己的尊嚴。你應該知道，你是這個世界上獨一無二的人，你不比任何一個人差，我們只有學會珍惜自己，才能贏得別人的尊敬，只有自己不小看自己，別人才不敢小看你。

如今，人們需要的不是謙虛，而是自信。相信自己不比任何一個人差，你就一定能行！哪怕你只是一塊石頭，站著就該是一座山，倒下便是路基，完整時，我們會給人以啟示，粉碎時則使人警醒。你要時刻提醒自己：「我是獨一無二的，我很重要。」

二戰後受經濟危機的影響，日本失業人數陡增，工廠也很不景氣。一家瀕臨倒閉的食品公司為了起死回生，決定裁員三分之一。有三種人名列其中：一種是清潔工，一種是司機，一種是無任何技術的倉管人員。這三種人加起來有三十多名。經理找他們談話，說明了裁員意圖。

清潔工說：「我們很重要。如果沒有我們打掃衛生，沒有清潔優美、健康有序的工作環境，

十、任何時候都不可輕視自己

你們怎麼能全身心投入工作？」

司機說：「我們很重要。這麼多產品沒有司機怎麼能迅速銷往市場？」

倉管人員說：「我們很重要。戰爭剛剛過去，許多人掙扎在飢餓線上，如果沒有我們，這些食品豈不要被流浪街頭的乞丐偷光！」

經理覺得他們說的話都很有道理，權衡再三決定不裁員，重新制定了管理策略。最後經理在廠門口懸掛了一塊大匾，上面寫著：「我很重要。」

從此，每天當員工們來上班，第一眼看到的便是「我很重要」這四個字。不管第一線員工還是管理階層，都認為公司很重視他們，因此工作起來也很賣命。「我很重要」這句話調動了全體員工的積極性，幾年後這家公司就迅速崛起，成為了日本有名的公司之一。

也許你很平凡，也許你很普通，你沒有做出驚天動地的偉業，也不會在史冊上永垂不朽，但是，你作為一個生命來到這世上走一遭，就註定了你個人的歷史上也將是一片輝煌。因為，對你的父母來說，對你的另一半來說，對你的子女來說，對你的友人來說，對你的事業來說，你都是不可或缺的，都是別人無法替代的，你確實很重要。

活著是種恩賜，每個人都是唯一，是不可複製不可再生更不容褻瀆的。我們不需要仰視別人，因為我們擁有自己生命的海拔！

電影明星漢克將車開到檢修站，一個女員工接待他。她熟練靈巧的雙手和秀美的容貌一下子吸引了他。

整個巴黎全知道他，但這位女孩女孩卻絲毫不表示驚異和興奮。「您喜歡看電影嗎？」他

禁不住問道。

「當然喜歡，我是個影迷。」她手腳麻利，很快修好了車：「您可以開走了，先生。」

他卻依依不捨：「小姐，您可以陪我去兜兜風嗎？」

「不！我還有工作。」

「這同樣也是您的工作，您修的車，最好親自檢查一下。」

「好吧，是您開還是我開？」

「當然我開，是我邀請您的嘛。」

車行駛得很好。女孩問道：「看來沒有什麼問題，請讓我下車好嗎？」

「怎麼了，您不想再陪一陪我嗎？我再問您一遍，您喜歡看電影嗎？」

「我回答過了，喜歡，而且是個影迷。」

「您不認識我？」

「怎麼不認識，您一來我就認出您是當代影帝漢克先生。」

「既然如此，您為何這樣冷淡？」

「不！您錯了，我沒有冷淡。只是沒有像別的女孩子那樣狂熱。您有您的成就，我有我的工作。您來修車是我的顧客，如果您不再是明星了，再來修車。我也會一樣的接待您。人與人之間不應該是這樣嗎？」

這個女員工並沒有因為自己的客戶是一個家喻戶曉的電影明星就喪失了自我。是的，人與

十、任何時候都不可輕視自己

人之間存在著一定的差距，但是無論是貧者還是富者，無論是高大的還是弱小的，我們在人格上都是平等的。外在的地位、錢財、名譽、權利等都不是可以貶低或抬高自己身份的砝碼，只有自己不輕視自己，才會獲得別人的尊重。

或許在生命的過程中，我們會受到別人的輕視，但是智者、偉人和一切有骨氣的人感到受歧視之時，卻成為他們發奮圖強之始。他們不去在短暫的利害關係上、膚淺的個人得失上與人斤斤計較，他們能避開那些熱熱鬧鬧的角逐，而一聲不響的暗暗下定決心，去開發自己、充實自己。他們能夠忍辱負重，向著遠大的目標進取，而不去理會周圍那些無聊的人事傾軋。

過多的陷入平凡瑣事的矛盾糾葛之中，對別人的一言一行過於敏感，對別人對自己的看法、印象之類過於關注，唯恐別人小看了自己、輕視了自己或無端的猜疑別人等等，全是心理脆弱、缺乏自信心的表現；全是自出難題，自設障礙，自找苦吃。

打倒自己的，常常是自己，並不是別人。歧視自己的，常常是自己，並不是別人。

要記住生命沒有高低貴賤之分。蚯蚓雖然醜陋，卻肥沃了無數的土地；蜜蜂雖然不起眼，但牠可以傳播花粉從而使大自然色彩斑斕。所以，在任何時候都不要小看了自己。在關鍵時刻，你敢說「我很重要」嗎？試著說出來，你的人生也許會由此揭開新的一頁。

偉大，不在於光耀千古，而是因為出自平庸卻有一顆不甘落寞因而珍視自己的心。我很重要，是心靈對生命的一種莊嚴承諾。

第二章　以德為先：做人做事先從修身開始

「做人難、人難做、難做人」。如何做人是我們每一個人生中所必須面對的難題。現實生活中，很多的人就因為會做人，善於做人，處理好了做人的問題，而贏得了他人的尊重和社會的認可，同時也促進了自己事業的發展。做人這個問題說白了就是要處理好自己和他人、自己和社會以及自己和自然的關係，就因為每一個關係都涉及到了我們自己，所以學會做人就要從我們自身開始，尤其是從提升我們個人自己的修養和素養開始，以德服人，以能服人，方可贏得他人的尊重和認可。

一、做人德為重，做事德為先

有句話叫做「做事先做人」。作為一個合格的人，首要學習的就是做人的道理，其次才是學習本領。但是現代社會很多人都本末倒置，更多的看中的是才，而忽視或輕視對做人品德的培養。

當然，我們不否認才能在一個人事業發展和成功中占有很重要的位置，但是少德之人，縱有經綸滿腹，也不能成大事。因為，好的品德對人的一生受用無窮，它就像一粒有生命力的種子，最終能讓你品嚐到成功的果實。但品德拙劣的人，一有機會就很有可能會做出有損於他人和團隊的事情，有這樣的人在，社會、家族都不會安寧，這樣的人也註定難以獲得信任和成功，當然成功也是不可能的事情了。因此有位企業領導者曾公開聲稱：「寧願選才差德高之人，不錄取才優無德之輩。」這可謂是身為領導者最明智的選擇。下面這個例子就很能說明這一點。

林天昊是一家房地產公司的設計師。曾經因為一幢樓房的設計細節與高層發生意見分歧，雖然經過一番查證後得出對方的意見非常合理，也在後來的設計上按照對方的意見進行了修改。但林天昊對此卻耿耿於懷，他覺得那是高層針對自己，故意在挑「刺」。起初他也想過跳槽到另一家公司，但出於私怨，他決定繼續留在公司，等待時機，一舉擊跨該公司，讓他們所有的人都拜倒在他的腳下。

於是林天昊雖然表面上對工作認真負責，但是暗地裡卻時時想著如何搞跨公司。終於機會來了，該公司準備投資一項較大的房產專案，由於該專案完成後利潤可觀，因此他們幾乎把所有的錢都投到了這個專案當中。而林天昊也被委派為該專案的總設計師。讓所有人都意想不到的是在該專案即將上市的前一天，設計師林天昊與設計圖一起消失了。而放在保險箱裡的備份也只是一張普通的設計稿件。

原來前兩天林天昊找到經理說設計圖有些需要修改的地方，而經理也由於忙於專案上市的事，索性把鑰匙直接交給了林天昊，讓他自己修改完後再放回原處。就這樣林天昊帶著原稿、備稿兩份設計圖紙消失了。而且通知了記者，結果第二天，該公司股價大跌，最後挽救無效，以破產告終。

至於林天昊，也由於這次事件，被業內人士所知曉，自然在以後的求職中也屢遭拒絕。因為，誰都無法肯定他以後不會「如法炮製」的對待自己的公司。身邊有這樣一個人，不就像埋下了一個隨時可能爆炸的定時炸彈嗎？自然無人敢聘用他了。

看來，缺失了做人的前提，是很難做出做好大事業的。作為員工，如果為了一丁點個人的利益而犧牲公司利益的話，這樣的人在世界的任何角落都不會受到歡迎，因為你出賣的不僅是公司的利益，而是做人的尊嚴。哪怕是從你手中獲益的人，也會在心底對你產生鄙夷。

因此，對於一個職場中人而言，能力固然重要，但高尚的人品更重要！品德高尚的員工對於公司而言是一筆寶貴的財富，這樣的員工除了能在公司的生產、管理上起到積極的作用外，還能產生良好的榜樣作用並帶動其他員工，從而更好的促進公司的發展。

可以說，一個人，如果他正確的選擇了怎樣做人，也就往往決定了他會怎樣做事。選擇做怎樣的人，選擇怎樣做事，往往是由一個人的人生觀、世界觀和利益觀決定的。要正確處理「做

人」和「做事」之間的關係，首先要不斷改造自己的人生觀和世界觀，時刻不忘以德為先的人生理念。

要使做人與做事兩者相得益彰，就必須把做人的人格與道德情操融入到做事中去。

二、誠信為處世之本

人的一生，做人是非常重要的，為人不好，一輩子肯定處處碰壁，也成不了大器。而做人之中，誠信是一種最為寶貴的品格。

無論在生活中或是工作中，一個人的信用越好，就越能成功的打開局面，做好工作，同時也能更好的駕馭眾人。

三國時，劉備為了避免與曹操十萬大軍交戰，便棄樊城帶領百姓向江陵進發。在當陽長坂坡與曹操的追兵展開血戰，趙雲為救劉備妻兒，單槍匹馬突出重圍，歷盡艱險後終於來到了劉備的面前。

當時劉備正在距離長坂橋二十餘里的地方和眾人在樹下休息。趙雲看到劉備便立即下馬「伏地而泣」，而「玄德亦泣」。趙雲不顧自己的疲憊，氣喘吁吁的對劉備說：「趙雲之罪，萬死猶輕！糜夫人身帶重傷，不肯上馬，投井而死，雲只得推土牆掩之。懷抱公子，身突重圍，賴主公洪福，幸而脫險。」說著，想起來懷中的公子剛剛還在哭，現在怎麼沒了動靜，便急忙解開來看，原來阿斗正睡著還沒有醒。於是趙雲欣喜的說：「幸得公子無恙！」便雙手遞給劉備。

劉備接過孩子扔在地上，說：「為汝這孺子，幾損我一員大將！」趙雲看到劉備如此，連忙從地上抱起阿斗，哭泣著對劉備說：「雲雖肝腦塗地，不能報也！」

人們對劉備擲阿斗一事歷來頗有爭議，無論是劉備故意作態給別人看，以籠絡周圍將士的心，還是他真的愛將勝於愛子，但阿斗的確是趙雲從地上抱起來的，這在一定程度上也表明了劉備當時是輕父子情，重君臣心的。他對趙雲的感激憐愛之心溢於言表，趙雲也由此更加堅定了為劉備效力的決心。正是劉備對於將士有著感恩之情，他的周圍才聚集了趙雲、張飛、關羽、諸葛孔明這些才華橫溢的傑出人才。同時，劉備還懂得安撫民心，實施「仁政」。劉備在與川軍的鬥爭中，樹起免死旗，收降川兵，又諭眾降兵「願降者充軍，不願者放回。」實行優待俘虜的政策。這樣一來反而使得人心向之，川軍不戰而潰。當軍隊進入成都時，百姓「香花燈燭，迎門而接。」正是因為劉備對百姓施行了仁政，才得到了百姓的擁護和將士的愛戴，從而順利的占領了成都。

劉備最終之所以能夠三分天下，擁有自己的一席之地，其中，重要的原因就在於他以一顆仁義之心換得了民眾對他的支持與感恩，使他得以依靠民眾的力量而成就自己的事業。

可見，做人以誠待人，則威信自立，自然會獲取他人的信任與擁戴，進而立足於世，做成更大的事業。

以誠信服人，是最高明的處世之道，也是最有效的成功素養之一。人無信不立，不做言過其實的許諾，不做言而無信、背信棄義的醜行，這是有魅力的人，靠得住的人。所以，縱使萬般艱難，也須言行如一，表裡如一，不可一日無信。

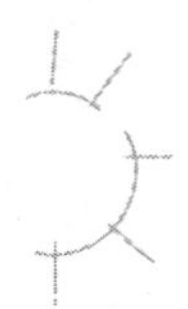

早年，尼泊爾的喜馬拉雅山的南麓很少有外國人涉足，後來，許多日本人到這裡觀光旅遊，據說這是源於一位少年的誠信。一天，幾位日本攝影師請當地一位少年代買啤酒，這位少年為了買酒跑了三個多小時。第二天，那少年又自告奮勇的再替他們買啤酒。這次攝影師給了他足夠買十瓶啤酒的錢，但直到第三天下午那少年還沒回來。於是，攝影師們議論紛紛，都認為那個少年把錢騙走了。可是第三天夜裡，那個少年卻敲開了攝影師的門。原來，他只買到四瓶啤酒，然後他又翻過了一座山，渡過一條河才購得另外六瓶，返回時摔壞了三瓶。他哭著拿著碎玻璃，折換成零錢。當他把剩下的七瓶啤酒和零錢交給攝影師時，在場的人無不動容。很快的這件事傳遍了每一個角落，而到這兒的遊客也就越來越多了。小男孩的誠信就這樣美麗了一座山，也美麗了這個地方。

老子說：「輕諾必寡信，多易必多難。」傅玄說：「禍莫於無信。」一個人如果經常失信，一方面會破壞他本人的形象，另一方面還將影響他本人的事業。信譽許諾是非常嚴肅的事情，對不應該做的事情或辦不到的事，千萬不能輕率應允。一旦許諾，就要千方百計去兌現自己的諾言，以獲得別人的信任。

清代顧炎武曾賦詩言志：「生來一諾比黃金，哪肯風塵負此心。」表達了自己堅守信用的處世態度和內在品格，一諾千金的典故便是由此而來的。一個人如果有信用，什麼樣的事都會有辦法解決。沒有技術，可以請有這方面經驗的朋友來幫助你；沒有經營能力，可以請有營業能力的人來做事；沒有資金，可以向銀行借貸。但如果你沒有信用，這可是最大的致命傷。因此，做人要講誠信，做事要講誠信，誠信是一種無形的資產，需要人們精心維護，慢慢累積。

誠實、守信是形成強大親和力的基礎——誠實守信會使人產生與你交往的願望，在某種程度上，會消除不利因素帶來的障礙，使困境變為坦途。

三、真誠的力量

生活中我們總是喜歡真誠信得過的人，討厭說謊不老實的人。一個誠實的人，不論他有多少缺點，與他接觸時，心神就會感到清爽。這樣的人，在事業上一定能有所成就，這是因為他以誠待人，別人也會以誠相見。但如果你心存猜忌，那麼最後的苦果只能自己品嚐。

雖然這是很多年前的事了，但回想起來，安娜的內心深處還在隱隱作痛，還在自責。

那是一個夏季的黃昏，安娜發現了一個遇到陣雨在她家屋檐下避雨的報童。天空降著磅礴大雨，為了不使報紙淋濕，報童彎著身子，抱著報紙。

這個報童身著一件舊襯衫和一條薄褲子，看起來他生長在一個不富裕的家庭，為了貼補家計而拼命的工作。

安娜想把家中的傘借給他，但心裡又出現了一種不安。

把傘借給這個窮孩子了，他還能還給我嗎？這麼一想，拿著雨傘快走到門口的安娜又折回屋中，拿了一把破舊的油傘借給了他。

翌日清晨，那報童來到安娜家，「阿姨，昨天謝謝了。」然後對著安娜露出一個燦爛的微笑，轉身離開了。但等到安娜想晾傘而把傘打開時，她卻愣住了，原來傘的破漏之處被修補得整整

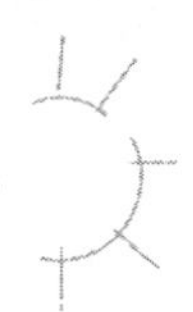

齊齊、漂漂亮亮，成了一把好傘……

淚水一下溢滿了安娜的眼眶。

人心都是嚮往真誠的，可現實中太多的教訓卻讓我們越來越灰心。於是我們便在自己的心中堆起了一堵堵高牆，以期達到抵禦別人侵犯的目的。卻不知，避免傷害的最好方法並不是豎起高牆，而是在於一個「誠」字了。只要真誠的橋搭到彼此的心裡，那麼嫉妒、猜忌、勾心鬥角還會有容身之處嗎？如果相互依賴，互相信任，那麼無疑你會從中得到充分的自由，創造和享受自己的人生。

那麼，我們怎樣才能做一個真誠的人呢？以下幾點可以借鑑：

首先，要做到真誠，不能只在外表上下功夫

說話表情雖好，而你的內心不誠的話，最多只是「巧言令色」罷了。對方如果不是糊塗之輩，定會看出你的虛偽，因為內心不誠，憑你巧言令色，終有若干破綻被對方看出來，豈不成為心勞術拙嗎？相反的，內心真誠，即使拙於辭令，拙於表情，卻能體現出你的樸實。誠且樸實，效力更大，只要對方對你素無誤會，你的真誠，必能感人。

其次，最忌諱的是平時好用欺騙手段，欺騙也許能得一時之利，卻不能維持長久

如果你的欺騙為人所察出，即使你真的有誠意，仍會被認為是另一種姿態的虛偽。因此，一生不可有任何欺騙行為。也許你曾遇到過這種人，你以真誠相待，他卻以詭詐回報你，於是，你便對於誠的效用發生了懷疑。其實，真誠的力量是絕對的。所以會發生例外，是由於你的真誠不足以打動對方的心。對一切你要「反求諸己」，不必「求諸人」，這是用真誠打動別人

的唯一原則。

再次，對方若不是深交之人，你仍暢所欲言，以快一時，只會顯示你的冒昧和淺薄真誠本來有三種限制：一是人，二是時，三是地。非其人不必說；非其時，雖得其人，也不必說；得其人與時，而非其地，仍不必說；非其人，你說三分話，已是太多；得其人與時，你說三分話，正好是給他一個暗示，看看他的反應；得其人與時，而非其地，你說三分話，可以引起他的注意，如有必要，不妨擇地長談，這並不與真誠相悖。

總之，若想使自己成為真誠的人，第一步你要鍛鍊自己在小事上做到完全誠實。當你不便講真話時，不要編造小小的謊言，不要去重複那些不真實的流言蜚語。

若想別人真誠待你，你就應當首先主動真誠的去對待別人。一份真誠的心可以創造奇蹟，用真誠去理解他人，那麼成功就會出現在你的面前。

四、寬容做人，寬容做事

歷代聖賢都把寬恕容人作為理想人格的重要標準而大肆宣導，《尚書》中有「有容，德乃大」之說；《周易》中提出「君子以厚德載物」；荀子主張「君子賢而能容罷，知而能容愚，博而能容淺，粹而能容雜。」據司馬光《資治通鑑》記載，武則天時期，宰相婁師德以仁厚寬恕、恭勤不怠聞名於世，司馬光評價他「寬厚清慎，犯而不較。」其中有一段故事很能說明他的容人之量。

婁師德的弟弟任代州刺史，上任前，弟弟為了讓他放心，便說：「請哥哥放心，以後我走在路上，如果行人朝我臉上吐唾沫，我擦乾就是了，絕對不與對方計較。」而婁師德卻憂慮的說：「正是因為你把別人吐在你臉上的吐沫擦掉，我才擔心啊！人們唾你臉，肯定是生你的氣，你把唾沫擦掉，這不等於是和他對抗嗎？這樣做只能讓別人對你更加惱火。」弟弟看著婁師德擔憂的表現問道：「依哥哥的意思，我該怎麼辦呢？」婁師德語重心長的說：「人家吐你，你要笑眯眯的接受。噴在臉上的唾沫，也不要動手擦掉，而是讓它自己乾。」

雖然我們不提倡婁師德這種「唾而不拭」的忍讓，但他那種「寬厚清慎，犯而不較」的精神還是值得我們學習的。如果你眼裡容不得沙子，錙銖必較，不僅尷尬，招致仇怨，最重要的是還氣壞了自己。

三國時在政壇上曾雄姿英發、一世英名的周公瑾最後卻因為不服對手孔明吐血而死，留下一個《諸葛亮弔孝》的假哭戲。仇視何益？憤恨何益？徒傷自己而令敵人稱快而已。

於是有人說：「為你的仇敵而怒火中燒，燒傷的是你自己」。

所以，請試著去寬容別人吧！寬容你的敵人，寬容那些曾經傷害過你的人，寬容那些正在傷害著你的人……寬容了別人，等於善待了自己。它能使自己的生活變得輕鬆，快樂。經歷過風雨，才能領悟到人生的苦與樂，愛與恨，才知道人生中應該忘記什麼，記住什麼，原諒什麼，學會什麼，那樣才是舉重若輕。最該忘記的是你曾幫助的人，最該原諒的是曾經傷害過你的人，最該放棄的是功過是非、名利得失，最需要學會的便是寬容。

筱佟是一個生長在單親家庭的孩子，而那個傳說中的爸爸則在她還沒出生的時候，為了他所謂的名利放棄了家境平凡的媽媽，跟一位富家女結了婚，也因此榮升為一家醫院的副院長。

在筱佟不懂事的時候，她還會纏著媽媽要爸爸，但自從從外婆口裡得知了那個男人的可惡行徑之後，筱佟的心裡除了恨就是恨。她努力的學習，努力的打工賺錢，一心想著要讓自己變得更強，然後親手奪走那個男人所擁有的一切。可是在她還沒有變強大之前，那個男人卻找上了門。原來，那個男人與現任妻子所生的孩子得了腎病，而且已經是末期，希望筱佟能捐獻腎，且許諾照顧筱佟和她媽媽以後的生活。筱佟真的無法從感情上接受。因為一見到他們，筱佟就想起媽媽獨自帶著她所受的苦，想起同學們嘲笑她是野種……

可是有一天，筱佟在看一本書時無意中看到了這樣一段話：人世間最寶貴的是什麼？是寬容。寬容是世界上最稀有的珍珠，寬容的人幾乎優於偉大的人，善於寬容的人，總是在播種陽光和雨露，醫治人們心靈和肉體的創傷。與寬容的人接觸，智慧得到啟迪，靈魂變得高尚，胸懷更加寬廣。

把這段話讀了好幾遍後，筱佟忽然想去醫院看看那個從未見過面的妹妹。而在去醫院的路上，她也在幫與不幫之間掙扎著。可是當她來到醫院，透過玻璃窗看著那個被病魔折磨得不成樣子的女孩時，筱佟決定幫助她。筱佟想：我一直活在自己的仇恨之中，覺得自己是這個世界上最不幸的人，可是現在我覺得自己很幸運，雖然我沒有得到爸爸的愛，但是他卻給了我生命。然後，筱佟打通了那個深刻於腦海，卻從未撥打過的電話號碼，告訴了他們自己的決定。而電話裡那有些哽咽的感謝也讓筱佟心底某個堅持的角落開始塌陷。

而在手術室的燈熄滅，醫生宣布手術成功，筱佟被一個高大的身體緊緊擁入懷中的那一

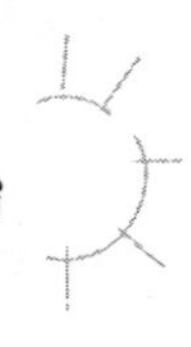

刻，所有的仇恨都煙消雲散。從那以後，筱佟不僅有了爸爸，還多了一個媽媽和妹妹。

寬容之於愛，正如和風之於春日，陽光之於冬天，它是人類靈魂裡美麗的風景。一位老人曾寫了一首詩，他稱讚道：寬容是蔚藍的大海，納百川而清澈明淨；寬容是高闊的天空，懷天下而不記仇恨；寬容是燦爛的陽光，送你甘霖送你和風；寬容是延續生命，生命的輝煌也只有閃爍的一瞬；寬容大度才能超越局限的自身，一語寬容，雨露繽紛，一生寬容，心懷乾坤。

學會寬容，關鍵是要剔除心中的私慾和雜念，淡泊明志，有所追求；同時要推己及人，以德報怨，與人為善。腹中天地寬，常有渡人船。

五、做事先做人，做人先學禮

詩經說：「謙謙君子，賜我百朋。」

荀子論禮說：「人生有欲望，欲望不能達到，就不能無求，求而沒有度量分界線，就不能無爭，爭就生亂，亂就無窮盡。先王們討厭這個亂，所以制訂禮儀來限制它。以限制人的欲望，使人們去求取，使欲望不能究達於事物，事物必然不屈服於欲望，兩個方面共同滋長，於是禮便興起了。」

孔子認為：「禮是循環流通而沒有偏頗，抑制著惡而成全於好，所以禮是制中的東西，萬事的治理之本。」又說：「君子的一切事都在於禮。」

或許在有些人看來，禮儀使人變得無能和勢利，也有的人認為禮儀讓人的行為變得不「自然」，也有的人認為禮儀既浪費時間，又過於複雜。其實不然，禮儀不僅有助於培養積極的心態，養成高度的自制力和高超的領導才能，建立對自我的自信心，塑造迷人的個性，它還是我們走向成功必不可少的因素。

克強是某服裝廠的業務員，論口才論業務能力，都令他的老闆「一百個放心」。可沒想到，在一次訂貨會上，當他風塵僕僕的找到一家商場後，接待人員見他鬍子沒刮，而且又衣冠不整，於是克強帶的樣品連看也不看，就打發他走了。因為這家商場認為：「就這樣一副窮酸樣，公司能生產出高級服裝？」克強心裡很生氣，這不是以貌取人嗎？可是連續跑了好幾家商場，費盡口舌仍沒有一家商場願意訂他的貨。一氣之下，他去的美容院換了髮型，然後換上本廠生產的名牌服裝，氣宇軒昂的找到一家商場的總經理。對方見克強氣宇不凡，且產品品質又好，當即簽訂了六十萬元的定貨合約。

如此說來，禮儀看起來是小事，實際上卻很重要。因此，不要遠離禮儀，因為遠離它的同時，你也遠離了成功。唯有努力試著去講禮儀的人，才能摘到成功的星星。那麼我們應從哪些方面來培養自己的禮儀呢？

(一) 加強道德修養

一個人的道德感如何，是透過人與人的交流表現出來的。無論何時何地，無論事大事小，都可以展現出一個人的道德水準。

首先是社會道德。從小我們就知道社會主義的基本道德要求是：愛國、愛人民、愛工作。

事實上，比如誠實正直、團結互助、勤儉節約、尊老愛幼等都是社會道德的組成部分。其次就是職業道德。我們所說的職業道德，就是指從事一定職業的人，在其特定的工作中應當遵守的行為規範。醫生、教師、服務人員、商人、員警，各行各業都有相應的職業道德。最後是個人生活道德，即個人行為規範。它是指在一個人的生活工作中所遵守的規範和表現出來的道德品格，它是一種高層次的道德，是人們的自覺行為。所以，只有擁有較高思想境界的人才會產生強烈的禮儀意識，不斷自我完善，使自身禮儀修養不斷提高。

（二）注重個性修養

個性是一個人所具有的本質的、穩定的心理特徵。它包括個人的氣質、性格和能力。個性是一個人涵養的反映，良好的個性能夠塑造一個人美好的社交禮儀形象。在現代社會上，要從眾多競爭者中脫穎而出，擁有健康、良好的個性是非常重要的。每一個人在個性上都不相同，在與人相處的過程中個性就自然的流露出來。

可以說，個性修養是一個長期的過程，大家應該注意明確自我形象的目標，欣賞生活中的美好事物，培養高尚情操，具有情感上的自我調節能力。

（三）培養良好的心態

在禮儀的施行過程中需要具有良好的心態，保持積極的心態。沒有健康的心態，就不可能在待人接物的過程中表現出熱情大方、積極向上，也不能做到彬彬有禮、自尊自信。有的人雖然學習了禮儀的相關知識，但是在社交活動中卻表現得畏首畏尾、缺乏自信，究其原因，就是因為沒有良好的心態。

事實上，要擁有良好的心態就是要有健康向上的心理狀態，對自己要有足夠的信心。每個人都有自己的長處，不應該把自己的短處和別人的長處放在一起比較而妄自菲薄，要懂得挖掘自己的潛力，自己肯定自己。這樣才能在人際交往中得到他人的認可。

我們所說的健康心理狀態應該具備以下特點：能夠正確認識自己，並能公正的評價別人，豁達大度；保持樂觀和穩定的情緒，在工作和生活中充滿熱情和活力；較強的事業心和目標意識，能夠使自己的行為和公共的利益協調一致；能夠坦然冷靜的接受所發生的事件並迅速做出應變反應；積極進取，勇於追求，意志堅強，自我克制。

(四) 豐富科學文化知識

現代人必須懂得更多的科學文化知識，接觸更多的高雅文學和藝術，這是自身修養和人際交往的需要。具有一定的文學知識，能夠提高理解問題的能力、語言表達能力，有助於工作上的業務洽談等等；具有一定的哲學、歷史、心理知識，有助於提高認識問題、分析問題的能力，能夠幫助處理生活工作中的各種矛盾，協調各個方面的關係，掌握公共的心理；具有一定的經濟學、法學的知識，有助於掌握經濟規律，依法做事，提高做事能力。

豐富的科學文化知識是人際交往取得成功的一個基礎。有了各種知識，才能使自己懂禮貌、講禮節，才能思考問題周到詳盡，處理問題得體妥當，也才能在當今社會中，與各方面的

人進行廣泛的交流。

總之，禮儀不是先天生成的，而是後天養成的。但值得注意的是，學習禮儀不能機械的模仿那些條條框框，它是一個人內在氣質的外化。所以，從這個角度看，禮儀培養有著更深一層的含義，它需要我們從內在的道德修養做起，這樣才能使自己的修養和禮節的表現和諧的統一起來，達到禮儀培養真正的目的。

禮儀是做人的基本道德準則，是待人接物的基本態度，只有禮儀到位，為人處世才能左右逢源，事事順利。

六、忠誠比能力更重要

成功學家說：「如果你是忠誠的，那麼你就是成功的。」是的，對於一名員工來說，對企業的忠誠，就是你走向成功的通行證。

現代社會，忠誠幾乎已經成為所有公司衡量人才的最重要的標準。人才越來越市場化，人才的競爭已從單純的技能競爭，轉向了品德和技能兩方面的競爭。而在一切品德中，忠誠位居第一。以前，企業在招聘人才時，首先重視的是文憑與工作經驗，只要這兩方面不錯，基本上就錄用了。至於品德方面，要求並不很嚴格。但如今不一樣了，包括世界五百強企業在內的許多優秀企業在招聘人才時，他們已將忠誠排在了首位。

許多公司會透過各種形式檢驗應聘者的忠誠，要是被認定為忠誠度不夠的人，即使你擁有

六、忠誠比能力更重要

再高的學歷，擁有許多項成功案例，也不會被錄用。因為考官們非常明白，在誘惑到來的時候若不能堅守自己的道德底線，往往會走上背叛的道路。背叛是可怕的，一方面給自己的企業帶來不可估量的損失，另一方面，也極有可能造成自己的信譽危機。沒有忠誠觀念的員工就如同安放在團隊之中的一枚定時炸彈，沒有任何一家企業會在這個問題上有所妥協，優秀的員工才能進入優秀的企業。不具備忠誠的觀念，就意味著現代員工基本素養的缺失。

一個叫傑瑞的員工見老闆很信任企業顧問蘇，便央求蘇在老闆面前多給他美言幾句，以使老闆可以早日兌現重用他的承諾。

「我進公司的時候，老闆曾經許下諾言聘用我做公司的技術總監，可他遲遲都不兌現，只是說正在考慮，一拖再拖，都考慮一年多了，還沒有一點動靜。」傑瑞一肚子苦水。

蘇想既然老闆已做出了承諾，當然應該兌現，即使不想兌現也該說明原因。於是蘇找了一個恰當的時機和老闆談起了這件事。

「這個人我不敢重用。」老闆聽完蘇的話後直截了當的說。

「為什麼？」

「你知道這個人是怎麼來我們公司的嗎？他本來在另一家公司工作，那家公司曾經是我們最大的競爭對手。有一天，傑瑞主動約我見面，說他掌握了那家公司全部的技術祕密，如果我肯高薪聘用他，他願意將那些技術祕密全部告訴我。那時候，我正苦於思索與那家企業競爭的良策，而那家公司也時常壓得我們喘不過氣來。於是商人的本性讓我產生了不光彩的念頭，我答應了傑瑞開出的條件，給了他高薪，但是重用他的事，卻一直不敢兌現。」老闆解釋說。

「你的意思是說，一旦重用他，他掌握了你的祕密之後，也可能出賣你，對嗎？」蘇若有所思的說。

「是啊，雖然我不敢肯定他會不會這樣做，但他是一個缺乏忠誠的人，以前那家公司對他不薄，但他卻出賣了老闆，使那家公司因此而受到了重創。這種賣主求榮的事有了第一次，難保不會有第二次。我可不願也不敢拿公司的未來去賭……」

忠誠是員工最基本的操守，尤其是在種種誘惑面前，忠誠更凸顯一個人的道德水準和綜合素養。只有具備忠誠的觀念，才可以將公司視為自己的船，時刻以公司的利益為先；才可以培養自動自發的精神，做老闆的得力助手；才可以積極融入團隊，與同事密切協作；才可以使自己脫穎而出，在個人發展的道路上越走越寬……

也許會有人說：「我對公司忠誠，但老闆好像看不見。不僅不器重我，還讓我受委屈。」朋友，忠誠不是交換的砝碼，也不是完美的護身符。一名員工對企業忠誠，是最起碼的職業道德，老闆不會由於一名員工的忠誠就忽視其別的缺點、無視其在工作中出現的問題。其實老闆也有犯錯誤的時候，也有戴著有色眼鏡看人的時候。這時，你可能會感到委屈，這在職業生涯中是十分正常的事。如果你承受不住這麼一點打擊，做出不忠於企業的事，你將會為自己的草率與衝動付出巨大的代價，到了那個時候，你就真的會被老闆冷落或被企業開除。正確的做法應當是，始終對企業忠誠、對工作忠誠，長此以往，老闆遲早會發現你的價值。

那麼如何才能做到忠誠呢？

（一）樹立對公司忠誠就是對自己忠誠的意識

對公司忠誠、全面維護公司利益，事實上就是忠誠於自己的事業，維護自身的利益，這是優秀員工最基本的工作準則。員工忠實於自己的公司，忠實於自己的職責，其實就是在忠誠於自己。因為忠誠是成功的基礎，是卓越員工的首要特質。一個對公司忠誠的員工，一定會獲得老闆的信任和賞識，他的事業也會在此基礎上不斷取得進步。這一工作準則在實際工作中主要體現為：工作積極主動，有強烈的責任心，處處維護公司利益等。

（二）敬業精神讓你出類拔萃

敬業的員工，會把自己所從事的工作當成生命中的一項最偉大的事業來做。即使他們遇到各種各樣的困難，也能以高度負責的態度，為工作付出全部的努力。當敬業精神根植於一個人的腦海之後，他做起事來就會積極主動，並能從中尋找到人生的樂趣。一個失去敬業精神的人，不會把自己的工作與人生使命和個人價值結合起來。可以毫不誇張的說，不忠於職守的人不可能有任何作為，更不可能受重用；只有具有強烈敬業精神的人，才能夠出類拔萃，成就輝煌的事業。

（三）熱愛自己的工作

限於能力、經驗、學歷、背景等諸多因素，很多人並不是一開始就能找到自己理想的工作的。這時候，他們就需要樹立一種「熱愛工作」的信念，這樣才會在工作和事業上永保進取之

心，腳踏實地的一步步向著自己的目標邁進。如果不能，那麼他就只會空耗青春，蹉跎自己一生的光陰。

（四）把忠誠敬業當成職業習慣的人更容易成功

我們應該努力培養自己的忠誠敬業精神，讓它變成自己的一個良好習慣，這樣做或許不能立即為我們帶來可觀的收入，但卻可以為我們奠定一個堅實的基礎，幫助我們實現事業上的成功。

一名忠誠敬業的員工，不僅要完成自己的工作，而且要以一種高度負責的精神去完成自己的工作。因為忠誠敬業的人能從工作中學到比別人更多的經驗，而這些經驗便是你向上發展的踏腳石，就算你以後換了工作，從事不同的行業，忠誠敬業精神也必會為你帶來幫助。因此，把忠誠敬業變成習慣的人，從事任何行業都更容易成功。

（五）在小事上體現自己的忠誠敬業

很多時候，一些看似不起眼的小事，往往可以改變你的命運。當然，前提是你必須認真對待每一件小事。因此，不要為自己沒有遇上驚天動地的大事情而沮喪，因為機遇並不一定只隱藏在大事情中。

（六）意識到忠誠是成功的通行證

當一個人對公司不忠時，不僅是失去了忠誠的品格，連同一起失去的還有尊嚴、誠信、榮譽以及個人的大好前途。很多人覺得自己是在別人的企業中工作，只是在出賣勞力，得到的回報就是金錢。他們蔑視敬業精神，嘲諷忠誠，消極懶惰，最終只能是自毀前程。

忠誠的員工容易獲得他人的信任和支持，也值得對其委以重任，因此忠誠的人更容易獲得成功的機會。更重要的是，忠誠是一個人彌足珍貴的美德。美德是永遠都不會貶值的。如果你渴望成功，那就要保持忠誠的美德，讓它成為你的工作準則，並在此基礎上逐步培養正確的道德觀，這樣，總有一天你會得到理想的回報。

當然，我們強調忠誠並不意味著忽視員工的業務能力，空有忠誠，個人能力卻是一無是處，那同樣也難擺脫被淘汰的命運，只有兩者兼而有之，才可以應對現代企業和市場所提出的嚴格要求，才可以在挑戰和衝擊面前沉著應戰，才可以在工作上永遠立於不敗之地。

不忠誠的人可能有他人所沒有的美德，忠誠的人也可能有一些其他的陋習，但後一種情況尚可補救，而前者則往往會無可救藥、註定失敗。

七、得意莫忘形，失意莫失志

人生就像是一次漫長的長跑，重點考驗的是你的耐力和持久力。有人曾將人生比喻成一個馬拉松長跑。若干年後，當你再回望現在的自己，你就會清醒的發現：原來，現在的我們還只是處於人生起跑的階段。無論你取得多麼令人豔羨的成績，無論你考進多麼光芒四射的名校，無論你現在的成績多麼的不理想，無論你的現狀多麼的不讓你滿意，無論你經受了自己認為多

麼慘痛的失敗和教訓，這一切都還只是處在人生的起點，一切還遠著呢！

可是許多人卻始終看不清也看不透這一點，總把眼前的一切視為人生的終點，結果便在眼前的一個小坎上跌傷了自己。

曾看過許多有關指考失利後，自殺身亡或自殺被救的事例。無一例外的，他們都是因此次失利而感到自己的人生沒有了希望，於是便選擇了這條「路」。沒錯，自己的燈下苦讀，父母期盼的眼神，老師盡心的輔導……所有人都希望這一刻能金榜題名。可是人生豈能事事如意，失意卻是常常不請自來，若你因一次小小的失意而失去希望，放棄努力，那你就徹底的失敗了。但若你在失意面前選擇了抗爭，那麼心想事成的那一天總會來到。這樣的例子可以信手拈來。

無數的事實告訴我們，失意並不可怕，可怕的是沒有志氣，失去了面對現實、掙扎抗拒的勇氣。

其實，一次失意，品嚐一次人生的艱辛，一次失意，歷經人生的一次考驗。品嚐一回艱辛，經歷一次考驗，你就跨過人生的一道坎坷，超越一次自我，你的人生就會在戰勝失意的困擾中得以充實和昇華。

就像有位哲人所說：「每個人的一生都是戰役——多事多難的漫長戰役。」而一個人的成功與否其關鍵也在於你在這場戰役中能否做到失意不失志，得意不忘形。

得意不忘形，是做人的品格；失意不失志，是積極的人生態度。得意和失意都是人生彌足珍貴的財富。人生沒有永遠的得意與失意，只有永遠的追求與前行。

人生路上，也許每個人都曾飽嘗過因「得意忘形」而釀成的苦果，也曾因為失意而一度迷失方向，承受大量失敗的考驗，但我們從中增長了見識，不同程度的獲得過成功，也同樣嘗到了成功的甜頭。或許我們無法控制「得意」與「失意」到來的週期，但是我們能夠調整心態，掌握內心的方向。不斷的充實、豐富自己的內涵，讓從容淡定由心而生，從而使我們能夠在「得意」時，保持清醒的頭腦，踏踏實實的走穩每一步；「失意」時，也不氣餒，對自己有信心，查找不足，不懈努力，心態平和。這樣我們無論身處怎樣的境遇，都不會失去自我。

成功和失敗總是相伴而生，得意和失意也總是相隨而來。這就要我們得意時千萬別忘形，因為得意往往是一時的，不可能永遠得意。失意也不可失志，因為這次的失敗並不代表永久的失敗。

八、厚德方能載道

《周易．坤》卦有：「地勢坤，君子以厚德載物」之說，詩人但丁也說：「一個知識不全的人可以用道德去彌補，而一個道德不全的人卻很難用知識去彌補。」花不可無蝶，人不可無德。做人做事一定要注重自己的品德修養。

品德是一個人最好的無形資產，若想掙大錢成大事就必須有大德。無論你現在從事何種職業，身處何位，其本質上就是做人。因此，在為人處世中，須牢記「最重要的是人品」這句箴言，它有助於你走上成功之路。

讀到這裡有人會問，賺大錢成大事應該與個人的才學有關，與品格有何關聯？在現實生活

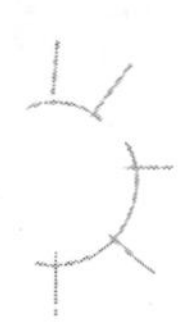

中我們可以看到這樣一種現象，一個人如果人品不好、能力差也就算了，危害還不會太大。恰恰是一個能力非常強、智商非常高的人，如果人品敗壞、野心很大，那他所造成的危害就會非常大，有時候甚至會達到致命的程度，斷送一家公司，甚至是一個國家、一朝江山。

反過來說，一個人人品很好，能力雖然差一點，但他只要虛心好學，提升自己，也就會逐漸有所進步，把事情做得更好一些。

所以，人才的品格比能力更重要。這是現今許多企業在考察幹部、選拔人才時都遵循的一大原則。

傑西是一家網路公司的技術總監，掌握著這家公司的諸多技術祕密。由於公司調整發展方向，他認為自己在這裡不會有更大的發展，於是決定換一份工作。

以傑西的資歷及在業界的影響，找份工作並不是件困難的事情。以前曾有許多家公司試圖挖走他，都沒成功。這一次，傑西是申請離職，也已經有好幾家公司拋出了令人心動的條件，但是在優厚的條件背後卻隱藏著一些見不得人的東西。傑西對此心知肚明，但是他不能因為優厚的條件而放棄自己的原則。因此他拒絕了很多家公司對他的邀請。

最終，他決定到一家大型的企業去面試技術總監，這家企業在全世界都有一定的影響力，很多人也都為能到這家公司工作為榮。

對傑西進行面試的是該企業的人力資源部主管和負責技術方面工作的副總裁。對傑西的專業能力他們十分認可，但最後他們提到了一個使傑西很失望的問題。

「非常歡迎你能成為我們當中的一員。你的能力和資歷都非常棒。我聽說你以前所在公司正在著手研發一個新軟體，而你也提了許多有價值的建議，恰好我們公司也在策劃這方面的工作，不知你能否透露一些情況給我們。你知道這對我們非常重要，而且這也是我們為什麼看中你的原因之一。請原諒我說得這麼直白。」副總裁開門見山的說。

「抱歉，我無法滿足你們的需求。儘管市場競爭需要一些非正常的手段，但我卻有義務保守公司的商業祕密，即使我已經離開了。與獲得一份工作相比，堅守做人的準則對我而言更重要。」說完就頭也不回的走了。

傑西的朋友對此無不惋惜，因為能到這家企業工作是很多人的夢想，但傑西並沒有因此而悵然若失，他為自己所做的一切感到心安理得。

可出人意料的是，第二天早晨，傑西就接到了這家公司人事部部長打來的電話，歡迎他正式成為公司的一員，最後，人事部長還非常慎重的說：「不僅僅是因為你的專業能力，更因為你優秀的品格。」

「品不良則心不正，德不高則行不正」是我們做人做事的標準。在人生的不同階段，道德對於人的要求雖有著不同的變化，每個人體驗和經歷的內容也不一樣，但是，「以德立身」的人生支柱是不變的，它對每個人的人生大廈起著支撐作用的定律是不變的。當然，也不能因此而走向另一極端，而忽略人的能力，不尊重知識，不尊重人才。真正的人才應是「才」與「德」的完美結合，我們喜歡用「德才兼備」來描述他們。

一個人若想走向成功，需要以德立身，這是一個成功者必須確立的內在標準，沒有這個內在標準，人生之路就會失去支撐，最終必將導致失敗。

九、己所不欲，勿施於人

孔子曾說過，「己所不欲，勿施於人」，意思就是說，自己所不想要的，也不要施加到別人身上。也就是說，交際中只要少一點自以為是，多一點換位思考，就會少一些誤解和摩擦，多一些理解與和諧，自然不會有因多心而產生的誤會。

有一個教授，在給學生講解人生規劃的時候，曾說到這樣一個情況：

「如果你有一個心儀的女友，你希望能和她廝守終身，但對方卻不這樣認為，也許她不是真的喜歡你。這時候，如果你一意孤行的付出自己的情感，那麼結局會有兩個：要不就是她被你感動，被動的和你在一起，但這段感情可能隨時都會出現問題；不然就是她仍舊冷漠的離開了你，任你對她再好也沒有用——這時，你是選擇毅然離開，還是堅持靠近？」

學生陷入了兩難的思考。

老師看到大家都不吭聲，於是話題一轉：「假如你是那個被人苦苦追求的女孩，在妳根本沒有打算接納對方的前提下，妳會選擇離開，讓對方徹底死心，還是選擇靠近，聽任感情自由發展？」

學生們紛紛表示：「既然不愛人家，就該及早離開，免得耽誤了對方的青春和幸福！」

老師微笑著說：「既然你們能夠明白，在不喜歡一個人的時候，一定要給對方一個明確的答覆，不要耽誤、傷害別人，那麼換位思考一下，當你是一個追求者時，又何必甘願讓自己深陷泥沼之中，糟蹋自己的青春與幸福呢？」

換位思考是一種處世藝術，在做人做事上，若能進行換位思考，那麼看待問題、處理事情、解決矛盾，就會多一些理解、多一些智慧、多一些方法。所以，當你與別人發生矛盾時，先想想自己的態度是不是有問題，然後再去評論別人的對錯。

記得曾讀過這麼一個小故事。

一天早上，我和一位朋友出差到外地，一早起來相約去一家餐廳去吃早餐。點完菜之後，我的朋友準備出去買份報紙。但是，過了五分鐘，他卻從外面空著手回來了。他搖著腦袋，一邊走一邊含糊不清的小聲的咒罵。

「怎麼啦？」我問。

他答道：「我走到對面那個報攤，拿了一份報紙，遞給那傢伙一張一百元的鈔票。他不是找錢，而是從我腋下抽走了報紙。我正在納悶，他開始教訓我了，說他的生意絕不是在這個尖峰時間給人換零錢的。」

我們一邊吃飯，一邊討論著這一小插曲，我的朋友認為這些人太傲慢無理了，都是「品行惡劣的傢伙」。並且，說他以後再也不讓任何人找一百元的鈔票了。

飯後，我決定去試一試，讓我的朋友在飯店門口看著我，我走過馬路去。當報攤的主人轉向我時，我和善的說：「您好，我不知道您能不能幫個忙。我是外地人，需要一份《聯合報》，可是我身上現在只有一張一百元的鈔票了，我該怎麼辦？」

我剛說完，只見報攤主人拿起一份《聯合報》，毫不猶豫的遞給了我，說道：「拿去吧！找開錢再來。」

我道完謝後，興高采烈的拿了「勝利品」凱旋而歸。我的同伴搖搖頭，說道：「看來我們這次出差任務又多學到一課，一切在於方法。」

一切在於方法，更在於我們對待一件事所持有的態度。若想得到別人的尊重，首先要懂得尊重別人。《聖經．馬太福音》中有一句話：「你希望別人怎樣對待你，你就應該怎樣對待別人。」這句話被大多數西方人視為待人接物的「黃金準則」，這與孔子所說的「己所不欲，勿施於人」是同樣的道理，這是做人做事的一項基本原則。因此，在做人做事時，多換個角度思考一下問題，一件事物自己若無法接受，那也不要希望別人能接受。

你有權利以非公平的態度對待他人，但你這種非公平的態度，將會使你自食其果。因為你對他人的所有行為，以及你對他人的思想，都經由自我暗示而全部記錄在你的潛意識中，這些行為和思想會修正你的個性，而你的個性相當於是一個磁場，把和你個性相同的人或情況吸引到你身邊。

第三章　先處理心情，再處理事情

表面看來，事情和心情是兩個完全不同的概念，但是作為一個有著複雜情感因素的人，許多時候，人們會發現心情和事情常常交織在一起。當一個人的心情沒有處理好時，關於他的事情也常常處理不好。反之亦然，如果心情處理好了，接下來的事情就容易處理多了。因此，在做事之前先處理好自己的心情，那麼做事也將變得容易很多。

一、陽光心態，照亮人生

人生活在這個世上，不可能都是一帆風順的，或者遇到困難，或者遇到挫折，或者遇到變故，或者遇到不順心的人和事，這些都是人生前進中的正常現象。然而，有的人遇到這些現象時，或心煩意亂，或痛苦不堪，或萎靡消沉，或悲觀失望，甚至失去面對生活的勇氣。有人卻把它看作是上帝的饋贈，然後以更輕鬆的姿態去坦然面對生活。

一天早上，董妍跳上了一部計程車，要去郊區的分公司做培訓。因為正好是上班的尖峰時刻，沒多久車子就卡在車陣中，此時前座的司機開始愁眉苦臉的嘆起氣來。董妍隨口和他聊了起來：「最近生意好嗎？」後視鏡中的臉拉了下來，愛搭不理的道：「有什麼好？到處都不景氣，妳覺得我們計程車生意會好嗎？每天十幾個小時，也賺不到什麼錢，還得提防警察和找麻煩的乘客，真是氣人！」

顯然這不是個好話題，換個主題好了，董妍想。於是她說：「不過還好，你的車很大很寬敞，即便是塞車，也讓人覺得很舒服……」他打斷了董妍的話，聲音激動了起來：「舒服個鬼！不信妳來每天坐十二個小時看看，看妳還會不會覺得舒服！」接著他的話匣子打開了，既抱怨政府，又抱怨社會。董妍只能默默的聽，一點兒插嘴的機會也沒有。

第二天同一時間，董妍再一次跳上了計程車，去郊區同一家企業做培訓。然而這一次，卻開啟了迥然不同的經歷。一上車，一張笑容可掬的臉龐轉了過來，伴隨的是輕快愉悅的聲音：「妳好，請問要去哪裡？」真是難得親切的司機，董妍心中有些驚異，隨即告訴了他目的地。他笑了笑：「好，沒問題！」然而沒走多遠，車子又在車陣中動彈不得了。前座的司機手握方向盤，開始輕鬆的吹起口哨哼起歌來，顯然今天心情不錯。於是董妍問：「你今天有什麼喜事啊？這麼開心！」

他笑得露出了牙齒：「沒什麼特殊的，我每天都是這樣啊，每天心情都很好。」「為什麼呢？」董妍問，「大家不都說不景氣，工作時間長，收入都不理想嗎？」司機說：「沒錯，我也有家有小孩要養，所以開車時間也跟著拉長為十二個小時。不過，日子過得還是挺滋潤的，我有個祕密……」他停頓了一下，「說出來小姐妳別笑我，好嗎？」

他說：「我總是換個角度來想事情。例如，我覺得出來開車，其實是客人付錢請我出來玩。像今天一早，我就碰到妳，像花錢請我跟妳到郊外玩，這不是很好嗎？到了郊外，妳去辦妳的事，我就正好可以順道欣賞郊外的景色，呼吸呼吸新鮮空氣再走啦！」他繼續說：「像前幾天我載一對情侶去看夕陽，他們下車後，我也下去喝碗魚湯，擠在他們旁邊看看夕陽才走。反正來都來了嘛，更何況還有人付錢呢？回頭想想，經濟不景氣對我有什麼影響呢？關鍵還是在於享受生活。」

董妍突然意識到自己有多幸運，一早就有這份榮幸，跟前座的情商高手同車出遊，真是棒極了。又能坐車，又開心，這樣的服務有多難得。董妍決定跟這個司機要電話，以便以後有機會再聯繫他。接過他名片的同時，他的手機鈴聲正好響起，有位老客人要去機場。原來喜歡他的不只董妍一人，相信這位司機的工作態度，不僅讓他擁有了好心情，也必定會帶來更多的生意。

人生如一面鏡子：如果你總是愁眉苦臉的對著它，它送給你的是一縷縷白髮；如果你給它一分微笑，它給予你的將是十二分的笑容。

如果你沒有一顆快樂的心靈，那麼你就只能怨天尤人，你只能悲苦一生。其實沒有人對不起你，而真正對不起你的是你自己的心。

二、做人想得開，活得才不累

著名畫家張大千先生蓄著濃密的大鬍子。

據說有一個人見到如此的他，便頓生好奇的問道：「張先生，你睡覺時，你的鬍子是在被子上面還是擱在裡頭啊？」大千先生頓時一愣，說：「這……這個我也不清楚。是啊，我怎麼沒在意這個呢？這樣吧，我明天再告訴你。」

晚上就寢，大千先生將鬍子放在被子外頭，好像不大對勁，收來放進被子裡，又覺得不自然。折騰了半宿，都不妥當。這下他自己也發愁了，以前這可不是什麼問題啊，現在怎麼成了件頭痛的事呢？

第二天，大千先生對那個人說：「很抱歉，我真的不知道平時是放哪的？」那人見大千先生兩眼布滿血絲，似有所悟。愧疚道：「對不起。張先生。讓您受累了。」

大千先生的煩惱源於平常視若無睹的一件小事引起了他的關注，而生活中的我們又何嘗不是呢！我們太在意鄰里無意的評頭論足，太在意同事間的小摩擦，太在意上司偶爾的責罵，太在意與他人一時的爭吵……因為有太多的在意，使簡單的事情變得複雜，使快樂的生活有了太多的煩惱和困苦。下文中的蘇大爺就是因為太在意小事，因為想不開而丟了性命。

蘇大爺年近八旬，是一位退休的老主管，住三房一廳加一個套房，原來與兒子一家共同生活。因為蘇大爺和老伴年邁體衰，行動不便，兒媳不願侍候，多次製造家庭矛盾，鬧得不可開交。後經居委會調解，將三室中的一間和套房打通，分給兒子居住，另起爐灶。為此，蘇大爺彆扭了好一陣子，覺得「在老鄰居面前丟了臉！」之後蘇大爺的糖尿病合併症加重，不能下樓活動了。

不久，兒子在別處又重新買了一套房子。在搬家的時候也沒有過去與爹媽打個招呼，這可把蘇大爺給氣壞了。為此號啕大哭了兩次，且邊哭邊念道：「他們原先生活拮据，啃老了我這麼多年。孫子小時候我們把屎把尿，上幼稚園、小學時，管接管送、還給零花錢，現在孩子大了，不用老人了，他們的生活也寬裕了，就不認爸媽了！」由於蘇大爺認定「家醜不可外揚」，不願對外人傾訴，加上心情極度的鬱悶，沒過多久便因心力衰竭而撒手人寰。

人生苦短，歲月匆匆，想不開的事天天有，想得開就心胸坦蕩、海闊天空、快快樂樂、平平安安。想得開，壞事或許會變為好事，失敗或許會轉為成功，悲傷或許會化作喜悅。

國學大師季羨林生前對採訪他的記者說，有一老友認為「吃得進，拉得出，睡得著，想得開」很重要，「而我則認為，最重要的是想得開。我快到一百歲了，我就是因為想得開。」

人生在世，要活得明白、活得痛快，就要想得開：受到冷落時若想得開，遭到嘲諷時若想得開，受了委屈時若想得開，遇到不平時若想得開，生了疾病時若想得開，丟了錢財時若想得

開，碰到挫折時若想得開，有了災禍時若想得開……想得開，是一種胸懷；想得開，是一種氣派，是一種境界！

人的一生中，可能碰到很多不順心的事，包括失去原來屬於自己的東西。在這種時候，我們就要讓自己想開些。對於無可挽回的事，就不必太在意。用精力去和不可避免的事情抗爭，非要追求不可能的結果，就不能再有能力重獲新生。

快樂是什麼？快樂來源於「簡單生活」。文明只是外在的依託，財富只是外在的榮光，真正的幸福來自於發現真實獨特的自我，也就是堅持自己的生活原則，保持心靈的那份寧靜，過自己想過的生活，你定會找到快樂！

有一對國家企業員工離職後，在早市上擺了個小攤，靠微薄的收入維持全家人的生活。他們沒有了從前讓人羨慕的工作，也沒有了讓人衣食無憂的薪水、獎金，但他們依然生活得很幸福，很快樂。

夫妻倆過去愛跳舞，現在沒錢進舞廳，就在自家的屋子裡打開音樂舞動起來。男的喜歡釣魚，女的喜歡養花。離職後，依然能看到男的扛著魚竿去釣魚，他們家陽臺上的花依舊鮮豔奪目。他倆離職後，雖然收入減少了許多，還過得特別開心，鄰居們都用驚異的目光看著他倆。

一天，記者去採訪，男的說：「我們雖然無法改變目前的境況，但我們可以控制自己的心態。雖然離職了，但生活是否幸福還是由我們自己說了算。」女的說：「我們沒有了工作，不能再沒有快樂，如果連快樂都丟了，那還有什麼盼頭？」

是的，幸福與否完全取決於你的心態。你想幸福，你隨時都可以幸福，沒有誰能夠阻攔得了你。生命如同一朵花，花開總有花落時。既然人世間最寶貴的是生命，那麼，我們應該如何的度過這一生？聰明人都懂得享受生命，選擇快樂。快樂是一輩子，痛苦也是一輩子，為什麼不讓自已活得更快樂一點呢？

人世間許多事情想不開，又有何用呢？世上的不公平不盡如人意之事太多啦，想都不完，難道要把人想死了不成？人生苦短，歲月匆匆，想不開無濟於事，不如想得開笑顏逐開。想不開只是自討沒趣，自尋煩惱，自我捆綁，是為自己樹敵、替自己設限、跟自己過不去、使自己鬱悶。

人生總有煩心的事，睜開兩眼歷歷在目，閉上雙眸空無一物，倘若凡事都記得，怎能不讓人負重前行？

三、別讓自卑成為你前進的絆腳石

如果生命中只剩下一個檸檬，自卑的人說，我完了，我連一點機會都沒有了，然後他就開始詛咒這個世界，讓自己沉浸在可憐之中。自信的人說，從這個不幸的事件中，我可以學到什麼呢？我怎樣才能改善我的情況，怎樣才能把這個檸檬做成檸檬水呢？

「成功者」與「普通者」的性格區別在於，成功者充滿自信、洋溢活力；而普通人即使腰纏萬貫、富甲一方，內心卻往往灰暗而脆弱。

人的自卑感是一種消極的自我評價或自我意識，即個人認為自己在某些方面不如他人而產

生的消極情感。自卑感本身就是將自己的能力、品格等評價偏低或過低的一種消極的自我認識。

凡有自卑感的人，總認為自己事事不如人，自慚形穢，喪失信心與勇氣，悲觀失望，不思進取。這種人的精神生活受到嚴重束縛，聰明才智及創造力也會因此受到影響而無法正常發揮作用。可見自卑是束縛人的創造力的一條繩索，是可惡的禍水。

樂玥是一個生長在山裡的孩子，七歲那年因為患上了骨結核，致使腿部留下了明顯的殘疾，再加上家庭條件困苦，這讓他幼小的心靈有了自卑的陰影。但他是個自尊心極強的孩子，所以他學習刻苦努力，跳出「農家」成了支撐他自信生活的唯一理由，也是他心中一個堅定的夢想。可是上了高中以後，他的夢想就被打破了。

上了高中後，樂玥儘管在學習上很努力，但是成績還是不斷的下滑，而他內心所有的驕傲、自尊也因此而一點點的埋葬，原本就自卑的心理變得更加突出。平常同學們無意間的打趣，被樂玥看成是嘲笑，從而記恨在心頭，一顆隱形炸彈就這樣潛伏在他的心底。

事發前一週，學校舉辦了一場各班級的籃球賽，樂玥也想參加，但同學們卻以「腿殘」為由拒絕他參賽，勸他在場邊當啦啦隊。這讓他自卑的陰影又一次的加以擴大且變得極為敏感。這一天，班上兩個同學在爭執的時候，其中一人說了一句「你臭得像坨屎。」這讓敏感的樂玥有了誤會，認為對方是在說自己。於是樂玥潛伏在內心深處的炸彈被點燃了。

等到晚上在宿舍睡覺時，樂玥拿起準備好的水果刀，向熟睡中的同學們刺去。當他刺傷同學後準備自殺時，被聞訊趕來的老師救了下來，但他故意殺人的行為使他的後半生只能在監獄裡度過。

三、別讓自卑成為你前進的絆腳石

人人都有不同程度的自卑感。人們都能敏銳的意識到，人類現有的條件與現處的位置急需大大的改進，而且改進的欲求又是無止境的。但人類又不可能超越宇宙的博大與永恆，也無法擺脫自然法則的制約和懲罰，也許這就是人類自卑的根源。

那麼面對自卑的攻擊，人類是不是就要束手就擒？當然不是，阿德勒在有名的《自卑與超越》中認為，人可以從不同程度的天生的「自卑情結」中超越出來，透過對優越地位的追求，最終獲得光輝燦爛的未來。

史泰龍的父親是一個賭徒，母親是一個酒鬼，父親賭輸了，又打老婆又打他；母親喝醉後，同樣也是拿他出氣。在拳打腳踢中，他漸漸的長大了，但經常是鼻青臉腫、皮開肉綻。好在那條街上的孩子大都與他一樣，成天不是挨打就是挨罵。

像周圍大多數的孩子一樣，他跌跌撞撞上到了高中時便輟學了。接下來，街頭混混的日子讓他備感無聊，而那些紳士淑女蔑視的眼光更讓他覺得心驚。他一次次的問自己：這樣下去，不是和父母一樣了嗎？成了社會的垃圾，帶給別人和留給自己的也只能是痛苦。難道自己要一輩子就在別人的白眼中度過嗎？

在一次又一次的痛苦追問後，他下定決心走一條與父母迥然不同的道路，但自己又能做些什麼呢？他長時間的思索著。從政，可能性幾乎為零；進大企業去發展，學歷與文憑是目前不可逾越的高山；經商，本錢在哪裡……最後他想到了去當演員，這一行既不需要學歷也不需要資本，對他來說，實在是條不錯的出路。可他哪裡又有當演員的條件呢？相貌平平，又無天賦，再說他也沒受過什麼專業訓練啊！然而，決心已下，他相信自己能吃世間所有的苦，而且

永不放棄。

於是，他開始了自己的「演員」之路。他來到了好萊塢，找明星，找導演，找製片人，找一切可能使他成為演員的人懇求：「給我一個機會吧，我一定會演好的！」很不幸，他一次又一次的被拒絕了，但他並不氣餒。他知道，失敗一定是有原因的，每被拒絕一次，他就認真反省、檢討、學習……然後再度出發，尋找新的機會。為了維持生活，他也只好在好萊塢打工，幹些粗重的零工，以便賺錢養活自己。

就這樣，兩年一晃眼就過去了，他也遭到了一千多次拒絕。

面對如此沉重的打擊，他暗自垂淚。難道真的沒有希望了嗎？難道賭徒酒鬼的兒子就只能做賭徒酒鬼嗎？不行，我必須繼續努力！他想到，既然直接做個演員的道路如此艱難，那麼，能不能換一個方法呢？他嘗試著「迂迴前進」：先寫劇本，待劇本被導演看中後，再要求當演員。畢竟如今的他已不是初來好萊塢的門外漢了，有了兩年多的耳濡目染——每一次被拒絕都是一次學習和一次進步，他大膽的動筆了。

一年後，劇本寫了出來，他又拿著劇本訪遍各位導演：「這個劇本怎麼樣？讓我當主演吧！」有的導演看後，認為劇本還可以，但要讓他這樣一個無名之輩做主演，那簡直就是天大的玩笑，不用說，他再次被拒之門外。

面對拒絕，他不斷的鼓勵自己：「不要緊，也許下一次就行，再下一次……」在他遭到一千三百多次拒絕後，一位曾拒絕了他二十多次的導演對他說：「我不知道你能不能演好，但你的精神讓我感動，我可以給你一個機會。我要把你的劇本改成電視連續劇，不過，先只拍一集，就讓你當男主角，看看效果再說：如果效果不好，你從此便斷了當演員的這個念頭吧！」

為了這一刻，他已做了三年多的準備，機會是如此寶貴，他怎能不全力以赴？三年多的懇求，三年多的磨難，三年多的潛心學習，讓他將生命融入了自己的第一個角色中。然而，幸運女神也就在那時對露出了笑臉——他的第一集電視劇創下了當時全美國的最高收視紀錄——他成功了！

看來，無論是偉人還是平常人，都會在某些方面表現出優勢，在另一些方面表現出劣勢，也會或多或少的遭受挫折或得到外部環境的消極回饋。但並非所有劣勢和挫折都會給人帶來沉重的心理壓力，導致自卑。許多成功者都是因為不想被周圍的環境所俘虜，於是他們選擇了克服自卑、超越自卑，將自卑擊潰在自己的生活空間裡。

那麼有什麼辦法可以幫助我們調控心理，克服自卑呢？以下幾種方法可以借鑑：

（一）認知法

認知法就是透過全面、辯證的看待自身情況和外部評價，認識到人不是神，既不可能十全十美，也不會全知全能這樣一種現實。人的價值追求，主要體現在透過自身智力，努力達到力所能及的目標，而不是片面的追求完美無缺。對自己的弱項或遇到的挫折持理智的態度，既不自欺欺人，也不將其視為天塌地陷的事情，而是以積極的方式面對現實，這樣便會有效的消除自卑。

(二) 轉移法

將注意力轉移到自己感興趣也最能體現自己價值的活動中去，可透過致力於書法、繪畫、寫作、製作、收藏等活動，從而淡化和縮小弱項在心理上的自卑陰影，緩解心理的壓力和緊張。

(三) 領悟法

領悟法也叫心理分析法，一般要由心理醫生幫助實施。其具體方法是透過自由聯想對早期經歷的回憶，分析找出導致自卑心態的深層原因，使自卑癥結經過心理分析返回意識層，讓求助者領悟到：有自卑感並不意味自己的實際情況很糟，而是潛藏於意識深處的癥結使然，讓過去的陰影來影響今天的心理狀態，是沒有道理的。從而使人有「頓悟」之感，從自卑的情緒中擺脫出來。

(四) 作業法

如果自卑感已經產生，自信心正在喪失，可採用作業法。

方法是先尋找某件比較容易也有把握完成事情去做，成功後便會收穫一份喜悅，然後再找另一個目標。在一個時期內盡量避免承受失敗的挫折，以後隨著自信心的提高逐步向較難、意義較大的目標努力，透過不斷取得成功使自信心得以恢復和鞏固。一個人自信心的喪失往往是在持續失敗的挫折下產生的，自信心的恢復和自卑感的消除是從一連串小小的成功開始，每一次成功都是對自信心的強化。自信恢復一分，自卑的消極體驗就將減少一分。

（五）補償法

補償法是透過努力奮鬥，以某一方面的突出成就來補償生理上的缺陷或心理上的自卑感（劣等感）。有自卑感就是意識到了自己的弱點，就要設法予以補償。強烈的自卑感，往往會促使人們在其他方面有超常的發展，這就是心理學上的「代償作用」。即是透過補償的方式揚長避短，把自卑感轉化為自強不息的推動力量。

心態是我們命運的控制塔。積極的心態是成功、健康、快樂的保證，消極心態是失敗、疾病、痛苦的根源。

四、喚起積極心態，走向成功人生

成功學的始祖拿破崙．希爾說：「一個人能否成功，關鍵在於他的心態。」我們必須面對這樣一個奇怪的事實：在這個世界上，成功卓越者少，失敗平庸者多。成功卓越者活得真實、自在、瀟灑，失敗平庸者過得空虛、艱難、猥瑣。

為什麼會這樣？

仔細觀察，比較一下成功者與失敗者的心態，尤其是關鍵時刻的心態，我們將發現「心態」會導致人生驚人的不同。失敗者在遇到困難時多挑選容易的倒退之路，「這太難了，我是不可能完成的。」、「這是上帝才能解決的問題，我無能為力。」都是他們慣用的口頭禪。成功者遇到困難，會懷著挑戰的意識，用「我要！我能！」、「一定有辦法」等積極的意念鼓勵自己，便能

想盡辦法，不斷前進，直到成功。

一次偶然的機會得知某大飯店公開徵人，有一位叫段雲松的年輕人幸運的得到了面試機會，當上了大廳服務員。由於缺乏英語基礎，段雲松在工作的第一天就出現了錯誤，被降職做行李員。

一天，香港首富李嘉誠下榻該飯店，由段雲松給李嘉誠提行李。飯店特意舉行了歡迎儀式，在簇擁人群的包圍下，李嘉誠越走越快，段雲松艱難的提著沉重的兩個大箱子，氣喘吁吁的把箱子送到了房間，隨從的人隨手給了段雲松幾十元的小費。身為最低層的行李員，為最上流的人拎包，段雲松感到既自卑又自豪，但更多的是激勵。「我進大飯店就想看看，是什麼樣的人住這麼好的飯店，為什麼他們會住這麼好的飯店，我們為什麼不能？那些成功人士的氣質和風度，深深的吸引著我，我告訴自己，一定要成功。」

有一天，段雲松與一個同事為旅行團搬行李，兩人都累壞了。段雲松與那個同事跑到飯店的樓頂抽菸，他們的腳下是車水馬龍的大街，看著看著，段雲松突然指著下面說：「將來，這裡會有我的一輛車，也會有我的一棟房。」那個同事對他的豪言壯語嗤之以鼻。

不久，隔壁餐廳的經理看上了段雲松，請他當經理助理，段雲松毫不猶豫的選擇了這份兼職。他給了自己一個機會。

段雲松在父母不解的眼光和嘆息聲中辭職了，並進了隔壁的餐廳，他在經理助理的職位上只做了幾個月就失業了，因為上級主管把餐廳賣給了別人。

段雲松知道，任何人都不會是「一無是處」，在這個世界上，每個人都潛藏著獨特的天賦，這種天賦就像金礦一樣埋藏在我們平淡無奇的生命中。那些總在羨慕別人而認為自己一無是處的人，是永遠挖掘不到自身的金礦的，只要自己努力不懈，命運是遲早會露出笑臉的。

離職後，他到處尋找商機。不久，段雲松接手了一家非常破舊的小飯館，於是他發動大家去附近的工地揀磚頭等建築材料。經過幾天準備，他們重鋪了地面，將店面全部刷白，三十五坪的店，五張小桌，雖然簡陋，但是很乾淨。

段雲松用了五千塊錢起了家，自己調餡自己包餃子，十五元五個餃子。來吃餃子的人一天比一天多，最多的時候，一天營業額超過六千元錢。為了進一步提高員工的工作積極度，段雲松決定將每個星期六的營業額全部拿出來，當場分給大家。這樣大家週週有薪水，多的時候一個月能拿到五千元，大家的熱情都很高。一年下來段雲松賺了五十多萬元。

後來，段雲松又與一家幼稚園洽談。他以每年十三萬元的租金租下了原來的幼稚園，他在院內拴了幾隻鵝，從農村運來了籬笆、牛繩、風車之類的東西，還砌了口大灶。憶苦思甜大雜院開張營業了。開張以後的熱門程度，是段雲松始料不及的，吃飯的人每天從中午到深夜，客人連續不斷，一天的營業額在五萬元以上。三年下來段雲松賺了五千萬。

段雲松不久後就對餐廳裡那種喧鬧、嘈雜、虛偽、以錢為主色調的日子，開始厭倦了。他問自己：「明年的今天你還能幹什麼？」他一直也理不出頭緒。一九九四年底，擁有一千五百萬元家產的段雲松準備要開茶館了，剛開始生意卻是異常清淡。艱苦的環境最能磨練人的意志，他告訴自己，挺過冬天，前面就是鋪滿鮮花的大道。茶藝市場在一九九七年底開始啟動了，段雲松等到了這一天。

段雲松又不斷的做了幾件大事：建起了第一家茶藝表演隊，提供茶葉茶具批發，提供開茶藝店的種種服務，又籌辦第一所茶藝學校……

段雲松說，有次他到最先待的大飯店做事，沒想到前來給他提行李的竟是十年前嘲笑他的那個同事。

樹的方向，由風決定；人的方向，由自己決定。一個人一旦作了積極的決定，即意味著日常生活中，機會俯拾即是。每一次經驗都是全新的開始，可用不同的想法和感覺去體會。而對生活中源源不斷的挑戰，在取得主動的地位後，便能鎮定自若的調兵遣將，決定應付的方式和態度。

那麼，如何培養和加強積極心態呢？必須從以下幾個方面做起。

(一) 言行舉止像你希望成為的人：許多人總是等到自己有了一種積極的感受再去付諸行動，這些人是在本末倒置。積極行動會導致積極思維，而積極思維會導致積極的人生心態。心態是緊跟著行動的。如果一個人從一種消極的心態開始，等待著感覺把自己帶向行動，那他永遠成不了他想做的積極心態者。

(二) 要心懷必勝、積極的想法：當我們開始運用積極的心態並把自己看成成功者時，我們就開始成功了。

(三) 用美好的感覺、信心與目標去影響別人：隨著你的行動與心態日漸積極，你就會慢慢獲得一種美滿人生的感覺，信心日增，人生中的目標感也越來越強烈。緊接著，別人會被你吸引，因為人們總是喜歡跟積極樂觀的人在一起。

（四）使你遇到的每一個人都感到自己重要、被需要：每個人都有一種欲望，即感覺到自己的重要性，以及別人對他的需要與感激。這是我們普通人的自我意識的核心。如果你能滿足別人心中的這種欲望，他們就會對自己，也對你抱積極的態度。如此一種你好我好大家好的局面也就形成了。

（五）心存感激：在日常生活中，那些持有消極心態的人常常抱怨：父母抱怨孩子不聽話，孩子抱怨父母不理解他們；女朋友抱怨男朋友不夠體貼，男朋友抱怨女朋友不夠溫柔；老闆抱怨下屬工作不得力，下屬抱怨老闆不夠理解自己……其實，只要心存感激，那麼這一切報怨就會消失，而人生也會因此而顯得更加美好。

（六）學會微笑：微笑是上帝賜給人的專利，微笑是一種令人愉悅的表情。面對一個微笑著的人，你會感到他的自信、友好，同時這種自信和友好也會感染你，使你油然而生出自信和友好來，使你和對方親切起來。微笑是一種含義深遠的身體語言，微笑是打開友誼之門的鑰匙。如果我們想要發展良好的人際關係，建立積極的心態，那麼我們非要學會微笑不可。

（七）到處尋找最佳的新觀念：有積極心態的人時刻在尋找最佳的新觀念。這些新觀念能增加積極心態者的成功潛力。或許在有些人看來，只有天才才會有好主意，事實卻是，要找到好主意，靠的是態度，而不是能力。一個思想開放有創造性的人，哪裡有好主意，就往哪裡去。在尋找的過程中，他不輕易扔掉一個主意，直到他對這個主意可能產生的優缺點都徹底弄清楚為止。

（八）放棄雞毛蒜皮的小事：有積極心態的人不把時間精力花在小事情上，因為小事使他們

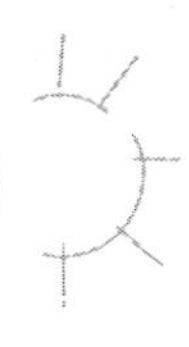

偏離主要和重要事項。如果一個人對一件無足輕重的小事作出反應——小題大做的反應——這種偏離就產生了。

（九）培養一種奉獻精神：人們一旦思想集中於服務別人，就馬上會變得更有衝勁，更有力量，更加無法拒絕，說到底，誰能抗拒一個盡心盡力幫助自己解決問題的人呢？

成功人士的首要標誌，在於他的心態。一個人如果心態積極，樂觀的面對人生，樂觀的接受和應付麻煩事，那他就成功了一半。

五、與其抱怨，不如感恩

「現今社會什麼都漲，就是薪水不漲」、「是金子就會發光，但當滿地都是金子時，我都不知道自己是哪一顆了」……在日常工作和生活中，我們常會聽到此類的抱怨，抱怨自己的專業不好，抱怨住處很差，抱怨工作差、薪水少，抱怨空懷一身絕技卻無人賞識。其實，現實有太多的不如意，就算生活給你的是垃圾，你也同樣能把垃圾踩在腳底下，登上世界之巔。

從前，有一個悲觀的人，天天抱怨自己的生活，在他眼裡，事事都那麼艱難，一個問題剛解決，新的問題就又出現了。他不知該如何應付生活，已經厭倦抗爭和奮鬥，想要自暴自棄了。

他的一位廚師朋友，想幫助他振奮起來，就把他帶進廚房。廚師先往三個鍋裡倒入一些水，然後把它們放在旺火上燒。不久鍋裡的水燒開了。廚師往第一個鍋裡放些胡蘿蔔，第二個鍋裡放入雞蛋，最後一個鍋裡放入碾成粉末狀的咖啡豆。廚師將它們浸入開水中煮，一句話也沒有說。

悲觀的人不耐煩的等待著，納悶著朋友在做什麼。大約二十分鐘後，廚師把火關了，把胡蘿蔔撈出來放入一個碗內，把雞蛋撈出來放入另一個碗內，然後又把咖啡舀到一個杯子裡。做完這些後，廚師才轉過身問他：「老朋友，你看見什麼了？」

「胡蘿蔔、雞蛋、咖啡。」他回答。

廚師讓他靠近些，並讓他用手摸摸胡蘿蔔。他摸了摸，注意到它們變軟了。廚師又讓他拿一隻雞蛋並打破它。將殼剝掉後，他看到了是顆煮熟的雞蛋。最後，廚師讓他喝了咖啡。品嚐著香濃的咖啡，悲觀的人疑惑的問道：「這意味著什麼？」

廚師解釋說，這三樣東西面臨同樣的逆境——煮沸的開水，但其反應各不相同。胡蘿蔔入鍋之前是強壯的，結實的，毫不示弱；但進入開水之後，它變軟了，變弱了。雞蛋原來是易碎的，它薄薄的外殼保護著它呈液體的內臟。但是經開水一煮，它的內臟變硬了。而粉狀咖啡豆則很獨特，進入沸水之後，它們倒改變了水。「哪個是你呢？」廚師問他，「當逆境找上門來時，你該如何反應？你是胡蘿蔔，是雞蛋，還是咖啡豆？」

悲觀的人笑了，他知道了朋友的用心良苦，也領悟了逆境對於人生的意義。從此，這位悲觀的人不再自暴自棄，而是微笑著面對生活，因為他知道咖啡豆改變了給它帶來痛苦的開水，並在它達到一百度高溫時讓它散發出最佳的香味。

如果你想抱怨，生活中的一切都會成為你抱怨的對象；如果你不抱怨，生活中的一切都不會讓你抱怨。要知道，一味的抱怨不但於事無補，有時還會使事情變得更糟。

其實在這個世界上，並不是每個人都是快樂的，但是這個世界上的每個人都會覺得別人要比自己快樂一點。一個國際研究組織曾對二十五個經濟發達國家所進行的一項「你是否每天都感到快樂」的調查顯示，百分之六十以上的人的回答是否定的。其中百分之二十的人認為自己「每天都不快樂」，百分之六十的人常常生活在抱怨中。

看來，牢騷、抱怨都是因為抱有的心態不對，看問題的角度不對，如果能夠以豁達的心態，換個角度，相信抱怨就會少很多。就像有人說的「要不然你就去駕馭生命，要不然你就讓生命駕馭你。你的心態將決定誰是坐騎，誰是騎手。」在人生的旅途中，有數不盡的坎坷泥濘，也有看不完的春花秋月，持一種什麼樣的心態，將最終決定你的人生軌跡。

一個小男孩在和媽媽一起逛超市，他一手拿著一個大蛋捲霜淇淋，另一手牽著媽媽，一邊走一邊吃，超級開心。忽然腳下一個不留神向前栽倒，而手中的霜淇淋也滑出一個優美的曲線，落在了地上散成了一灘。

男孩呆在那裡不知所措，大大的眼睛裡聚滿了淚花，小聲的抱怨道：「都怪這個破路，害得我霜淇淋也吃不了。」

商場裡的一位服務員看到傷心的小男孩，走了過來，笑著對他說：「小朋友，阿姨教你做一個遊戲好不好，我相信這個遊戲別的小朋友都沒有玩過。」

聽到這裡，小男孩的眼睛一亮，急忙問道：「什麼遊戲？」

服務員說：「你首先要把鞋和襪子都脫了，然後用腳踩霜淇淋，重重的踩，看霜淇淋從你腳趾縫隙中冒出來。」

於是小男孩很快脫去了鞋襪，服務員也幫他挽高了褲腳。小男孩便迫不及待的去踩掉在地上的霜淇淋，隨著霜淇淋一點點從他的腳縫裡冒出來，他臉上的笑容也越來越燦爛。

等小男孩玩了一會，服務員抱著他到洗手間把腳擦洗乾淨，然後對著他說：「要記住，不管遭遇到什麼，你總可以在其中找到樂趣。」

任何事情都有兩面，當你遇到不如意的事情時，不要急著去抱怨，而應靜下心來好好想一想，用另一種不同的心情去面對，你會發現這並不是一個壞事。

沒有一種生活是完美的，也沒有一種生活能讓一個人完全滿意，我們做不到從不抱怨，但我們應該讓自己少一些抱怨，而多一些積極的心態去努力進取。

六、懂得放下，剎那花開

人生中有很多東西是不屬於我們的，生活本身會給我們以饋贈，但又不會從我們手裡奪走這些禮物。如果我們過於執著，只會讓自己不開心而已。人就是這樣，就因為有太多的放不下，明明與快樂近在咫尺，一伸手的時候卻遠隔千里。因此在生活中，我們應該學會適時放下。

佛說，執著是苦，有時候放手反倒成全了美麗。

從來沒有命中註定的不幸，只有死不放手的執著。若你不肯放手，即便是微不足道的傷口，被你不停的撥弄，不但不會癒合，反而會加速它的潰爛。放手，再深的傷口，也能痊癒。

一個女孩失戀了，與之相戀了三年多的男友忽然提出與她分手，因為他愛上了另一個女孩。

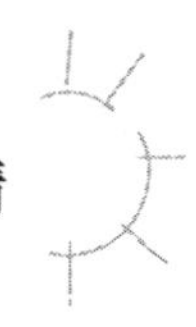

自從男孩說出分手的那一刻，女孩快樂的生活便消失，取而代之的是無盡的「不幸」。她每天以淚洗面，她想求他不要離開自己，她給他打電話，他不接，發訊息，他不回，後來他乾脆換了號碼。她發瘋似的四處找他，才發現他已經辭職，搬了家，而他的朋友也都不知他的去向。

於是她把自己關在屋子裡，想著他的種種海誓山盟，他說要愛自己一輩子，陪自己一輩子……她想起他對自己說的甜言蜜語：寶貝，妳是我的最愛，我就願意被妳欺負……但這一切，不過才經歷了三年的時間，怎麼轉眼間就灰飛煙滅了呢？

她不甘心，不甘心就這樣失去他，她無心工作，乾脆辭了職，放任自己在漫無邊際的痛苦裡遊蕩。終於有一天，她的一個朋友說她曾在一家餐廳裡見到他和一個女孩在一起，很親密的樣子。她的淚洶湧而出，好久才恨恨的說：「我要找到他，我要報復他。」

於是，她開始學會了抽菸，學會了喝酒，開始亂交男友，可是她卻沒有因此而獲得一丁點的快樂，相反卻陷入了越來越深的痛苦之中。

女孩因為不懂放手，所以將自己推入了痛苦的深淵。愛無對錯，別苦苦糾纏於你的得失，他愛你時出自本意，他同樣也有投入和付出，離開時也並非他的故意變心，只是無法將心生的厭倦偽裝成欣喜。若強迫一個不再愛你的人留在身邊，比失去他更為悲哀！

其實，聽過無數「不幸」的故事。最常見的模式就是，當事人穿著「受害者」的外衣，充滿無助的講述自己的「不幸」。不久，我們就會被帶入當時的環境和語言所營造的「悲傷氣場」，發出「他真可憐」的感嘆。

是的，也許有些不幸，的確讓人為之扼腕嘆息，義憤填膺。但是，大多時候，當我們脫離了當事人營造的「悲傷氣場」，馬上會發現，那些所謂的「不幸」背後，完全是一種誇張，是他們費盡心機為自己挖下的自憐陷阱。

所以，不要說自己多麼的不幸，一切的原因終歸在於你不懂得放手。只要將一些不必要的東西放下，你才能有更多的時間、更多的空間去放置真正需要的東西。

張瑜是一位著名的電影演員，在她最輝煌的時刻，毅然放棄事業，選擇了出國，令許多圈內人士大為驚訝。有一次，一位記者就此事採訪了回國不久的張瑜，請她談談當初這種選擇背後的真實想法。

記者：當年為什麼不去好萊塢發展？

張瑜：當時在美國的時候我很希望能把書念好，這是我很大的一個願望。因為拍戲，我從國中就離開了學校。

記者：所以當初就選擇了出國？很多人說到您當年出國的事情都覺得特別奇怪，因為那是您最風光的時候，卻放棄了事業。

張瑜：其實沒什麼好奇怪的，可能這與我生來就比較能拿得起放得下有關吧。我看到過一篇文章上說：手裡拿著一個硬幣，把手掌朝下鬆開，硬幣掉了，這是一種放下的方法；另外一種方法是手裡同樣拿著一個硬幣，手掌向上放開，硬幣還在手掌裡，但是人也不輕鬆了，意思就是很多時候其實拿起和放下是同樣的事情。這就是說在一個很寬鬆的心態中去生活，這應該是一種比較正確的人生態度。

記者：現在回頭看看當初的選擇，您認為有沒有後悔的地方？

張瑜：要說後悔呢，可能就是放棄了自己最好的表演時間。不過人是不能患得患失的。人的一生永遠是在一種不自覺的選擇中的，選擇了這個，自然就得放棄那個。從這個角度來說就沒什麼好後悔的，也不可能讓自己的人生重來一次。

前人曾說：人生一世，緊握雙拳而來，平攤兩手而去。放棄看似不易，其實放下後再看也沒那麼難。對於善於享受簡單和快樂的人而言，人生的心態，只在於進退適時，取捨得當。

氣本無形，庸人自擾之。心中有氣，也只是自己處罰自己而已，受苦的只是自己，於外人毫無絲毫影響。當你無視它時，它也就自然而然的消逝了。

七、別讓情緒牽著鼻子走

在成功的路上，很多人的失敗其實並不是缺少機會，或是資歷淺薄，而是缺乏對自己情緒的控制。憤怒時，不能抑制怒火，使周圍的合作者望而卻步；消沉時，放縱自己的萎靡，把許多稍縱即逝的機會白白浪費。

對生活中常見的非理性因素你會發脾氣嗎？你曉得什麼時候應該發脾氣，什麼時候不應該發脾氣嗎？

如果你在過馬路時，一輛車呼嘯而過，你卻因此而濺了一身的汙水，你是否會破口大罵？相信很多人遇到此種狀況一定會發脾氣，甚至為此不高興一整 天。卻不知，對方可能正坐在餐廳裡享受美味。為此，遇到這種情況我們不如以一種幽默、風趣的態度去化解自己的怨氣，比如：「他一定是老婆趕著去生孩子。」

但若你遇到別人用粗暴的語言指著鼻子罵你時，你是否能做到無動於衷，相信很多人在這種情況下，一定會用更粗暴的語言去還擊對方，以此來制服那些發怒的對手，結果就是你落入了對方的圈套。

其實，打倒一個憤怒的對方，沒有比冷靜更好的辦法了。有位總統就是用這種方法制服了發怒的對手。

有幾位代表，因總統指派某人為稅收的經紀人，而來抗議。其中領頭的是一個議員，脾氣很粗暴。他用憤怒的口氣罵著總統，用著各種侮辱的詞彙。但是總統毫不作聲，任他去發洩盡他的精力，然後總統很平和的說：「現在你覺得好些了嗎？」接著說：「照你所說的，你實在是無權知道我何以要指派某人，不過我還是告訴你。」

那位議員的臉馬上紅了，想道歉，但是總統又用一副笑臉說：「無論什麼人如果不曉得事實，總是容易被弄得發狂的。」然後他解釋其中的事實。

這位總統這種冷靜而帶諷刺的答覆，就足以使這位議員覺得自己用這種粗暴的語言是錯誤的，而這次的指派或許是對的。他的這種聰明的應付，使那位議員完全無法施其力了。

這個議員回去報告他交涉的結果時，只能說：「我忘了總統所說的是什麼，不過他是對的。」

生活中非理性的因素很多，我們常常會因為這些非理性的因素而控制不住自己的情緒，導致一些不應當的後果。那麼，應如何控制自己的不良情緒呢？

(一) 分散注意力

情緒一旦釋放出來，後果就很難控制，因此，最好在釋放前就將它控制住。採取某些方法能有效的克制自己的情緒。例如，有人生氣時，就在心中默念英語二十六個字母來制怒；俄國著名作家屠格涅夫與人吵架時，就把舌尖放在嘴裡轉十圈，以使心情平靜下來。方法很多，目的無非是分散注意力，免得受不良情緒控制。

另外，不要把面子看得太重，這樣反而更能保住面子。美國一位來自伊利諾州的議員在初上任時，受到另一位代表的嘲笑：「這位從伊利諾州來的先生口袋裡恐怕還裝著燕麥呢！」這句話的意思是諷刺他還沒有擺脫農夫的氣息。他卻從容不迫的笑道：「我不僅在口袋裡裝有燕麥，而且頭髮裡還藏著草屑。我是西部人，難免有些鄉村氣，可是我們的燕麥和草屑，卻能生長出最好的苗來。」議員的大度頓時使嘲笑他的人慚愧不已。

(二) 轉移注意力

不良情緒有時是不易控制的，這時，你可以試試迂迴的辦法，把自己的情感和精力轉移到其他事物中去，使自己沒時間去想這件不愉快的事，從而將情緒轉化。德國生物學家海克爾結婚只有兩年，愛妻即不幸死去，青年喪妻使他痛苦得近於發瘋。後來海克爾忘我的投入到工作中，慢慢的在工作中走出了痛苦情緒的煎熬。他每天只睡三、四個小時，工作十八個小時，一年之內就寫出了一部一千兩百頁的巨著。

當情緒不佳時，你不妨暫時避開一下，去看看電影、打打球，或者隨便走走，或者遊山玩水。改變環境，離開使你心情不快的地方，能改善你的自我感覺，使你得到鬆弛，有利於消除不良的情緒。

(三) 自我發洩

消除不良情緒，最簡單的辦法莫過於使之「宣洩」出來。千萬不要把不良情緒深藏心底，「隱藏的憂傷如熄火之爐，能使心燒成灰燼。」如果到了悲慟欲絕或委屈至極的時候，就放聲大哭一場吧，這會使你感到輕鬆舒服些。心中有了煩惱，你可以向至親好友傾訴，求得安慰和同情，這樣心裡也會好過一點。

如果遇到了不幸與挫折，也不應灰心喪氣，你應當高興的想到：「事情原本可能更糟呢！」

(四) 幽默療法

幽默與歡笑是調節情緒的方法之一，在惡劣的情緒下笑一笑，你會一下子感覺到心情好多了。美國紐約大學教授發現，笑可以驅散心中的積鬱。一位心理學家認為，會不會笑是衡量一個人能否對周圍環境適應的標準。當你煩惱時，你可以想些有趣而引人發笑的事情，講講幽默的笑話，讀讀幽默小說，看看連環漫畫。這樣可以幫助你排除愁悶。

(五) 廣交朋友

古羅馬著名思想家西賽羅認為：「天下最愉快的事莫過於互相親愛、互相扶助的朋友。」因此我們應該廣交朋友，特別是與心胸寬闊、性格開朗的人交朋友，這樣能給你帶來許多意想

不到的快樂。

(六) 熱愛工作

人最大的無聊不是沉重的工作，而是閒著沒事做。社會學家的統計和研究表明，大部分人在身閒無聊的時候不是感到快樂而是感到煩惱和不快；而忙碌的人，則往往是最快活的人。一些在事業上有卓越成就的人在回憶一生的經歷時，常常覺得最快活的時光是在艱苦工作的時候。請喜歡你的工作吧！這是防治情緒病的良藥。

但值得注意的一點是，控制情緒並不是要求我們在任何時候都忍住脾氣不發，如果你的權益受到別人的侵害時，你只管忍耐，而不去伸張權益，那等於在縱容別人做不該做的事情。

每天你醒來時，不再有舊日的心情，昨日的快樂已變成今日的哀愁，今日的悲傷又轉化成明日的喜悅。

八、任何時候都不能放棄自己

自卑的人並不是自己想自卑，而是因為他們缺乏內心安全感——他們總是特別「善於」發現自己的缺陷、短處和生活中不利於自己的方面，然後把它們放到放大鏡下去看，結果嚇壞了自己——既然自己是如此糟糕，怎麼能去和別人比，和別人競爭呢？於是在這種心理的作用下，我們自己瞧自己不順眼，自己總覺得自己矮人一等，有的甚至選擇了放棄自己。

八、任何時候都不能放棄自己

他九歲那年，父親因為沒管好自己的貪念進了監獄。雖然身邊的朋友和同學們並沒因此而疏遠或嘲笑他，他卻總覺得每一個認識他的人都在嘲笑他是罪犯的兒子。自卑像顆有毒的種子，在他心裡發了芽，他變得越來越沉默，對每一個走近他的人都充滿了抵觸性的戒備。那時，他最大的願望是轉學，搬到一個沒人認識他也不熟悉他家庭背景的地方。為了彌補父親犯下的罪過，母親幾乎把家產賣光了，她從早到晚的忙碌著，賺到的錢也就是維持母子兩人的生計而已。

失望之餘，他開始翹課，和街上的壞孩子混在一起，徹夜不歸的上網玩遊戲，沒錢了就去偷。他不敢偷別人的，就偷母親的，母親發現後，打他罵他，讓他保證以後不再這樣了。他低著頭一聲不吭。後來，因為母親防得太嚴偷不成了，他就和街上的壞孩子一起搶同學的錢，母親去派出所領過他幾次後感到絕望了，決定把他送到深山處的奶奶家。

母親走的時候，一步一回頭，滿臉是淚，他卻漠然的踢著路邊的小石子，一副無所謂的樣子。而從村裡人的眼神中他能明顯的感受到自己不受歡迎。只有奶奶，不僅不嫌棄他，還拿他當寶貝。她拄著拐杖去學校求老師收下他這個轉學生，拄著拐杖給他洗衣，給他做好吃的。在窮鄉僻壤的山村，能有什麼好吃的呢？何況奶奶那麼老了，種不了田也養不了牲畜了。他常常坐在村裡的土牆上想念城裡的麥當勞，想得眼淚汪汪，想偷偷跑回去，在山裡轉悠了半天也沒找到回城裡的路。

因為嘴饞和村裡人對他不好，他常常偷他們的雞，摘他們樹上的果子，為此，常常有人到奶奶家興師問罪，每次興師問罪的結果都是一樣的，只要奶奶嚷上一嚷，然後又嘀咕幾句就

收場了。

那時，他覺得奶奶太厲害了，比他在城裡跟的那個小混混還厲害。

他從來不偷奶奶的錢，其一是因為奶奶幾乎沒什麼錢，其二是奶奶是唯一一個說他不是個壞孩子的人，他不想用事實向奶奶證明他真的是個壞孩子。他喜歡奶奶用粗糙的大手撫摸他腦袋的感覺，喜歡她用信任的目光看著他講著他聽了一萬遍的說教故事。一年過去了，鄉下的寂寞單調快把他逼瘋了，他想要個遊戲機。據說鎮上就有賣的，要差不多一千元，他想了很多辦法還是沒弄到錢。

有時他會看著奶奶手腕發呆，奶奶手腕上有個很粗的銀鐲子，工藝古老，是爺爺給奶奶的聘禮，從戴上那天起，奶奶就沒摘下來過。奶奶說過，死了也要戴著它，那是她和爺爺的再相遇信物，不然，怕去了陰間多年的爺爺認不出她來。

說這些時，她渾濁的目光就會散發出清澈的光芒，仿佛她將要去的地方無限美好。

想得到一臺遊戲機的念頭快把他弄瘋了，有那麼幾次，他趁奶奶睡著後去摘鐲子，經年的操勞讓奶奶手上的關節都變粗變大了，摘不下來。於是他只好放棄了對鐲子的念想，偷偷趕走了鄰居放在山上吃青草的山羊去了鎮上，用賣山羊的錢買回了他朝思暮想的遊戲機。

他抱著遊戲機小心翼翼的進門，卻還是被奶奶看見了，奶奶問他多少錢？他悶著頭，不說話，只是打開包裝盒，裝上電池就玩了起來。過了一會兒，他突然聽見奶奶在院子裡哎呀的叫了一聲，那聲音，像痛得倒吸著氣，而他正玩得上癮，懶得出去看。玩餓了，他大嚷：我餓了。估計奶奶該把飯做好了，他出去找吃的，卻見到奶奶還在廚房用一隻手忙著，好像另一隻手不存在似的。他有些奇怪，就轉過去看，這一看，他就驚呆了，奶奶的左手包著一塊從舊衣服上撕下來的布，她的手腕空了，銀鐲子不見了。

他捧著奶奶的手，端詳了半天，問：「奶奶，妳的手怎麼了?」

奶奶笑笑說：「老了，戴個鐲子工作不方便，我往下拿時，不小心把手弄壞了。」

他半信半疑的看著奶奶，什麼都沒說，那頓飯，不知道為什麼，他吃得很慢很糟心。第二天，奶奶發起了燒。為了摘鐲子她把手骨弄斷了，沒及時治療就引起了發炎，去鎮上住了幾天院才好。

可是奶奶剛出院，叔叔嬸嬸們就要求奶奶把他送走，並為此而吵了一架。而從叔叔的苛責中他終於明白，為什麼那些因為被偷了雞或果子氣勢洶洶找來的村民會被奶奶幾句話擺平，那是因為奶奶小聲告訴他們雞和果子值多少錢她給，就當她買的，她請他們相信她的孫子是個好孩子，他受不了鄉下生活的寡淡才這樣的。

而那個弄折了手骨才摘下的鐲子，是拿去賠人家山羊的。

可是面對叔叔的指責，奶奶自始至終只有一句話：「他不是你們說的那種壞孩子。」那天晚上他去廚房炒了一盤雞蛋，雖然有些糊，但奶奶卻一個勁的誇他。突然他撲進奶奶的懷裡嚎啕大哭。

然後奶奶問他為什麼哭，他說：「我一定會成為妳說的那種好孩子。」

從那天開始他真的變好了，母親把他接回城裡繼續上學。暑假裡他去街上賣飲料，把賺來的錢寄給了奶奶，讓她去贖鐲子。

時間一年年過去，他讀了中學、高中，在他考上了一所著名大學的那個冬天，奶奶走了，那麼多年過去，他依然記得那個蒼老而執著的聲音，不停的向周圍的人說：「他不是你們說的那種壞孩子。」

或許曾經的我們因為一次的失敗、一次的跌倒而感到絕望，甚至想過放棄。但是朋友，請在你決定放棄的時候，問問你身邊的人吧！問問他們是否也放棄了你。如果有一個人說「沒有」，那麼你就沒有一點理由、權利放棄自己。如果你輕易草率的放棄的話，那麼對於他們來說真的是一個打擊，因為他們愛你、他們關心你，他們不會像傷害你的人一樣的一走了之，他們會在你的身邊繼續給你鼓勵，幫助你度過一切的難關。所以我奉勸所有要放棄或者即將放棄的人們，問一下你身邊的人，他們也放棄你了嗎？

人生在世，傷害在所難免。不要太在意這些傷害，不管它傷得有多深。倘若花費太多時間在這點傷害，生活就逐漸乏味。相同的你也會厭倦生活，遠離生活，放棄生活。

九、別跟自己過不去

「別跟自己過不去」，一句平凡得不能再平凡了的話，對大多數人而言，當自己靜下心來仔細回想過往時，你會發現，很多時候，我們做出許多「跟自己過不去」的愚蠢行為，活在「跟自己過不去」的心境裡。

一位醫生在給一位企業家進行診療時，勸他多多休息。這位病人憤怒的抗議說：「我每天承擔著大量的工作，沒有一個人可以分擔一丁點的業務。醫生，您知道嗎？我每天都得提一個沉重的手提包回家，裡面裝的是滿滿的需要處理的文件呀！」

「為什麼晚上還要批閱那麼多文件呢？」醫生詫異的問道。

「那些都是必須處理的急件。」企業家很不耐煩的回答。

「難道沒人可以幫你的忙嗎？你的助手呢？」醫生問。

「不行呀！只有我才能正確的批示呀！而且我還必須盡快處理完，要不然公司該怎麼辦呢？」

「這樣吧！現在我開一個處方給你，你是否能照著做呢？」醫生有所決定的說道。

企業家讀一讀處方的規定——每星期空出半天的時間到墓地一次；每次散步兩小時。企業家非常怪異的問道：「為什麼要我去墓地呢？」

醫生不慌不忙的回答：「因為我是希望你四處走一走，瞧一瞧那與世長辭的人的墓碑。你仔細考慮一下，他們生前也與你一般，覺得全世界的事都必須扛在雙肩，如今他們全都永眠於黃土之下了，將來的某一天你也加入他們的行列，然而整個地球的活動還是永恆不斷的進行著，而其他世人仍是如你一般繼續工作。我建議你站在墓碑前好好的想一想這些擺在眼前的事實。」

醫生這番苦口婆心的勸諫終於敲醒了企業家，他依照醫生的指示，轉移了一部分職責，放慢生活的步調。他知道生命的意義不在於急躁或焦慮，他的心已經獲得了平和，也可以說他比以前活得更好，事業也蒸蒸日上。

有人說：「人生容易，活著容易，真正的生活不容易。」的確，生活中有太多的無奈；有

說不盡、道不完的煩愁；有不期而遇的苦難；有層出不窮的荊棘……所有的一切都讓我們在生活中備受折磨。

但是真正讓生活變得不容易的卻不是生活，而是我們自己，是我們在困擾自己。無窮盡的欲望、丟不開的面子、拋不開的虛榮、放不下的執著……因為這些人性的弱點，我們總是做著一些跟自己過不去的事情。我們常羨慕別人光鮮華麗的外表，而對自己的欠缺耿耿於懷；我們總是拿別人的錯誤懲罰自己；我們習慣於背負著沉重的包袱前進，任其累垮身體……

所以，朋友，看開一點，別再跟自己過不去了。隨緣任性才能活得瀟灑，才能得到內心的快樂。

安迪是一家公司的經理，同事們都非常羨慕他，羨慕他活得比較灑脫，對他來說好像沒有什麼是難事，沒有什麼事可以影響他的好心情。

他今年快五十歲了，但是仍舊精神飽滿，活力四射，完全像是一個年輕人，很多同事經常問他保持青春的祕訣，他說只有一句話「別跟自己過不去。」

別跟自己過不去是一種精神的解脫，更是一種理智的選擇。儘管我們不能控制機遇，但是卻可以掌握自己；我們無法預知未來，卻可以掌握現在；我們不知道自己的生命到底有多長，但我們可以安排當下的生活；我們左右不了變化無常的天氣，卻可以調整自己的心情；我們改變不了生活，卻可以做到善待自己，做一個聰明的人。

別人可以對不起你，但你不可以對不起自己，多愛自己一點，少一些苛刻。要學會善待自己，這樣才能對得起自己。

第四章　一副好口才，處處受歡迎

隨著現代生活節奏的加快，人的流動性越來越大，交往也越來越密切，這就決定了好口才是現代人必備的素養，而口才作為一種說話的藝術，也成為成就非凡人生的必要條件。無論是在日常生活中，還是在職場中，或是在感情世界裡，口才都起著很大的作用。

一、傾聽，讓溝通更有效

有一個古老的哲學問題：「森林中一棵樹倒了下來，那裡不會有人聽到，那麼能說它發出聲響了嗎？」關於溝通，我們也可以問類似的問題：如果你說話時沒人聽，那麼能說你進行溝通了嗎？

有人說：「溝通就是，我說的便是我所想的，怎麼想便怎麼說，如果對方不喜歡聽，也沒辦法！」從目的上講，溝通是為了讓他人懂得自己的本意，自己明白他人的意思，最終達成共識。如果別人不喜歡聽，那麼還能做到有效的溝通嗎？

俗話說：「雄辯是銀，傾聽是金。」如果你希望成為一個善於與人溝通的高手，不僅要做一個會說的人，更應做一個會傾聽的人。

傾聽，不僅僅是對別人的尊重，也是對講話者的一種高度的讚美，更是對講話者最好的恭維。我們知道，在社交過程中，最善於與人溝通的高手，往往是那些善於傾聽的人。試想，如果你能傾下身子，很謙虛的，傾盡全部注意力去聽。這樣，說的人也會傾其所有，知無不言，言無不盡。溝通的目的不是「說」，而是「聽清楚，說明白」，要達到雙方都完全了解的目的。

在小說《傲慢與偏見》中，伊莉莎白在一次茶會上專注的聽著一位剛剛從非洲旅行回來的男士講非洲的所見所聞，幾乎沒有說什麼話，但分手時那位紳士卻對別人說，伊莉莎白是個多麼擅言談的女孩啊！而這就是傾聽所創造的奇特效果。

語言是思維和思想的載體，也是人類最主要的交流交際工具，因此語言中往往蘊含著巨大的價值。人們的言談話語，無論是有意識的交流還是無意識的流露，都自覺或者不自覺的傳達著某種訊息，或流露出某種情感傾向。因此，高效溝通有時候需要我們做一位誠懇的傾聽者。那麼傾聽的技巧有哪些呢？我們來看一看。

（一）有鑑別的傾聽

專心致志的傾聽，要求談判者在別人發言的時候精力集中，即使是自己十分熟知的話題也不例外；有鑑別的傾聽，必須建立在專心傾聽的基礎上，因為不用心聽，就無法鑑別對方傳來的資訊，哪些是真的，哪些是假的，哪些有用，哪些無用。

（二）聽時不要帶偏見

偏見是影響你和對方人際關係的因素，如果對對方有偏見，在聽他講話時也往往會帶上偏見，因而就不能很客觀的聽他說話，即使他的話對你很重要，你也不會從他的話裡獲得有益的資訊。

（三）不要搶話

搶話會打亂別人的思路，也耽誤自己傾聽，搶話不同於問話，問話是由於某個資訊或意思未能記住或理解，而要求對方給予的解釋或重複，因此問話是必要的。搶話則是急於糾正別人的錯誤，或用自己的觀點來取代別人的觀點，是一種不尊重人的行為，往往會阻塞雙方的思路或感情，不利於創造良好的談判氣氛。

（四）難以應付的話題最好不要迴避

談判中，往往會涉及一些諸如政治、技術或人際關係方面的問題，可能使談判者回答不上來，有些談判者採取充耳不聞的態度來迴避問題，往往暴露了自己的弱點。一個合格的談判者要有信心、有能力迎接對方提出的一切問題，只有細心領會對方提出此類問題的真實用意，才能找出擺脫難題的有效答案。

（五）主動作出回饋表示

要使自己的傾聽獲得良好的效果，不僅要專心的聽，同時還要做出回饋性的表示，比如以口頭語言、面部表情或動作向對方表述你對他的話語的了解程度，或者要求對方澄清或闡述他所說的話語，這樣對方會因你的態度而願意更多、更廣、更深刻的暴露自己的觀點。

（六）注意他語速的流暢性

流暢的說話表示他此時是在直抒胸臆、說真話的狀態。如果語速有些減慢或出現停頓現象，這表明他此時出現了情緒波動，或是在努力思考，或是分心了。而努力思考的原因無非有二：一是知識不足，需要努力回想；二是想迴避、隱藏什麼而在編假話。

因此，只要有可能，應盡量為自己及對方創造有利於傾聽的環境，這樣不但可以發覺事實的真相，而且可以探索對手的動機和思維脈絡。

溝通無時不在，怎樣使自己的溝通更高效，關鍵在於傾聽的藝術。

二、若想博人好感，讚美最有效

自古以來，就有謙虛向上，嚴於律己，寬以待人的古訓，「戴高帽」、「拍馬屁」的做法只能是和珅之流的不恥行徑。人們將那些善於說讚美話的人一律稱為「馬屁精」，好像這些人的人格多麼低下，多麼不恥於和他們相提並論似的。其實，這是對人際關係的一種誤解。仔細觀察你就會發現，周圍的人或多或少都在說著讚美別人的話，只不過方式多樣而已。就人際關係日益複雜的今天來說，多說讚美話不僅不是壞事，反而是好事。

李亮是某研究所的高級工程師，和妻子兩地分居十多年了，錢花了很多，禮也送了不少，可妻子就是調動不過來。

這件事搞得李亮筋疲力盡，但又無可奈何。此時，在他妻子調動過程中有關鍵作用的某局又換局長了，新上任的局長是從外地來的張局長，李亮聽說這位張局長能急人所急，為人辦實事，他先了解了幾個張局長幫助的例子，然後登門拜訪。

他一開始沒談自己此行的目的，先是捧張局長，說說他做的比較突出的政績，是真正為人民辦實事的公僕。張局長也很謙虛，說：「哪裡，哪裡，他們的確有困難，有的已經分居好幾年了，就是調不到一起，我只做了我應該做的事。」

聽到這裡，李亮就乘機提出了自己的問題：「張局長，我也有點小事，需要麻煩您，我和妻子已經兩地分居十多年了，一直沒有解決，本來不打算麻煩您的，但聽大家都在說您的政績，心中仰慕，所以來請您幫幫忙。」接著李亮介紹了一下自己的情況，張局長讓他回去靜候佳音。

不久，一紙調令到手，李亮全家團聚。

在這個事例中，李亮先對局長進行讚美，使局長在興頭上輕鬆的解決自己長期懸而未決的問題。因此在生活中，如果遇到此類問題，你也不妨拋開成見，借助讚美輕鬆辦成事。

當然，讚美別人也要掌握一定的分寸和方法，否則的話就會適得其反。以下幾點一定要掌握好。

（一）審時度勢，因人而異

人的素養有高低之分，年齡有長幼之別，因人而異、突出個性、有特點的讚美比一般化的讚美能收到更好的效果。老年人總希望別人不忘記他「想當年」的業績與雄風，與其交談時，可多稱讚他引以自豪的過去；對年輕人不妨語氣稍為誇張的讚揚他的創造才能和開拓精神，並舉出幾點實例證明他的確能夠前程似錦；對於經商的人，可稱讚他頭腦靈活，生財有道；對於有地位的官員，可稱讚他為國為民，廉潔清正；對於知識份子，可稱讚他知識淵博、寧靜淡泊……當然這一切要依據事實，切不可虛誇。

（二）情真意切，有理有據

雖然人都喜歡聽讚美的話，但並非任何讚美都能使對方高興。能引起對方好感的只能是那些基於事實、發自內心的讚美。相反，你若無根無據、虛情假意的讚美別人，他不僅會感到莫名其妙，更會覺得你油嘴滑舌、詭詐虛偽。例如，當你見到一位其貌不揚的小姐，卻偏要對她說：「妳真是美極了。」對方立刻就會認定你所說的是虛偽之極的違心之言。但如果你著眼於她的服飾、談吐、舉止，發現她這些方面的出眾之處並真誠的讚美，她一定會高興的接受。

真誠的讚美不但會使被讚美者產生心理上的愉悅，還經常可以使你發現別人的優點，從而使自己對人生持有樂觀、欣賞的態度。

（三）詳實具體，深入細緻

在日常生活中，人們有非常顯著成績的時候並不多見。因此，交流中應從具體的事件入手，善於發現別人哪怕是最微小的長處，並不失時機的予以讚美。讚美用語越詳實具體，說明你對對方越了解，對他的長處和成績越看重。讓對方感到你的真摯、親切和可信，你們之間的人際距離就會越來越近。如果你只是含糊其辭的讚美對方，說一些「你工作得非常出色」或者「你是一位卓越的領導者」等空泛虛浮的話語，只能引起對方的猜疑，甚至產生不必要的誤解和信任危機。

（四）合乎時宜，適可而止

讚美的效果在於見機行事、適可而止，真正做到：「美酒飲到微醉後，好花看到半開時。」

當別人計劃做一件有意義的事時，事前的讚揚能激勵他下決心做出成績，事情進行中的讚揚有益於對方再接再厲，事情結束時的讚揚則可以肯定成績，指出進一步的努力方向，從而達到「讚揚與激勵」的效果。

(五)「雪中送炭」勝過「錦上添花」

俗話說：「患難見真情。」最需要讚美的不是那些早已功成名就的人，而是那些暫時遇到挫折而產生自卑感或身處逆境的人。他們平時很難聽到一聲讚美的話語，一旦被人當眾真誠的讚美，便有可能振作精神、大展宏圖。因此，最有實效的讚美不是「錦上添花」，而是「雪中送炭」。

此外，讚美並不一定總用一些固定的詞語，如見人便說「好……」。有時，投以讚許的目光、做一個誇獎的手勢、送一個友好的微笑也能收到意想不到的效果。

當我們目睹一個經常讚揚子女的母親是如何創造出一個完滿快樂的家庭、一個經常讚揚學生的老師是如何使一個班級團結友愛天天向上、一個經常讚揚下屬的領導者是如何把他的團隊管理成和諧向上的集體時，我們也許就會由衷的接受和學會人際間充滿真誠和善意的讚美。

(六)公開表揚，刺激鼓勵

對於有成就、貢獻突出的下屬，應當在全體員工大會上進行表揚，這是許多領導者經常採用的一種激勵方式。事實證明，這種激勵方式雖然簡單，但它產生的效果卻是十分明顯的。為什麼呢？因為人的社會性決定了每個人都希望自己能夠得到他人的肯定與社會的承認。上司在特定場合對他的表揚，便是對他熱情的關注、慷慨的讚許和由衷的承認。這種關注、讚許、承認，必然會使他產生感激不盡的心理效應，乃至視你為知己，更加報效於你。同時，這種表揚也能夠激發其他下屬的上進之心，從而努力進取為公司創造更大的效益。

世界上沒有人會拒絕溢美之詞，再怎麼聲稱不愛受吹捧的人，也會在「糖衣炮彈」的狂轟亂炸下舉手投降。

三、指責要委婉，言語顧人心

《呻吟語》中說：「指責他人之過，需要稍做保留。不要直接的攻訐，最好採用委婉暗示的比喻，使對方自然的領悟，切忌露骨直言。」又說：「即使是父子關係，有時挨了父親的罵，也會無法忍受而頂嘴，更何況是別人呢！」父子有血緣關係，無論如何不能割捨，但沒有血緣的就不是這樣了，過激的言辭很可能會斷送你們的關係。

因為一般人都易受感情支配，即使內心有理性的認識，仍易受反感情緒的影響而難以聽進理性的忠言。所以，僅有為別人著想的良好願望還不行，批評還需要有技巧。下面案例中的次子就做得很好。

有一位父親喜歡賭博，幾乎到了痴迷的地步，進出賭場幾次以後自然是輸得家徒四壁。面對父親的墮落，兩個兒子終於忍無可忍了。一天，當父親又在賭博時，大兒子當著父親的面掀翻了賭桌，將賭具全部毀掉。但是這並沒有阻止父親繼續賭博，父親依然進出於賭場。

次子看到這種情形，並沒有像哥哥那樣做，而是走到父親面前，低聲說道：「我在學校裡，老師教導我們，在學校我們要尊師重道，回到家裡要聽父母的話。尊師之訓我可以功成名就，可是，聽父親的話我又能獲得什麼呢？」次子的話還未說完，父親已經淚流滿面。父親痛心疾

首的說：「孩子，你的話言輕意重，爸爸知道錯了。」父親從此戒賭。

同樣是希望父親戒賭，但是收到的效果卻不同，次子之所以能讓父親戒賭是因為巧用了委婉的批評之法。可見，批評不一定要以批為主，主要是針對問題和缺點，加以直接或間接的揭露和評判，並在批中指出癥結，點明錯誤，教給方法，督促改善。下面介紹一些可行的委婉批評的方法，可供大家借鑑：

(一) 勸告式

批評是一劑「苦藥」，雖利於「病」，但是沒有一個人願意領受那逆耳的批評。如果我們換一種方式，把逆耳的批評，變做善意的勸告，那樣「喝藥」的人會高興的喝下，「病」也會除去。

一個老太太，在逛超市的時候，把她的小狗「乖乖」帶進了一家嚴禁攜帶寵物入內的商場。老太太只顧跟同伴們說話，沒有注意到此市場禁止攜帶寵物入內，當她上了二樓的時候，突然看到牆上寫著「嚴禁攜帶寵物入內」的警示牌，才發現小狗已經沒有地方可藏了，對面還走來一位保全人員。老太太等待著想像中的那場「狂風暴雨」，不料保全卻笑笑咪咪的問她：「這麼可愛的小狗，牠叫什麼名字？」老太太輕輕回答：「牠叫乖乖。」那位保全再次笑了笑，摸了摸小狗的頭說：「親愛的乖乖，你怎麼糊塗了呢？我們這裡是不准小狗帶老人進來的，但既然來了也就不難為你了，離開時請記住：千萬別忘了帶走你身邊的這位老奶奶哦！」

(二) 模糊式

某公司召開員工大會，目的是為了整頓近期來鬆散的工作紀律。會上總裁說：「最近一段時間，我們公司的紀律整體來說是好的，但是個別同事的表現卻很差，有遲到早退，上班時間聊天的現象……」這位總裁運用模糊語言，比如「最近一段時間」、「整體來」、「個別」。這樣，既把存在的問題指了出來，又照顧了別人的面子。雖然總裁沒有指名，但實際上還是等於指名了，並且說話又具有某種彈性。這種說法往往比直接點名批評的效果好得多。

(三) 暗示式

如果想讓對方接受你的意見，最好用暗示。很多人犯了錯之後為了不在眾人面前丟臉，都不想將自己的錯誤公開。雖然有虛榮心在作怪，但也有可貴的自尊心。當我們運用暗示為一個人保有自尊心，一方面讓他明白你已經知道他所犯的錯誤，同時也提醒他不可再犯。那麼這樣的批評比大聲的責罵更有效。

有一位叫妙妙的同學，星期天作業經常不做，雖然老師在班上責罵多次，但仍不見效。為此，老師決定用暗示法讓其自己改掉這一錯誤。

星期一早上，妙妙如同往常一樣仍沒有交作業，但是老師並沒有像往常那樣斥責他，而是用責問的眼光看著他。妙妙偷偷的瞄了老師一眼，見老師正兩眼盯著自己，目光中有無可奈何的哀怨，急不可耐的期待，但沒有以前那種咄咄逼人的火光。

星期二早上老師在辦公桌上發現妙妙補交上來的作業，而且從那以後，妙妙改掉了不做作

業的習慣，每週都能按時的交上所有的作業。

(四) 安慰式

孟懷剛畢業，就應徵到一家公司做祕書，但由於缺乏經驗，常犯一些錯誤。為此，經理運用安慰式的批評對她說：「現在你做錯一些事，自然是難免的，我像你一樣剛工作的時候，也是什麼都不懂，也做錯過很多事，我相信只要你能認真努力的做，等到了我這個年齡的時候，你一定會超越我的。」

(五) 請教式

面對認識及判斷能力較強的人，切忌以居高臨下的態度去訓斥和指責，因為這是他們最反感的。應該以誠懇、平和的態度，熱情的關懷去幫助和引導他們，言語要飽含深情，誘導其主動改正錯誤。

(六) 幽默式

在工作或生活中，我們需要肯定的表達自己的觀點。在受到某種不合理的阻擾或不公正的待遇時，我們應該表明自己的想法，但是運用幽默的力量效果會更好。

著名電影導演希區考克有一次拍攝一部大片。這部大片的女主角是個大明星，而且長得特別漂亮。她對自己的形象可說是「精益求精」，不停的嘮叨著讓攝影師注意角度問題。她一再的對希區考克說：「你一定得考慮我的懇求，務必從我最好的一面來拍攝。」

「抱歉，我做不到！」希區考克大聲說。

「為什麼？」

「因為我沒辦法拍攝到妳最好的一面，妳正把它壓在椅子上！」

（七）善意式

善意式的批評，是朋友式的善意提醒，是發自內心的關懷，有如春風化甘雨，能滋潤犯錯者那片乾涸的心田。由於這種批評是柔和的，所以很容易被人所接受。

（八）三明治式

三明治式批評，就是厚厚的兩層表揚，中間夾著一層薄薄的批評。即表揚——批評——再表揚。這種批評方式，被批評者容易接受，效果較好。因為在人們的認知裡批評是一種否定，表揚是一種肯定。三明治式批評，用了兩個肯定，一個否定。肯定的多，否定的少。使被批評者心理容易平衡。實際上，批評並不是否定，而是對一個人的幫助與改進。這裡只不過是利用了這種微妙的心理反應罷了。

（九）比喻式

不直接批評犯錯誤者，而是採取打比方的方式，讓他自我對照，認識到自己的錯誤。這種方法可以消除犯錯者的疑慮和恐懼，自然的接受批評並加以改正。

(十) 迂迴式

心理學家威廉．詹姆士說：「人類本質中最殷切的需求是渴望被肯定」。所以我們應創造一個和諧的交談氛圍，讓他感受到你並沒有因他犯錯而另眼相看，再對其進行批評，就會顯得合情合理。從而促使他產生自省，產生改正錯誤的願望。

(十一) 間接式

當妻子買了一件衣服徵求丈夫的意見，丈夫覺得這件衣服的顏色太鮮豔了，妻子穿起來不太合適，如果直接批評就會說：「一把年紀了還穿這麼鮮豔的衣服，豈不成老妖婆了？」當然收到的效果則是傷害了妻子的自尊心。但是如果間接的指出否定的意見，比如說：「不錯，顏色很鮮豔，如果女兒穿得話會更好看，這個顏色很適合她。」

(十二) 建議式

用建議，而不用命令，不但能維持對方的自尊，而且能使他樂於改正錯誤。「你覺得這樣做行嗎？」、「這個問題這樣做好不好？」、「還有更好的解決方法，你說是吧？」等等。總之，當我們用建議式的方法提出批評時，不僅表明了自己的態度，同時也找了個合適的理由讓對方保有面子。這樣一來，對方會愉快的改正錯誤。

每個人都不願受到批評，受到批評畢竟是件令人難堪的事，但只要用點委婉批評的技巧，每個人也都樂意接受批評。

四、求人做事，妙語開道

在現今社會，求人做事是常事，但很多時候我們並不能得到應允。原因之一是我們既沒有門路也沒有關係，但這並不能說明什麼，因為大多數人都是這樣。還有一個重要的原因就是有的人在求人做事的過程中不善言談，語言功力欠缺，把本來可以抓到的機會和有用的人輕易放掉了。

因此，在求人做事之前，應先把說話工夫練到家，只要運用動聽的話語巧妙的突破對方的心理「防線」，那麼讓對方心甘情願為你做事的機率就會越大。

某公司的老闆馬先生眼下資金周轉不靈，如不及早籌措到位，會直接影響到公司的生意和聲譽。他本想向銀行貸一筆款，但是，銀行卻不願意再多借給他一分錢。

就在這個時候，馬老闆想到了讓一家紡織公司的趙先生幫忙，但此人卻是一個非常吝嗇、一毛不拔的人，想從他那裡借到錢，可不是一件簡單的事情。

經過一番思慮，馬老闆下定了決心，打電話與趙先生約好了見面的時間和地點。到了約定的那一天，馬老闆很早就搭車前往，然而，在離約定地點還有一段距離時，他就下車開始全速跑向目的地。

此時剛好是夏天，等到達目的地，馬老闆當然是滿身大汗。趙先生見他如此模樣，非常詫異的問：「咦！你怎麼搞的？」

「我怕趕不上約定時間，只好跑步趕路！」

「那你怎麼不坐計程車呢？」

「我很早就出門了，坐公車來的，不過因為路上發生了車禍，所以耽誤了一些時間。我怕時間來不及，只好下車跑來了，所以才會滿身大汗呀！」

「像你這種人也會坐公車嗎？」

「怎麼，您不知道我是個吝嗇之人嗎？我怎麼會坐計程車呢？坐公車既便宜又方便，而且自己沒有私人車輛的話，也可以省了請司機的開銷。」

「父母賜給我的這雙腳最好了，碰到趕時間的時候，只要用它們跑就可以，既不花錢，又可健身，多好呀！我這種吝嗇的人哪會像你們大老闆一樣有自己的私車呢？」

「我也很小氣啊！所以，我也沒有自家的車子。」趙先生謙遜的說。

「你那叫節儉，我這叫小氣，所以才有『小氣鬼』的綽號。」

「但我從來沒聽說過你是這種人。其實，我才真的被人認為是吝嗇鬼！」

「趙先生，人不吝嗇的話，是無法創業的，所以，人不能太慷慨。我們做事業的人都是向銀行或他人貸款來創業的，當然是應該節儉，千萬不能隨便的浪費錢啊！」

「我們要盡量多的賺錢，好報答投資的人。錢財只會聚集在喜歡它、節儉它的人身上……我經常對下屬這樣說。」

馬老闆的這些話使趙先生產生了共鳴，於是他很快便答應了借錢給這個相見恨晚的馬老闆。

可見，求人做事儘管是一件難事，但如果掌握了一定的技巧和方法，那麼難事也會變得容易。因此，為了讓你在求人做事時口到事成，特別提供以下幾種語言技巧：

（一）借別人的口說自己的話

倘若向特別要好和熟悉的人求助，可以直接了當、隨便一點。但有時求助於關係一般的人、生人或社會地位較高的人時，則常常需要一個「導入」的過程。這個導入過程可長可短，得視情況而定。

（二）以情動人

求人做事，把對他人的請求融入在動情的敘述中，或申述自己的處境，以表明求助對方援助是不得已之舉；同時，用話語激發他人的善良本性，以使對方不忍無動於衷、袖手旁觀。

（三）先「捧」後求

所謂「捧」，是指在求人時，對所求的人的恰到好處、實事求是的稱讚，並不包括那種漫無邊際、肉麻的吹捧。求人時說點對方樂意聽的話，尤其是順便就與所求的事有關的方面稱讚一下對方，也不失為一種求人的好辦法。

（四）用商量的口氣

以商量的口氣向他人請求援助，不失為一種高明的辦法。

（五）適時說出「互利」承諾

求人幫忙時，適時說出願意給對方以某種回報，或將牢記對方所提供的好處的話，即使不能馬上回報對方，也一定會在對方用得著自己的時候鼎力相助。配以「互利」的承諾，讓對方覺得他的付出值得，同時也會對求助者多一份好感。

此外，求人做事時還要盡量防止自己的話無意間冒犯了對方。所以，在有求於人時應事先對對方有所了解，若無意中衝撞了對方，豈不是前功盡棄？

求人做事的過程就是說服對方的過程，如果你說話的工夫不到家，就很難打動人心，也就很難得到別人的幫助。

五、說話之前先動腦，口不擇言惹人厭

「禍從口出」、「言多必失」、「謹於言，慎於行」等俗語、名言，都在告誡我們說話一定要小心謹慎，切不可口無遮攔、口不擇言。

《管子．形勢解》中有這樣一句話：「聖人擇可言而後言，擇可行而後行。」意思是說：聖賢之人在說話、行事之前總是要經過一番思密、謹慎的思索，而後言可言之言，放棄不可言之詞，行當行之行，擱不妥之舉。這句話告誡後人身處於世，只有謹言慎行，才是最機智的做法，否則，只會引起諸多的不快。

有這樣一個故事：有個人請客，開飯的時間快到了，還有一大半人沒來，他心裡很焦急，

便自言自語的說：「怎麼搞的，該來的客人還不來？」一些敏感的客人聽到了，心想：「該來的沒來，那我們是不是不該來？」於是，一部分人悄悄的走了。

主人看到後一著急，便說：「該來的不來，不該走的又走了。」剩下的客人一聽，又想：「走了的是不該走的，那我們這些沒走的倒是該走的了！」於是又走了一些人。

最後，只剩下一個跟主人較接近的朋友，看了這種尷尬的局面，就勸他說：「你說話前應先考慮一下，否則說錯了，就不容易收回來了。」主人大叫冤枉，急忙解釋說：「我並不是叫他們走啊！」朋友聽了大怒，說：「不是叫他們走，那就是叫我走了。」說完，頭也不回的走了。

你看，主人就因為口不擇言，以至出現連環性的「走客」誤會。一般來說，口不擇言亂說話的人有兩種，一種就是狂妄自大、出言不遜的人；而另一種就是那種心直口快、不顧後果說話的人。後一種人說話往往沒有惡意，卻在無意中傷害了他人。

門岳是高材生，大學畢業直升碩士，碩士畢業以後本來還有念博士的計畫，可是他找到了一份不錯的工作，薪水高，一去就是部門主管，於是他成了某大公司的一位青年才俊。半年下來，門岳交到總部的工作計畫和總結報告條理清楚、思路新穎，總部經理對門岳十分滿意。然而，門岳部門的同事和門岳的上司卻對他頗有微辭——說他說話讓人不舒服。

比如一次午餐的時候，門岳和同事一起去吃飯，閒聊間說到臺北的交通問題，在臺北土生土長的門岳順口發表評論：「臺北這幾年交通狀況惡化，實在是因為外地來的大學生太多。我認為應該好好嚴格戶口制度，二三流大學的人就不要給他們工作機會了。」門岳一說，在座幾位同事的臉色都變得很難看。原來他們都是從外地到臺北來發展的，聽到此話心裡自然不爽，

覺得門岳太過狂妄，再加上工作上的事情門岳要求一向嚴格，同事都懷疑他成心整治外地人。

其實，門岳有口無心，他自己的女友也是從外地來的呢，而他們的關係也已經到了談婚論嫁的地步。但他卻因忽略了別人的自尊，落得個孤立無援的悲哀處境。

說話時不經過大腦這一關，張口就來，導致無謂的誤解，豈不悲哀！所以，在此奉勸那些自認為能說會道的人們：注意話到嘴邊留三分，三思而後「說」。

說話有口無心是大忌，奉勸自認為能說會道的人們，話到嘴邊留三分，三思而後「說」。

六、幽默有限度，玩笑要得體

游刃有餘的展示幽默語言，能使人忍俊不禁、開懷大笑，也令人由衷的折服。宛如潤滑劑，它能以最自然的方式拉近你和他人的距離，能以最優雅的方式為你化解尷尬，也能以最輕鬆愉悅的方式帶來人際關係的和諧。它會使你行走於世順暢無阻；會使你的事業如行雲流水般舒展的綻放；會給你的人生帶來非凡的魅力。

但值得注意的是，做任何事情應掌握一個度。開個得體的玩笑，可以鬆弛神經、活躍氣氛，創造出一個適於交往的輕鬆愉快的氛圍，因此詼諧的人常能受到人們的歡迎與喜愛。但是，玩笑開得不好，則適得其反，傷害感情。因此，為了使玩笑達到預期的「笑」果，我們應注意以下幾點：

(一) 內容要高雅

笑料的內容取決於玩笑者的思想情趣與文化修養。內容健康、格調高雅的笑料，不僅給對方啟迪和精神的享受，也是對自己美好形象的有力塑造。有位鋼琴家一次演奏時，發現全場有一半座位空著，他對聽眾說：「朋友們，我發現這個城市的人們都很有錢，我看到你們每個人都買了兩三個座位的票。」於是這半屋子聽眾放聲大笑。鋼琴家無傷大雅的玩笑話使他反敗為勝。

(二) 態度要友善

與人為善是開玩笑的一個原則，開玩笑的過程，是感情互相交流傳遞的過程，如果借著開玩笑對別人冷嘲熱諷，發洩內心厭惡、不滿的感情，那麼除非是傻瓜才識不破。也許有些人不如你口齒伶俐，表面上你占到上風，但別人會認為你不能尊重他人，從而不願與你交流。

(三) 行為要適度

開玩笑除了可借助語言外，有時也可以透過行為動作來逗別人發笑。有對小夫妻，感情很好，整天都有開不完的玩笑。一天，丈夫擺弄槍械，對準妻子說：「不許動，一動我就打死妳！」說著扣動了扳機。結果妻子被意外的打成重傷。可見，開玩笑千萬不能過度。

(四) 對象要分清

同樣一個玩笑，能對甲開，不一定能對乙開。人的身分、性格、心情不同，對玩笑的承受

能力也不同。

如果對方性格外向，能寬容忍耐，那麼玩笑稍微過大也能得到諒解；如果對方性格內向，喜歡琢磨言外之意，開玩笑就應慎重。對方儘管平時性格開朗，假如恰好碰上不愉快或傷心事，就不能隨便與之開玩笑；相反的，如果對方性格內向，但正好喜事臨門，此時與他開個玩笑，效果會出乎意料的好。

此外，還要注意以下幾點：

（一）和長輩、晚輩開玩笑忌輕浮放肆，特別忌諱談男女情事：幾輩同堂時的玩笑要高雅、機智、幽默、解頤助興、樂在其中。在這種場合，忌談男女風流韻事。當同輩人開這方面玩笑，自己以長輩或晚輩身分在場時，最好不要插話，只若無其事的旁聽就是。

（二）和無血緣關係的異性單獨相處時忌開玩笑（夫妻自然除外），哪怕是開正經的玩笑，也往往會引起對方反感，或者會引起旁人的猜測非議。要注意保持適當的距離。當然，也不能太拘謹彆扭。

（三）和殘疾人開玩笑，也要注意有所避諱：人人都怕別人用自己的短處開玩笑，殘疾人尤其如此。俗話說：不要當著和尚罵禿頭。

（四）朋友有陪客時，別和朋友開玩笑：因為人家可能已有共同的話題，已經形成和諧融洽的氣氛，如果你突然介入與朋友開玩笑，轉移客人的注意力，打斷人家的話題，破壞談話的雅興，朋友會認為你掃他的面子。

（五）場合要適宜：美國總統雷根一次在國會開會前，為了試試麥克風是否好使，張口便說：「先生們請注意，五分鐘之後，我將對俄國進行轟炸。」一語既出眾人皆譁然。雷根在錯誤的場合、時間裡，開了一個極為荒唐的玩笑。為此，俄國政府提出了強烈抗議。整體來說，不論開怎樣的玩笑，都應先看清場合。

善用幽默這一口才的人，不僅受人喜愛，而且更能獲得別人的支持和幫助，做起事來也往往事半功倍。

七、拒絕有方，不傷感情

俗語常說「做人難，人難做。」尤其是當別人對你有所請求，而你因為辦不到，不得不拒絕時更感到為難。但拒絕不當就容易令對方不快甚至惱恨，許多人就是因為拒絕不當而失去了朋友、得罪了上司、惹怒了合作夥伴等。這就需要一些巧妙委婉的拒絕方式，既表達了自己的願望，又將對方失望與不快的情緒控制在最小範圍內，不影響彼此之間的人際關係。

兩個來臺北打工的同鄉，來到在某公司工作的李某家，訴說打工之艱難，一再說住旅館住不起，租房又沒有合適的，言外之意就是想要借宿。

李某聽後馬上暗示說：「是啊，臺北不比我們鄉下，房租可貴了，就拿我來說吧！這麼兩間沒幾坪大的房子，住著三代人。我那上高中的兒子，沒辦法晚上只得睡沙發。你們大老遠來這看我，本應該留你們在我家好好住上幾天，可是真的不知道該讓你們睡哪?·哎，說來慚愧。」

兩位老鄉聽後，應和幾句，知趣的走了。

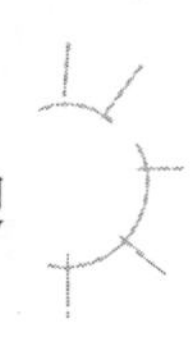

當別人向你提出要求和幫助時，你也許是有口難言，也許是愛莫能助，或者是因為對方的要求不合理，或者是因為對方所求的事情不可行，從原則上、邏輯上講都是應該直接了當加以拒絕的，但在社交過程中，這個「不」字又不是那麼容易說出口的。因為拒絕不當就容易令對方不快甚至惱恨，許多人就是因為拒絕不當而失去了朋友、得罪了上司、惹怒了合作夥伴。因為一個人開口相求時，往往都帶著惴惴不安的心理，如果你毫無顧忌的說「不行」，勢必會傷害到對方的自尊心，使對方不安的心理加劇，失去平衡，引起強烈的反感。因此，「不行」是要說，但要採取一定的方法和技巧，在對方的自尊不受傷害的情況下，運用準確的措辭說出「不行」。

那麼如何把拒絕的話說得好聽，又不傷相互之間的感情呢？以下幾種方法能給我們一些幫助。

（一）強調自己的困難

有些求人的人，由於種種原因，不好意思直接開口，喜歡用暗示來投石問路。這時你最好用暗示來拒絕。

（二）用「習俗」為藉口

某女士因公出差，在火車上與一位看起來挺有涵養的男士坐在一起。這位男士主動和她搭訕，女士覺得一個人乾坐著也挺乏味的，於是就和他攀談起來。開始時這位男士還算有禮貌，和女士只是談談乘車的感受以及交流對當今社會上一些不合理現象的看法。可不知怎麼的，談著談著，這位男士竟然話題一轉，問了女士一句：「你結婚了嗎？」顯然，這個問題可能別有用心，所以女士有些不高興，但她態度平和的對那位男士說：「先生，我聽人說過這樣一句話，前半句是『對男人不能問收入』，所以我才沒有問你的收入；後半句是『對女人不能問婚姻』，所以你這個問題我是不能回答了。請原諒。」那位男士聽女士這麼一說，也覺得有點唐突，尷尬的笑了笑，不再說話了。這位女士既表達了對對方失禮的不滿，又沒有令對方下不了臺，可謂是一舉兩得。

(三) 借他人之口加以拒絕

小李在電器商場工作。一天，他的一位朋友來買電鍋。看遍了店裡陳列的樣品，他都不滿意，要求小李帶他到倉庫裡去看看。小李面對朋友，「不」字出不了口。於是他笑著說：「前幾天經理剛宣布過，不准任何顧客進倉庫。」儘管小李的朋友心中不大滿意，但畢竟比直接聽到「不行」的回答減少了幾分不快。

(四) 藉故拖延

某工廠一名員工找到產線主任要求調換工種，產線主任心裡明白調不了，但他沒有馬上回答說：「不可能。」而是說：「這個問題涉及好幾個人，我個人決定不了。我把你的要求報告上去，讓廠部討論一下，過幾天答覆你，好嗎？」

這樣回答可讓對方明白：調工種不是件簡單的事，存在著兩種可能，使對方有所思想準

備，這比當場回絕效果要好得多。

（五）限定苛刻的條件

有位名作家應邀演講，時間安排在下午第一堂課，又是大熱天，是學生最愛打瞌睡的時候，他一上臺，就聲明說：「在這悶熱的午後，要各位聽我這老頭子說話，一定會想打瞌睡，沒關係，各位可以安心的睡。但是有兩個原則要遵守，一是姿勢要文雅，不可趴在桌上；二是不准打呼，以免干擾別人聽講。」

說完，全場哄堂大笑，學生們的瞌睡蟲也一掃而空。這種雖然同意，其實是禁止的說話藝術，常能發揮很大的功效。

（六）先肯定後否定

有時對方提出的要求有一定的合理性，但因條件的限制又無法予以滿足。這種情況下，拒絕的言辭要盡可能委婉，予以安慰，使其精神上得到些許滿足，以減少因拒絕產生的不快和失望。在語言表達上可採用「先肯定後否定」的形式，要委婉且留有餘地。

一家公司的經理對一家工廠的廠長說：「我們兩家搞聯營，你看怎麼樣？」廠長回答：「這個設想很不錯，只是目前條件還沒有成熟。」這樣既拒絕了對方，又給自己留了後路。

（七）隱晦曲折的提出另外的建議

有時候，對一些明顯不合情理或不妥的要求必須予以回絕。但為了避免因此引起衝突，或由於某種原因不便明確表示，可採用隱晦曲折的語言向對方暗示，以達到拒絕的目的。請看下面一段對話：

甲：「我們的意圖是希望下一次會議能在法國召開，不知貴國政府以為如何？」

乙：「貴國飯菜的味道不好，特別是我上次去時住的那個旅館更糟糕。」

甲：「那麼您覺得我今天用來招待您的英國小吃味道如何？」

乙：「還算可以，不過我更喜歡吃美國飯菜。」

乙方用「法國飯菜不好」、「英國的飯菜還可以」、「喜歡吃美國飯菜」，委婉含蓄的拒絕了在法國、英國開會的建議，暗示了希望在美國舉行會議的想法。

（八）借用對方的言語

軍閥吳佩孚的勢力日漸強大，成為權傾一方有實力的人物。

一天，他的一位同鄉前來投靠他，想在他那兒謀個職位做。他知道那位同鄉才能平平，但礙於情面，還是給他安排了一個上校副官的閒職。不久那位同鄉便嫌棄官職微小，再次請求想當個縣長，並要求派往河南。吳佩孚聽了，便在他的申請書上批了「豫民何辜」四個大字，斷絕了他的念頭。誰知過了些時間，那人又請求調任旅長，並在申請書上說：「我願率一旅之師，討平兩廣，將來班師凱旋，一定解甲歸田，以種樹自娛。」看到同鄉這樣沒有自知之明，吳佩

乎真是又好氣又好笑，於是又提筆批了「先種樹再說」五個大字。

（九）避實就虛法

當別人要求你公開某些情況，而你不想或不能做出一些明確的回答時，可以採取避實就虛的手法，避免做實質性回答。

當別人問你是否讀過莎士比亞的四大悲劇時，你可以回答：「沒有讀過英文版的。」這樣的回答避其話鋒，讓別人以為你讀過譯文版或者是其它。

（十）轉變話題法

如果不願回答別人向你打聽的事情時，可用巧妙轉換話題的方法，讓對方處於被動地位，從而改變意圖。

有一段時間，由於兩岸局勢緊張。在一次外交場合，一名外國記者有意發問：「請問，對臺灣問題，貴國政府所採取的最後措施是什麼？」

外交人員冷靜的答道：「請閣下相信，我們最終會解決這個問題的，而我倒真有點擔心，如果貴國反政府運動繼續發展下去，貴國政府是否具有維持現狀的能力。」

這樣的回答，有意轉變話題，達到巧妙拒絕的目的，而且語帶譏諷，這樣就掌握了主動權。

（十一）以「激發」的方式拒絕

某人在屋簷下躲雨，看見一個和尚正撐傘走過。某人說：「大師，普度一下眾生吧！帶我一程如何？」

和尚說：「我在雨裡，你在簷下，而簷下無雨，你不需要我度。」

某人立刻跳出簷下，站在雨中：「現在我也在雨中了，該度我了吧？」

和尚說：「我也在雨中，你也在雨中，我不被淋，因為有傘；你被雨淋，因為無傘。所以不是我度你，而是傘度我，你要被度，不必找我，請自己找傘！」說完便走了。

（十二）幽默輕鬆，委婉含蓄

做事都要講求原則，不符合原則的事堅決不能辦。如果某人向你提出的要求，是不符合原則的，不答應辦理就叫堅持原則。不能為了保持一團和氣而喪失立場，不論什麼樣的關係，該拒絕的一定要拒絕。但同時要講究說話方式的靈活性，根據人際關係的類型和特點，根據語言交流的內容、場合和時間等的不同來採取靈活的策略，這就叫做事要有靈活性，做到原則性和靈活性的統一。講究靈活性，很重要的一點是委婉含蓄。

委婉拒絕是希望對方知難而退。例如，有人想讓莊子去做官，莊子並未直接拒絕，而是打了一個比方，說：「你看到太廟裡被當作祭品的牛馬了嗎？當牠們尚未被宰殺時，披著華麗的布料，吃著最好的飼料，的確風光，但一到了太廟，被宰殺成為祭品，再想自由自在的生活著，還有可能嗎？」莊子雖沒有正面回答，但一個很貼切的比喻已經回答了：讓他去做官是不

可能的。這種方法就是委婉的拒絕法。

（十三）獻可替否，轉移重心

「獻可替否」是一個成語，意思是建議用可行的方法去替代不可行的方法。當對別人所託之事自己不能幫忙時，應在講明道理之後，幫助想一些別的辦法作為替補。因為一般人都有一種補償心理，如果你想的辦法不是很理想，但你已經盡力了，對方的情感便得到了滿足，這在一定程度上減少了失望感；如果你的辦法幫助別人圓滿解決了問題，別人也會很滿意。

（十四）敷衍式的拒絕，含糊迴避

敷衍式的拒絕是最常見也最常用的一種拒絕方法。敷衍是在不便明言回絕的情況下，含糊迴避請託人。敷衍是一種藝術，運用好了會取得良好的效果。

敷衍式的拒絕具體可分為以下幾種：

（一）推託其辭

在不便明言拒絕的時候，推託其辭是一種比較講策略的辦法。人處在一個大的社會背景中，互相制約的因素很多，為什麼不選擇一個盾牌擋一擋呢？例如：有人託你做事，假如你是領導成員之一，你可以說，「我們公司是集體決策，你的事，需要大家討論才能決定，不過，這件事恐怕很難通過，最好還是別抱什麼希望，如果你實在要堅持的話，待大家討論後再說，我個人說了不算數。」這就是推託其辭，把矛盾引向了另外的地方，意思是我不是不幫你辦，而是我辦不了。對方聽到這樣的話，一般都會打退堂鼓，會說：「那好吧，既然是這樣，我也不為難你了，以後再說吧！」

(二) 答非所問

答非所問是裝糊塗，給請託者以暗示。例如：「此事您能不能幫忙？」「我星期天要和我媽媽去拜訪一位老朋友。」答非所問的婉拒對方，對方會從你的話語中感受到，他的請託得不到你的幫助，只好另尋它法。

(三) 含糊拒絕法

例如：「今晚我請客，請務必光臨。」「今天恐怕不行，下次一定來。」下次是什麼時候，並沒有說定，實際上給對方的是一個含糊不定的概念。對方若是聰明人，一定會聽出其中的意思，而不會強人所難了。

(十五) 暫退一步，伺機推託

「戰場」上的矛盾、衝突、痛苦，使大部分人都會處於戰鬥狀態。用欲擒故縱的辦法，迴避鋒芒，不直接對抗，能讓你的心靈自在、祥和，矛盾也會在迂迴曲折中得到妥善解決。一旦迴

避了鋒芒，你就會發現事情原本可以很簡單。識時務者為俊傑，當你處於矛盾的旋渦中時，當你處於矛盾的焦點時，你不妨暫時退讓一步，再伺機推託。

（十六）使你的拒絕溫柔而不可抗拒

李安是一位圖書推銷商，常常挨家挨戶的推銷圖書套組。日積月累的經驗教會他怎樣把書賣給那些並不打算買的人。他有一副好嗓子，音色渾厚，而且他說話也很討人喜歡，常常逗得人們哈哈大笑。他衣著乾淨整潔，穿著講究，屬於那種人們一見到他就會立刻喜歡上他的人。這一點他心裡是十分清楚的。簡而言之，他是一個成功的推銷員。

一天，他來到一戶人家推銷。他左手拿著一大疊書，右手推開大門，滿臉堆笑的穿過花園小徑，來到主人的房前。他按了一下門鈴，過了一會兒，一位小姐開了門，滿臉驚奇的看著他。讓他感到遺憾的是，這是一位未婚女子，因為她手上沒戴戒指，但她也許有位弟弟或者表兄什麼的喜歡讀嚴肅的書籍，他心想。

他說：「早上好，小姐，我想妳也許有興趣買一套《世界歷史》。這套書一共有十二本，我拿出其中的一本讓妳瞧瞧，裡面的插圖漂亮極了。」

她打斷道：「實在對不起，我正在做飯，沒閒工夫來談論歷史。我得馬上回廚房看看。」不等他回答，她就把門重重的關上了。

這次談話如此快就中斷了，著實讓李安吃了一驚。他不願意這麼輕易就被趕走。他繞著房子走了一圈，然後敲響了後門。開門的仍然是那位年輕的小姐。

「又是你！」她叫道。

他說：「妳剛才告訴我你在廚房忙得不可開交，所以我只好不嫌麻煩繞到後門來。也許你會讓我坐在廚房裡，然後妳一邊做飯一邊聽我講這本優秀歷史書的一些內容。這本書很重要，也很有用。如果妳不買的話，會後悔的。」他咧開嘴一笑。

「如果你願意的話，可以進來坐在那邊。」她指著那把椅子，又補充道：「但是，你會白費時間的，我對歷史毫無興趣，再說我也沒錢買書。」

李安坐下來，把手中笨重的書小心翼翼的放在餐桌上。當然，多售出一本書，就意味著他的利潤也將增加一些。他有信心勸這位小姐買一本。當她在做飯時，他就用他那迷人的聲音向她講述擁有這本書的所有好處，更沒有忘記提醒她，這書很便宜。

「等一等！」她突然打斷他，隨後離開了廚房。他聽見她在屋裡的什麼地方拉開抽屜。不一會兒，她回到了廚房，手裡拿著筆記本和一支筆。她放下手中的工作，與他一起坐到了桌子邊。

「請繼續講。」她說。

他又開始講起來，她則一邊聽，一邊認真的記著筆記，中途還不時叫他把剛講的重複一下。見她如此有興趣，李安簡直有些大喜過望。他又暗暗的思忖，勸人買他們不想買的東西是這麼容易啊！最後，他結束了自己的談話，問道：「妳覺得怎麼樣？妳難道不認為買一本是明智之舉嗎？」

「哦，不！」她吃驚的說，「一開始我就告訴過你，我對歷史不感興趣，當然不打算在一本歷史書上花大量的鈔票。」

「但妳為什麼要做筆記呢？」李安不解的問。

她回答道：「哦，我弟弟與你是同行，他也是挨家挨戶去推銷他的書，但一點兒也不成功。所以我記下了你說的一些話。你太聰明了，我將把這些筆記拿給他看。下次他推銷的時候他就該知道說些什麼，這樣一來他也會賺更多的錢。實在太感謝你了，我真高興你今天能來。」

李安站在那兒，呆若木雞。

「不」很難說出口，但只要你掌握了方法和技巧，那麼，說「不」將不再是一件難事。

八、表情背後有隱情，知曉隱情再開口

許多心理學家證明，人們的情緒變化往往在臉部表情上有所表現，表情可以說是傳遞人們內心活動的顯示器。因此我們在開口說話前，首先要透過對方的表情看出他的本意，了解隱藏在他表情背後的真實想法。並且在交流的過程中仔細觀察對方的表情，判斷對方對談論話題是否感興趣及其感興趣的程度。再以此採取適當的說話方式，我們才能獲得成功。

梁惠王雄心勃勃，廣召天下高人名士。有人多次向梁惠王推薦淳于髡，因此，梁惠王連連召見他，每一次都屏退左右與他傾心密談。但前兩次淳于髡都沉默不語，弄得梁惠王很難堪。事後梁惠王責問推薦人：「你說淳于髡有管仲、晏嬰的才能，哪裡是這樣，要不就是我在他眼裡是一個不足與我談話的人。」

推薦人以此言問淳于髡，他笑笑回答道：「確實如此，我也很想與梁惠王傾心交談。但第

一次，梁惠王臉上有驅馳之色，想著驅馳奔跑一類的娛樂之事，所以我就沒說話。第二次，我見他臉上有享樂之色，是想著聲色一類的娛樂之事，所以我也沒有說話。」

那人將此話告訴梁惠王，梁惠王一回憶，果然如淳于髡所言，他非常嘆服淳于髡的識人之能。

表情語言是反映人們情緒變化的辨識器。美國心理學家總結出這樣的公式：「情感表達等於百分之七的語言加上百分之三十八的語調加上百分之五十五的臉部表情」。先不說這個公式是否精準可靠，但它卻可以窺見臉部表情之功用。人的喜怒哀樂，經常會外露在表情上，這也就是古人所說的「喜怒形於色」，因此，我們若想了解其表情背後的隱情，在與別人說話時就要學會「察言觀色」。

美國心理學家在其著作《怎樣洞察別人》中，向我們詳細介紹了一個人對某人問題感興趣程度的各種表情語言。這對我們研究表情語言具有重要的參考價值。

如果對方笑容滿面而且非常熱情，面對我們的對視，對方的表情自然不感到緊張，那麼就表示他對我們談論的話題非常感興趣；如果對方下巴上揚，嘴角放鬆，露出微笑，這表明他對我們的講話有一些興趣，只是持接受的態度，在這個階段，我們一定不要操之過急，要耐心的說服他；但如果對方眼睛往下看，轉過臉去，緊閉雙唇，這表示對方對交談毫無興趣，我們最好趕快說「再見」，選擇改日再來拜訪。

在人的喜怒哀樂的情緒中，笑是人最常見的臉部表情之一。但同時我們也知道，面對同樣高興的事，每個人的笑卻表現出不同的形態：有的人捧腹大笑；有的人微微一笑；有的人掩口

而笑；還有的人會不出聲的笑……透過這些不同的笑態，有利於我們深層了解對方的心理性格，更有利於我們談話的順利進行。

比如，捧腹大笑的人多是心胸開闊的人。他們比較有幽默感，為人正直，同時極富愛心和同情心。和這種人交流就顯得比較輕鬆。

喜歡微笑的人性格一般比較內向，同時心思非常縝密，頭腦冷靜，善於隱藏自己。和這種人交流，我們就要費點心機了。

掩口而笑的人一般相當害羞，而且也很溫柔。他們一般不會輕易將內心真實的想法透漏給別人，交流難度更高。這就需要我們開啟對方心靈並加以積極引導。

不出聲笑的人性情比較低沉，多是內向而且感性的人，比較情緒化。和這種人交流，我們要更加謹慎小心，否則就要吃「閉門羹」。

同時我們也應注意一點，人類在長期生活實踐中，學會了掩飾內心真實情感的手段。其中以三國時諸葛亮和司馬懿合唱的「空城計」為最。

當諸葛亮帶領一幫老弱殘兵坐守西城這座空城時，兵強馬壯的司馬懿父子，率領二十萬大軍兵臨城下。

在城牆之上，諸葛亮焚香朝天，面色平靜，他旁若無人的大開城門，自己端坐在城牆之上，手揮五弦，目送歸鴻，飄飄然令人有出塵之想。

一場千古的雙簧戲，由此拉開了帷幕，諸葛亮和司馬懿，這對謀略勢均力敵的高手，一個在城牆之上，一個在城牆之下，用心機對峙著。諸葛亮知道司馬懿一眼能看穿他虛張聲勢的空架式，但諸葛亮更知道，司馬家族和曹氏家族的衝突，倘若司馬懿拿下了諸葛亮，三國鼎立之勢不再，司馬家族目前羽翼未豐，最後難逃兔死狗烹的下場。

精通軍事的司馬懿當然知道幫劉邦打天下的韓信的下場。諸葛亮的存在，讓司馬懿有了和曹操周旋的機會，對付諸葛亮，曹操還必須倚重司馬懿，諸葛亮一倒，曹操立刻沒了後顧之憂，安內是必然之舉，那一刻，哪裡還有司馬家族的容身之地。

所以，在表情平靜的背後，倆人心中都在波瀾起伏，就是因為諸葛亮一生謹慎，心知司馬懿不會下手，才敢下這招看似冒險之局。當司馬懿的兒子提醒說，諸葛亮在使詐，城中必無伏兵，心知肚明的司馬懿，立即打斷他的話，以諸葛亮一生謹慎的話，搪塞過去了。機智的司馬懿從諸葛亮平靜的表情上領悟到，這是諸葛亮謀劃著一曲和他合唱的雙簧戲，這齣戲，非大智的人，絕不可能唱得如此之好。

美國心理學家也曾做過這樣一項實驗：他讓一些人表現憤怒、恐怖、誘惑、無動於衷、幸福、悲傷等六種表情，再將錄製後的錄影帶放映給許多人看，請觀眾猜何種表情代表何種感情。其結果是，觀看錄影帶的這些人，對此六種表情，猜對者平均不到兩種。可見，表演者即使有意擺出憤怒的表情，也會讓觀眾以為是悲傷的感情。

由此可見，雖然表情對揭示性格有很大程度上的可取性，表情相對於語言更能傳遞一個人的內心動向，但要具備在瞬間勘破人心，看似簡單，實屬不易。但只要我們仔細觀察，就可以從中發現一些蛛絲馬跡，從而使你一開口就說到對方的心坎上。

表情相對於語言更能傳遞一個人的內心動向，只須了解了表情背後的隱情，就會口到

「渠」自成。

九、自嘲，智者的語言遊戲

幽默一直被人們稱為只有聰明人才能駕馭的語言藝術，而自嘲又被稱為幽默的最高境界。由此可見，能自嘲的必須是智者中的智者，高手中的高手。自嘲是缺乏自信者不敢使用的技術，因為它要你自己罵自己。也就是要拿自身的失誤、不足甚至生理缺陷來「尋開心」，對醜處、羞處不予遮掩、躲避，反而把它放大、誇張、剖析，然後巧妙的引申發揮、自圓其說，取得一笑。沒有豁達、樂觀、超脫、調侃的心態和胸懷，是無法做到的。

臺灣著名電視節目主持人凌峰，有一次接受另一位電視節目主持人侯玉婷小姐的邀請做節目嘉賓。

節目主持人介紹他出場，然而凌峰一出場，就摘下帽子露出發亮的光頭向觀眾深深一鞠躬之後說：「各位朋友大家好，在下凌峰。」說完轉身對著侯小姐說：「侯小姐，我很高興見到妳，而妳是又很不幸的見到我了。」

觀眾笑了起來，接著主持人立刻回答：「請你談一下作為著名節目主持人的感覺怎麼樣？」

凌峰說：「我覺得我的先天條件要比別人好，男性觀眾見到我都會自命不凡（這時臺下響起了掌聲笑聲），你看看！鼓掌的人都覺得他們長得比我帥！」

接著他又說：「我是生長在臺灣的祖籍山東人，南人北相，而且我看起來一臉滄桑，似乎五千年的苦難都寫在我臉上了，所以大江南北的同胞都偏愛我。」

主持人說：「那沒有例外的嗎？」

凌峰回答說：「我告訴妳啊，連少數民族都喜歡我，蒙古人喜歡我，是因為我跟他們一樣，是單眼皮，西藏人喜歡我，因為我的長相特殊，再披上袈裟，著實像一個西藏喇嘛！」在場的觀眾大笑起來。

觀眾笑的原因在哪裡，就是因為凌峰一出場就用自嘲的方式營造了一種歡娛的氣氛。古人講「寵辱不驚」，如果不是擁有豁達、樂觀、超脫、調侃的心態和心胸的人，是說不出這樣的話的。

從心理學角度來講，自嘲是一種幽默的生活態度，是聰明人的智慧火花；自嘲，是幽默的最高境界。自嘲也是高尚人格和自信的體現，它表現的是自嘲者的低姿態，以及良好的修養，自嘲實際上是當事人採取的一種貌似消極，實為積極的促使交談向好的方向轉化的一種手段，所以，自嘲者敢於拿自己「尋開心」，而不傷害任何人。可以說，它既是一種幽默的說話方式，也是一種幽默的生活態度和心理調節方式，能增加生活的樂趣、能解除尷尬、能拉近人與人之間的距離，它表現出一種人生智慧。可以堪稱是一種生活哲學。

一般來說，人人都不願意成為大家取笑的對象。知道了這一點，你就能明白為什麼有的人很容易逗別人開心了。大家都有一種潛意識裡的優越感，在幽默者適度的自嘲中，人們感受到的是自己心裡那隱約的優越感。因此，不用擔心自嘲會讓人知道你的短處，引來鄙夷的目光。他們會為你的勇敢和風趣而折腰，因為你不怕暴露自己，所以他們就會在心中對你解除了防

範，把你當成了自己的朋友。善於自嘲的人實際上是一種非常自信、非常明智的人。

有一段論述幽默的文字，說得很精闢：

痛快淋漓的揭破或是調侃別人身上的瘡疤，那其實是一種冷嘲亦或熱諷。真正的幽默來自於主體的反躬自省。自嘲的前提是自我清醒，是對自我人生中的荒誕與荒謬的洞悉與俯瞰，阿Q式的「精神勝利」是不可望其項背的。而自醒的前提是人的主體意識的覺醒，沒有人的覺醒，就沒有幽默的口才。第一部民間笑話集出現在魏晉時期，應該不是偶然的。

所以，幽默口才不僅僅是會說幾句俏皮話，它要二分洞悉生活中的荒誕與荒謬的見識；二分敢於轉過臉來，把自己鼻樑上的那塊白粉示人的勇氣；二分空谷襟懷；二分冰雪聰明；再加上一分閒雲野鶴的超然，如風之清；一分舉重若輕的從容，如月之白；而後便是十分愜意的會心一笑。

自嘲的作用是多方面的，任何自嘲的形式都應該有各自的目的，因此在自嘲時應注意以下幾點：

（一）自嘲要適度。自嘲僅僅是一種輔助性的表達手段，不可亂用，要避免引起別人的誤解或傷害他人。

（二）自嘲所表現的意義一定要積極，給人一種啟發性，避免給人留下沒有道德，耍小聰明和嘴皮子的印象，那樣，只會讓人家覺得你淺薄無聊，一點也不正經。

（三）自嘲要看準場合，在比較正式的場合，比如面試、開研討會等場合盡量不要使用自嘲的方式，而應直白且誠懇的發表自己的觀點。

（四）自嘲態度要慎重，目的要明確，不要遇到什麼事情都用自嘲來解脫。比如消愁、逃避、譏諷，本著這樣的心態來自嘲，那麼最終只會使自己消沉下去。

自嘲誰也不傷害，最為安全。你可用它來活躍談話氣氛，消除緊張；在尷尬中自找臺階，保住面子；在公共場合獲得人情味；在特別情形下含沙射影，刺一刺無理取鬧的小人。

十、談情說愛兩顆心，幸福終生一張嘴

戀愛是婚姻的前奏，談情說愛，關鍵要會「談」，這樣才能拴住戀人的心，才能牽著戀人的手步入婚姻的殿堂。

你是不是也想讓自己的戀情開花結果，為了使你的戀愛多一成勝算的掌握，不妨換一種方式來「談」情。

（一）化固執為交流

俗話說：「仁者見仁，智者見智。」戀愛過程中，雙方對某些問題存在不同的看法是很正常的，但固執己見，或把自己的意志強加給對方。作為戀愛中的一方，應抱著一種「我不同意你的觀點，但尊重你的發言權」的態度，與對方平等交流，共同探討。

（二）化指責為理解

戀愛中，由於主觀或客觀的原因，自己的要求不可能次次都得到滿足。比如，你希望男友晚上陪你看電影，他卻需要留在公司加班。又比如，你週末想和男友去郊外踏青，可是他卻因為有公務在身沒有答應你，這時你一定要保持冷靜，多點大度和體諒，少些抱怨和指責。如果你以理解的態度回應對方，一方面使對方感覺到你是個通情達理的人，另一方面還會使對方感到歉疚而設法補償你。

（三）化懷疑為關心

若丈夫晚歸時，妻子劈頭就問：「去哪裡鬼混去了？這麼晚才回來！」這時丈夫一定會發火：「我晚回來關妳什麼事？」但是，如果你用關心的語句說：「親愛的，怎麼這麼晚才回來？真讓人擔心。」丈夫也許會受到感動，向你解釋晚回家的原因。愛情是建立在真誠、理解和信任的基礎上的，不要隨意猜忌和懷疑對方。即使對方真的有什麼事，也會在你的關心下懸崖勒馬。

（四）化報憂為逗樂

在生活和工作中，遇到一些不盡如人意的事是很正常的。向對方傾訴自己的煩惱時，要注意表達方式，不要讓自己的壞心情影響到對方，別讓談戀愛成了訴苦大會。

把煩惱當成一種自我調侃，或用輕鬆幽默的玩笑話表達，不僅會讓對方感到愉快，還會使對方感受到你積極的人生態度，從而增強與你相處的安全感和共同面對人生風雨的信心。

用逗樂的方式，同時還可以化解家庭矛盾。

比如，一對夫妻因為一件事鬧僵了，妻子動手收拾行李，並且說道：「我再也待不下去了，我要永遠離開這裡！」

聰明的丈夫也開始收拾行李，並且說：「等一等，我也待不下去了，我和妳一起走！」

於是，兩人相視一笑，雨過天晴了。

愛人之間沒有良好的溝通，婚戀就會向你亮起紅燈，掌握好說話的藝術，才能使我們的愛情之樹常青。

第五章　小事成就大事，細節成就完美

人生當然不可以謹小慎微，成天拘泥於小節。但生活實踐告訴我們，「禍患常起於忽微」，在做人做事方面，有絕對不能忽略關鍵性的細節，因為人生關鍵處只有幾步。對此，古人有很多論述，如「不積跬步，無以至千里；不積小流，無以成江河」、「千里之堤，潰於蟻穴」。細節是一根小小的鐵釘，當你忽視它時，它也會忽視你，最終可能使你付出更大的代價；若是你重視它，它也會幫助你，為你鋪墊成功之路。

一、工作中沒有大小事之分

日常生活中向來有「成大事者不拘小節」的說法，很多人也將這句話作為自勉，一心想成就一番大事業。小節可能過於瑣碎，過於平淡，過於細小，然而小節也有其獨到之處，能起到大節所不能起到的作用。要知道千里之堤，潰於蟻穴。分之一百的錯誤會帶來百分之百的失敗，任何對小事的麻痺和對細節的忽視，都會帶來難以想像的後果。工作上的小小漏洞，如果不能夠及時發現，加以堵塞，會不斷擴大，最終演變到不可收拾的地步，危及大局，你的事業大廈會因此坍塌，毀於一旦。

在現實當中，我們也總能聽到這樣的聲音：「那些小事，不必小題大做！」、「小事沒有必要認真對待。」、「老闆總是讓我做一些雞毛蒜皮的小事，太枯燥乏味了。」、「做那些瑣碎的小事，很難出人頭地，成就一番大業。」、「這麼簡單，誰做不到？」是啊！簡單的小事，誰都能做到，可是卻因為有人關注了，有人卻忽視了，所以才有了成功者與失敗者之分。

喬尼是一位火車的剎車員，因為他聰明、和善，常常面帶微笑而受到乘客們的歡迎。

有一天晚上，一場暴風雪突然降臨了，火車晚點了。於是喬尼抱怨起來：「這鬼天氣！害得我要加班了。天這麼冷，若能坐在壁爐旁品嚐一瓶酒該有多幸福啊！」可就在喬尼報怨天氣的時候，另一節車廂裡，列車長和工程師卻對這場暴風雪警惕了起來。

很快的，他們發現兩個車站間，有一列火車引擎的汽缸蓋被風吹掉了，這使得他們不得不臨時停車，而另外一輛快速車又不得不改道，且幾分鐘後要從這一條鐵軌上駛來。列車長趕緊跑過來命令喬尼拿著紅燈到後面去，讓另一輛火車減速。或許是因為加班心情不好的緣故吧！喬尼有些不情不願。心想：後車廂還有一名工程師和助理剎車員在那裡守著，便笑著對列車長說：「老兄，不必那麼著急，後面有人在守著，等我拿上外套就去。」但還沒等喬尼轉過身，列車長一臉嚴肅的說：「人命關天，一分鐘也不能等，那列火車馬上就要來了。趕快到後面去。」

看到列車長嚴肅的表情，喬尼笑著說道：「好的！」而列車長聽到喬尼的答覆後，又匆匆忙忙的向前面的機房跑去了。

但是，喬尼並沒有立刻就走，他認為後車廂裡有一位工程師和一名助理剎車員在那裡替他扛著這項工作，而自己又何必冒著嚴寒和危險，那麼快就跑到後車廂去呢。於是他停下來喝了幾口酒，驅了驅寒氣，這才吹著口哨，慢悠悠的向後車廂走去。

他剛走到離車廂十幾公尺的地方，就發現工程師和那位助理剎車員根本不在裡面，或許他們已經被列車長調到前面的車廂去處理另一個問題了。這下喬尼不由的加快速度向前跑去，但是，一切都晚了。在這可怕的時刻，那輛快速駛來的列車的車頭，撞到了自己所在的這列火車上，受傷乘客的嘶喊聲與蒸汽洩漏的聲音混雜在了一起。

後來，當人們去找喬尼時，他已經消失了。第二天，人們在一個草堆中發現了他。不過，此時的他已經瘋了，在憑空臆想中叫喊著：「啊，我本應該……」

假如喬尼沒有偷懶，假如他能再快一分鐘，那麼這場人命關天的大事故將不會發生，而喬尼也不會因為自責而瘋掉。正可謂是「失之毫釐，差之千里」。因此，無論你從事何種職業，位居何處，都請你關注那些小事情，因為它往往決定著大成敗。

那麼，「注重小事」到底有哪些好處呢？

首先，「注重小事」最大的好處，就是可以在低風險的情況之下累積工作經驗，同時也可以借此了解自己的能力。當你做小事得心應手時，就可以做大一點的事了。

其次，「注重小事」還可以培養自己踏實的做事態度，這對自己日後「做大事」以及一生都有很大的好處。所以，你千萬別總想著去「做大事」，而不願意去做一些小事，要知道，連小事也做不好的人，是永遠不可能做成大事的。

人與人之間在智力和體力上的差異並不是如人們想像的那麼大。很多小事，一個人能做，另外的人也能做，只是做出來的效果不一樣，往往是一些細節上的工夫，決定著完成的品質，自然也決定了成敗。

二、請把茶杯擺放正確

某間大酒店創業之初，發生了一件體現臺方和外方管理文化上的差異的小事，但小事中卻包藏著大問題，一個關於管理和情理的問題。

事情緣於一位外方部門經理檢查客房，他不僅用眼睛檢查地面、窗簾、浴室，還伸手四處摸摸，發現一切都打掃得乾乾淨淨，沒有任何灰塵，床也鋪得很整齊。正當他滿意的點頭之際，卻發現了一個嚴重的問題：茶几上的茶杯朝向錯了。

這裡說朝向錯了，不是說茶杯放得不夠整齊，而是茶杯上五個事關酒店品牌的字不見了。

按規定，杯子上酒店品牌的五個字應當向著門口，讓客人一進門就看得見，以便傳達酒店的品牌形象。另外，那盒小小的火柴，也沒有放在菸灰缸後面，而是放在菸灰缸旁邊。這使外方經理大為惱火，他當眾斥責服務生芳芳，說她工作粗心大意，不負責任，不懂規矩。

芳芳是一位二十歲的女孩，剛到職不久，她受不了被人當眾斥責，便頂撞了經理。她說這僅僅是一點小事，並不影響酒店的服務品質，客人也不會計較，你分明是雞蛋裡挑骨頭，小題大做，欺人太甚。

擺錯杯子是「小事」嗎？

因此而引來的一場衝突，在當日算得上是軒然大波。當天，受了頂撞的外方經理也很難過。他找到臺方經理交換看法，臺方經理誠懇的說，在我們的社會制度裡，上司是人，下屬也是人，大家的關係是平等的，唯有對員工滿懷愛心，循循善誘，員工才能接受你的批評教育。她們不習慣生硬的訓導。

外方經理恍然大悟：原來我們在管理方法和思想觀念上，存在著差距。我不了解國情，只是就事論事，見她粗心大意，根本沒有品牌意識，情急之下沒有注意工作的方式和方法。他反省了一夜。第二天，他出現在芳芳正在清潔的客房。芳芳有點愕然，他們不約而同的望向茶几上的茶杯，這回，茶杯擺對了。那一瞬間，他們相視而笑，仿佛昨天的「恩怨」已一筆勾消。他是來向芳芳道歉的，他說，我昨天在眾人面前大聲斥責你，傷害了你的自尊心，這是我的不對。但是，杯子的擺法非講究不可。

從品牌管理的角度看，將事關酒店品牌的五個字擺在顯眼位置，不是一件小事，而是透過

細節處傳達酒店品牌形象的大事。品牌既是管理的起點，也是終點，酒店提供的一切優質服務過程都在品牌中集結。

有句古語：通情才能達理。外方經理寓理於情的態度令芳芳感動，在短短的幾分鐘裡，他又贏得了下屬的尊敬。從此，芳芳格外注意這樣的細節，在認真裡面，又多了一種自覺。

這件事觸及企業管理的核心問題：既要嚴格管理，又要關心人、理解人、尊重人；既要加強思想教育，又要耐心說服，講清道理，這樣才能調動員工的積極性。外方管理人員對酒店管理制定了嚴格的制度，講究規範化，這些都是對的；但另一方面，他們又常常將自己與員工的關係看成是主僕關係，員工一有差錯，就以粗暴的態度斥責人、懲辦人，對員工缺乏理解、尊重和愛護。

後來，酒店針對上司批評下屬的態度和方式，以及如何做好督導，如何有效解決衝突等等，設立了專門的培訓課程。酒店自身的企業文化就在差異和衝突的調解中得到提升，一次次的積澱下來。

一年之後，芳芳被評為酒店的「服務大使」，她在介紹經驗的時候講到了這件「小事」對她的啟迪。不久，她還升遷當上了主管，這下輪到她，給新來的員工講茶杯的故事了。

成功不是偶然的，有些看起來很偶然的成功，實際上我們看到的只是表象。正是對一些小事情的處理方式，已經昭示了成功的必然。因為細節總容易被忽略，所以往往最能反映一個人做事的真實狀態。而一個人做事的態度也決定了結果的好與壞。

因此，無論是在工作中還是在生活中，只有做事認真仔細，才能把事情做得盡善盡美。惠普公司的創始人就說過：「小事成就大事，細節成就完美。」

細節是堆砌宏偉事業的基石，偉業豐功是由瑣事小事積累而成的，把小事做精，把細節做亮，小事就能成就大事，細節也就能成就完美。

三、做事粗心大意，禍端將不期而至

有誰估算過世間因為「不小心」而造成生命的損失、人體的傷害和財產的損失呢？因為一時的粗心大意，車輛竟然傾覆、房屋遭受焚毀，喪失許多寶貴的生命。鐵軌上的小小裂痕，或是車輪上的一些毛病，會遭受翻車之禍，傷害許多生命。因為粗心隨便扔一根燃著的菸頭，結果星星之火竟然得以燎原，使得一棟樓房，一片家舍遭到焚毀。人們往往注意大事卻疏忽小事，但誰知道闖大禍的卻正是這些瑣碎的小事呢！

當然，在生活中能夠完全做到不粗心的人是不存在的，丟三落四是人們常犯的錯誤。但粗心大意的根源在於我們對一些事情抱著敷衍的態度，抱持一種僥倖的心理，沒有把事情放在心上。你或許會認為，現實中哪有多少人能夠把事情做得那麼十全十美，做事的時候，能做個大概、差不多就可以了。正是由於這種馬虎的態度，使原本能夠做好的事情，就因差那麼一點點而前功盡棄。

有一個年輕人，工作之初儘管小心謹慎，但還是不幸出了差錯。

有一次週末，他帶著準備好的對外付匯資料到銀行，要趕在下班之前將這筆錢匯到澳門。

當時他認真檢查了金額、日期、發票、合約，確信沒有問題，然後交付給銀行。銀行工作人員審核後，依照程序辦理付匯。

可沒想到週一上班時，他卻被「請」進了總經理辦公室。總經理的臉色很難看，第一句話就問他：「你給澳門付款的帳號寫的是多少？」這一問他便馬上意識到帳號有可能出了問題。於是他打開手機趕緊核對帳號，這時他才發現，在他把帳號記下來的時候，最後一個數字正好換行，而他沒有把簡訊繼續看下去，就此漏掉了最末尾的一個數字。

由於資金沒有及時到，導致澳門那邊不能按時付款，損害了公司信譽，也造成了經濟損失。儘管後來透過多方面的努力與銀行溝通，在最短時間內把錢匯到了澳門帳戶，使損失減到了最低。但這個年輕人卻由於這次的粗心大意而丟掉了工作。

看來，有時候儘管我們為一件事情做了九十九百分之九十九的準備，但卻會因為一百分之一的疏忽，使前面所有的努力都化為零，甚至是負數。因此，無論我們所從事的是什麼工作，馬馬虎虎、隨隨便便的態度，都是非常不可取的。在競爭激烈的職場中打拼，容不得半點的粗心和疏忽。一個不經意的疏忽，會使你的工作受到阻礙，從而影響到公司的整體工作進度，受批評、受處罰事小，晉升、加薪會因此而與你無緣，你的大好前程也會就此而葬送。

其實，戒除粗心大意的毛病並不難，只要你善於培養做事細心的好習慣，在工作和生活中，有意識的堅持高標準，嚴格要求自己，做事講究條理，在做事的過程中，仔細考慮，認真檢查，這樣就能少犯錯誤，減少損失，從而穩步的走向成功。

粗心大意所帶來的危害是不言而喻的。人生機遇是難得和有限的，不要因粗心大意而失去成功的機遇。凡事等到釀成不可收拾的局面，才想到去彌補，那時一切已經晚矣。

四、小細節決定大成敗

漢．陳寵《清盜源疏》：「臣聞輕者重之端，小者大之源，故堤潰蟻孔，氣泄針芒，是以明者慎微，智者識幾。」許多人往往對劇變警惕，對漸變看不起，「微小」不足道，「細節」不足為，「小節」則不拘，以致積隱成患，導致慢誤、慢腐甚至慢亡。

重大的變化是由細微的變化漸累積而成的。想想我們自己，當初聽從同一老師的教誨，從同一所大學畢業，年歲也都相差無幾，可是畢業幾年，為什麼有的人成功了，而有的人卻是碌碌無為，是什麼讓人與人之間有了如此大的差距呢，我想最重要的一點便是——細節。為什麼這麼說呢，請看下面這個小故事。

畢業十年後，大學同班同學又聚到了一塊。如今，有的成了博士、教授、學者或作家，有的是公司總經理、外國企業主管了，有的還當上了政府處長、局長，當然，也有的不幸被解僱，或在給私人企業小老闆打工，有的甚至因某些原因而負債累累。

面對造化弄人，各人的境遇會有如此大的差別，自然有心人心裡不平衡、不服氣。心想：「十年前，大家還在同一個課堂裡聽講，畢業時，大家的學問、本事都差不多。可是，十年後，有的同學命好、機遇好，青雲直上；有的人運氣背，命不好，成了社會下層工作者。」

於是，幾個同學便請教了當年與學生們關係非常好的哲學教授。教授安靜的聽完了同學們

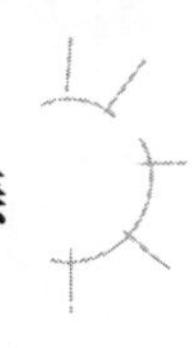

的問題後，只是笑了笑，然後向他們問了一個問題：「你們打過保齡球嗎？還有，你們知道十減九等於多少？」

幾位同學都挺納悶得想：「雖然保齡球都沒打過，但十減九不就等於一嗎？」當然，他們的心裡都知道教授提出這兩個問題，一定是有深意的。

教授說：「保齡球的規則是：每一局十個球，每一個球的得分是從零到十分。這裡的十分和九分的差別並不僅僅是一分，因為打滿分的要加上下一個球的得分，如果下一個球也是十分，那麼加起來就是二十分了。大家看看，二十分與九分的差距是多少？若每一個球都打滿分，一局就是三百分。當然，要每局都打三百分是很難的，一般情況下，能經常打出二百七十、二百八十就已經是一流好手了。但如果你每一個球都差一點，都是拿到九分，那一局最多才是九十分。很明顯，一局拿到九十分與一局拿到二百七十、二百八十的差距是很大的。造成這個差距的原因，只不過是每一個球是拿到了十分還是拿到了九分，每一個球相差一分，最後的總差距就不是我們想像的那麼小了。」

看著這幾位如今已年過而立的當年的學生聽得如此認真，教授便正面討論起學生提出的疑問來：「若把非正常因素排除開了，你們同班同學在畢業時的差距也就是十分與九分，相差應該在一分之內。但是畢業之後，有的人繼續著十分的努力，毫不鬆懈的奮鬥，於是十年下來他的總分成績就很高了。而那些還是九分八分的做著，甚至是四分五分的混著的，十年下來，你想想會拉開到多大的差距吧，很自然就是一個天上一個地下了！」

對大多數人來說，在細節上的表現更多的是種習慣，全賴於我們的性格和平時的養成。有一句話叫「性格即命運」，這正是心理學家所說：「播下一種行動，你將收獲一種習慣；播下一種習慣，你將收獲一種性格，播下一種性格，你將收獲一種命運。」而性格多少也會表現在許多不經意的細節上。注意細節，其實應該把功夫用在平時，不斷完善我們的性格，養成良好的習慣，只有這樣，你才能一步步的走向成功。

沒有任何一件事情，小到可以被拋棄；沒有任何一個細節，細到應該被忽略。做事如此，做人也應如此。

五、天下大事必做於細

《細節決定成敗》一書中說：「想做大事的人很多，但願意把小事做細緻的人很少；我們不缺少雄韜偉略的策略家，缺少的是精益求精的執行者。我們必須改變心浮氣躁、淺嘗輒止的毛病，提倡注重細節，把小事做細。」美國成功學大師戴爾．卡內基說：「一個不注意小事情的人，永遠不會成就大事業。」麥當勞的創始人雷．克洛克也說：「我強調細節的重要性。如果你想經營出色，就必須使每一項最基本的工作都盡善盡美。」

當然，追求完美的細節，是需要高度的責任心、敬業精神和嚴謹求實的態度，它要求你必須付出數倍於別人的努力，才能取得超越他人的成績。

有位女大學生畢業後，應徵上了美國奇異公司銷售部總經理的祕書。她正式到職前，恰好公司負責分報紙和接待的員工正是待產期，人力資源部的負責人便暫時讓她做這位員工的工作

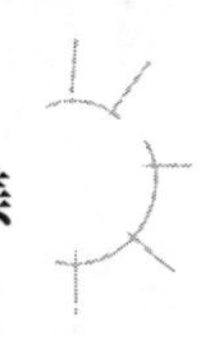

——把公司訂閱的一大堆報紙按各個部門訂閱的份數發下去。

她很快就把報紙分發完了。並把剩下的報紙，不假思索的往閱覽室裡一放了事。

另一個任務就是為來訪的客人斟茶倒水，她應付式的做著。可是等了半個月，仍沒見有調職的任命，她有些坐不住了，於是便跑到人力資源部去質問。

但這位負責人有點無奈的說：「總經理說讓你做好基本工作再說。」原來，總經理每天都有到閱覽室讀報的習慣，卻發現每天的報紙都堆在一邊，沒人把它夾好上架，總經理就問這是誰負責的工作。得知詳情後，總經理說：「如果連這麼簡單的工作都做不好，怎麼可能做好其他事呢？等她哪天做好了本職工作，再說其他的。」

在這個世界上，最難完成的事情和最容易完成的事情都是同一件事，那就是簡單的事情。而成功就在於簡單的事情重複做，在於它能使精力集中起來，聚焦於一點上，以最快的速度找到解決問題的方法，最後高效的實現目標。偉大之處總是如此簡單、如此樸素、如此真實、如此實際，以至於鄰居和朋友們從來也注意不到。真正的偉大通常不為人知，這就是事實。

一位工商管理碩士畢業生到銀行任職，人事部門把他安排到營業部門當櫃員，做儲匯工作。一個月後，他找到行長說：「我到銀行來不是做這種簡單的瑣事的，我應該擔任更重要的工作。」

聽完他的話，行長並沒有說什麼，只是把他安排到了國際信貸部，但很快信貸部的負責人和同事們對他的工作能力都非常不滿。他還自認為很能幹，總是抱怨部門不好，上司不給他機會，同事嫉妒他。但事實卻是，他只是一個大事做不了、小事不想做的討厭的員工。而他也在

「鬱鬱不得志」中跳槽了一家銀行又一家。至今，能力沒增長多少，但是抱怨卻是越來越多。

剛進職場的年輕人，很少馬上就被委以重任，往往是先做些瑣碎的工作。但是不要小看它們，更不要敷衍了事，因為人們是透過你的工作來評價你的。如果連小事都做得潦草，別人怎麼敢把大事交給你呢？即便是領導者有心交給你，你也不一定能做好。所以，不要抱怨的自己工作過於瑣碎，也不要抱怨上級能力平庸，無法識得你這隻「千里馬」，先做好自己手中的工作才是最重要的。

實現成功的唯一方法，就是在做事的時候，抱著非做成不可的決心，抱著追求盡善盡美的態度。

六、用百分之百的熱情做百分之一的事情

一位著名的金融家說：「一間銀行若想贏得巨大的成功，唯一的可能就是，它任命了一個做夢都想把銀行經營好的人做總裁。」那麼如果一個做夢都想培育出一朵沒有臭味的金盞花的人是否能夢想成真？

曾經，美國費城的一位植物學家突發奇想，他認為平凡的花草也可以是美麗迷人的，於是他選擇了金盞花來做實驗，這種沒人理睬的野花有個致命傷，它的花朵會散發臭味。

於是植物學家決定培養一種沒有臭味的金盞花。他知道要達到這個目的只有一種可能，那就是找出植物學家所說的金盞花的變種——一種沒臭味的變種。於是他向世界各地索取金盞花

種子，總共收集了六百四十種。等到它們長大開花時，他就湊近花朵去嗅，結果每一棵都有臭味。雖然這次的結果令人氣餒，但他沒有放棄，他繼續搜尋，甚至一位遠在中國西藏的傳教士也給他寄來了一種金盞花種子。可惜的是，雖然這一種沒有臭味，可是花朵瘦小，外形不佳。

植物學家覺得自己必須痛下決心，他決定大量栽培各式品種，增加獲得適宜變種的可能性。他總共栽培了三十五英畝，當它們長大時，他把管花圃的組長找來，派給他一份差事。這份差事把組長嚇了一大跳——植物學家要求他的組長跟他一起趴在地上，嗅遍三十五英畝土地上的每一株金盞花。只要發現一株沒有臭味、花朵又大的金盞花，就算大功告成了。組長抱怨道：「只怕要花費我三十五年的時間，才能把它們嗅遍吧！」於是他們找了當地的職業介紹所，提出了一個史無前例的徵人啟事，要聘請二百位嗅花員。

從各地找來的這些嗅花員開始工作時，景象真可說是嘆為觀止。有些人覺得這簡直是胡鬧，但植物學家意志堅定，不達目的誓不甘休。終於有一天，一位嗅花員從花叢中一躍而起，跑出花圃去找組長，他大叫道：「我找到了，我找到了！」

組長跟他回到他剛才做了記號的金盞花旁，沒錯，這正是一株沒有臭味的美麗金盞花。我們可以說，正是由於對工作無與倫比的熱情，使得這株金盞花破土而出。

正像物理學家愛德華·阿普爾頓所說的那樣「一個人若想在科學研究上有所成就，熱情的態度遠比專門知識來得重要。」而英國作家狄更斯也曾說過，每次他構思小說情節時，幾乎都寢食不安，他的心完全被他的故事所縈繞、所占據，這種情形一直要到他把故事都寫在紙上才結束。為了描寫一個場景，他曾經一個月閉門不出，最後再來到戶外時，他看起來面容憔悴，簡直像一個重病之人一樣。

看來，人類歷史上每一個偉大而不同凡響的時刻都是熱情造就的奇蹟。沒有熱情，就很難成就偉大的事情。因為無論多麼艱難的挑戰，熱情都會賦予它新的意義。當然，要長時間的保持一份熱情卻並不是一件易事，因為任何工作都有從開始接觸到全面熟悉的過程。比如對於剛開始工作的員工而言，由於工作經驗的不足，所以工作具有挑戰性，一切所帶來的新鮮感總能讓他們擁有熱情四射的工作狀態。可是隨著時間的增長，工作開始駕輕就熟，挑戰已不可遇見時，熱情也會隨之湮滅。如此一來，工作就會變成一件枯燥無味的事情，自然工作效率也會有所降低。但也是有一些方法和技巧可遵循的，以下幾點你可以借鑑：

（一）改變對工作的看法

改變對工作只是一種謀生手段的認識，把自己的事業，成功和目前的工作關聯起來。

（二）不斷樹立新目標

為自己不斷樹立新的目標，挖掘新鮮感；把曾經的夢想撿起來，找機會實現它；審視自己的工作，看看有哪些事情一直擱置沒有處理，然後把它做完。

（三）每天提前十五分鐘上班，給上司留下積極而有熱忱的印象

如果你每天能提前十五分鐘到達辦公室，收拾好自己的辦公桌，準備好一些工作所需資料，或者幫助同事們把桌子擦乾淨等等，如果持之以恆的做下去，上司會對你有一個極好的評

價，你對工作積極熱忱的良好形象就會自然而然的樹立起來。

(四) 事事比別人快一步

現代社會已進入節奏感強、競爭激烈的時代，做事永遠比別人慢半步的人是不會引起上司和同事的注意的。為了讓別人對你的工作積極性有一個了解，事事比別人快一步是十分有效的。

(五) 打招呼時稍微高聲一點

與人打招呼時聲音太小，會給人一種冷漠的感覺。而用比平時說話聲音稍大一點的語調跟人打招呼或寒暄，會給人以熱忱、開朗的感覺，從而給人留下良好的印象。

(六) 主動熱忱的和別人打招呼

在上班的路上遇到別人能主動熱忱的和對方打招呼，不僅能表現出你對對方的尊重，也說明你從心理上能夠接受對方，而對你的這種表現，人人都會很愉快，並認為你是個開朗大方的人。相反的，見面時要不是不打招呼，不然就是一定等到別人先打招呼才還禮的人，會給人一種冷漠、傲慢的感覺，這種人也不會有好人緣。因此，要讓人感到你的開朗大方，不妨熱忱主動的和對方打招呼，並配以親切的笑容。

熱忱，就是一個人保持高度的自覺性，就是把全身的每一個細胞都調動起來，完成他內心渴望完成的工作。

七、勿以惡小而為之，勿以善小而不為

《國語》曰：「從善如登，從惡如崩。」登喻難，崩喻易。人要學惡學壞，那是很容易的。要杜惡從善，就要從小事做起，從身邊事做起，慎獨慎微。如果小事情掌握不好，就會帶來大的損失。

一天凌晨，漫天的火光把一個小城鎮的天空裝扮的格外通紅。消防車的警笛聲，群眾們的呼救聲也讓這個寧靜的小鎮一下子熱鬧了起來。經過消防員和群眾們的努力，大火終於被撲滅了，但無情的大火也吞噬了巨額的財產。

原來這是一家工廠，而著火的位置正好是公司倉庫，由於是凌晨起火，工人們還沒有來上班，因而沒有造成人員的傷亡，但是整個倉庫裡的物資卻都化為灰燼了。後來經警方調查發現，起火的原因竟然是因為一名員工用一個二十五升的可樂瓶想偷一些油自用，無意間釀成大禍。而該員工也因涉嫌失火罪被警方逮捕。

我想這個故事可以給那些貪圖小利、行為不檢的人做個勸誡吧！想想為了一瓶二十五升的油而把自己送進大牢實在是太不值了。所以說，不管惡有多小也不應該去做，否則會由小惡積成大惡，而這也應證了人們常說的那句「不要說謊，因為一旦說了謊，就要用一個甚至是更多的謊去圓上一個謊。」

人的修養有一個積少成多的過程，人應當「勿以善小而不為，勿以惡小而為之。」如果不能防微杜漸，壞事雖小，但它能腐蝕一個人的靈魂，日積月累，就會從量變導致質變，最後就

會躍進犯罪的深淵，成為被人們所不齒的罪人。所以，我們要時刻檢點自己的行為，看有什麼意見而自己沒有聽到。一個有道德的人在獨自一人、無人監督時，總是小心謹慎的不做任何不道德的事。有人在場和無人在場一樣，不讓任何邪惡的念頭萌發，才能防微杜漸，使自己的道德品格高尚。

東漢名臣楊震，少時勤奮好學，拜名儒太常桓郁為師，攻讀《尚書》，明經博覽，無不窮究，成為聞名天下的大學者。當時的經學儒士們對楊震推崇備至，稱他為「關西孔子」。

楊震客居異鄉二十多年，靠教書得來的微薄收入奉養老母親。州郡聞其名，屢召不出，直到五十歲時，在朋友們的勸說下，才應聘到州裡任職。大將軍鄧騭久聞楊震賢能之名，舉為秀才，先後擔任過荊州刺史、東萊太守等職務，為官以廉能著稱。

之後，楊震被調到朝廷任太僕，轉任太常。他因舉薦楊倫等一批賢能之士為博士官扭轉了選舉不實的局面，因而受到朝野的讚揚。永甯元年，他晉升為三公之一的司徒。

楊震入仕之前家境窘迫，長期過著自食其力的清貧生活。他除了教授學生之外，還借種別人的一塊土地，親自耕耘，維持生計。當時的人都很敬重他，但他從不接受別人的饋贈，他從荊州調到山東任東萊太守，路經昌邑縣（今山東金鄉西北）時，昌邑縣令王密特來參見。

王密是楊震在荊州時舉薦的秀才，他為了報答楊震的知遇之恩，當天晚上趁夜深人稀，懷揣十斤黃金呈獻楊震。

楊震責罵他說：「作為老相識，我比較了解你，你怎麼會不了解我呢？」

王密以為他假意推辭，便說：「夜裡不會有人知道這件事，請大人放心收下吧。」

「天知，神知，我知，你知，怎能說沒有人知道呢？快給我收起來！」楊震嚴肅的訓斥了他。王密很慚愧，收起金子拜辭而回。

從此，楊震「夜畏四知，嚴拒私謁」的品德一直被後世傳為美談。

有句老話說：「若要人不知，除非己莫為。」既然做出來了，怎麼能夠讓人不知道呢？楊震的崇高品格，不僅顯示了一個正直為官者的情操，也給世人一種啟示：做人是要堅持一種東西的，而仁德節操既是一種良心底線，更需要我們從生活中的小事上不斷的將它昇華，這不是一種自詠自唱的高調，更不能把它作為一種「秀」來給自己的分量加上不實在的砝碼。

任何人的心靈都是一個善惡對峙的世界，人生中的每一步都面臨著善和惡的抉擇。而你這一刻的選擇也將影響你以後的人生。

第六章　結好人脈網，做人生大贏家

一代權術大師曾國藩曾說：「結網天下，雀無所逃。」他用結交關係編織從政網路，培植勢力，視為「一生成敗之所繫」。事實也確實如此，我們誰都有需要幫助的時候，可是別人憑什麼幫你呢？只有多為別人做點事情，積下感情分，才能在關鍵時刻讓別人站在你這邊。弄清楚什麼樣的人值得交，什麼樣的關係需要好好維護，怎樣才能將微小的關係發展成日後有大收益的關係網，是聰明做人的大學問。

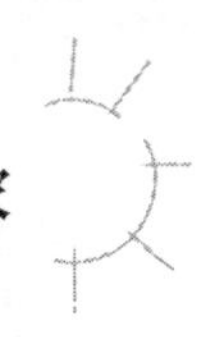

一、結交朋友，先從自身入手

美國石油大王洛克斐勒說：「我願意付出比天底下得到其他本領更大的代價來獲取與人相處的本領。」史丹佛研究中心也曾發表過一份報告：「一個人賺的錢，百分之十二點五來自知識，百分之八十七點五來自關係。」

可見，很多成功人士對人際關係都是非常看重的，他們普遍認為：「成功是靠關係造就的。」所以，如果你想在某一領域取得成功且少走彎路的話，最便捷的途徑就是結識該領域的人，盡快成為他們的朋友。讓他們成為你前進道路上的引導者或支持者。

如此一來，我們現在所面臨的一個很重要的問題是：「如何讓那些你想結識的人也心甘情願的與你結交？」

試問欣賞某人，並想和他保持深厚而親密感情的原因是什麼？答案是因為他也欣賞你。但是當你意識到你們相互之間已經不再有任何吸引力時，這段關係便會停止或很難再持久維持下去。

所以，若想搭建更高更結實的人脈大廈，最基本的便是「不要成為被別人感謝的人，成為被別人需要的人。」這句話的意思是說，給過一時施捨的人是很容易被他人遺忘的，但是隨時被需要的人會時刻成為他人關注的焦點，即鼓勵我們提高自我，成為有交流價值的人。否則，別人即便是有心幫你，你卻如阿斗一般，豈不是白費力氣。

孫嘉經朋友介紹認識了某公司的經理，而她也早就想跳槽到該家公司，卻苦於無機會。這天，孫嘉約了朋友與該經理在一家餐廳共進晚餐。趁著經理高興之際，孫嘉婉轉的提出了自己的想法。經理想了想說：「下個星期公司正準備招募一批新員工，我和人事主管打一聲招呼。」

沒過幾天，孫嘉果然接到了該公司的面試通知。顯然，由於經理的關係，人事主管對她也相當的客氣，儘管如此，一切還得按照程序來。

先是筆試後是面試，而人事主管的臉也越來越暗。儘管孫嘉心頭有些擔心自己會落選，但想到經理已幫他打過招呼，於是又自信起來。等到面試結束後，孫嘉問：「我什麼時候可以來上班？」

聽到孫嘉的問話，人事主管遲疑了一會說：「等我們的電話通知吧！」

可是時間一天天的過去，孫嘉卻始終沒有接到該公司的電話。於是他打電話給經理，問是怎麼回事。結果經理婉轉的說：「這個職位已經滿了，希望以後會有合作的機會。」後來孫嘉透過朋友之口才得知，原來是自己的能力達不到該公司的招募標準。

看來，只有不斷的提升自己的能力和實力，讓自己成為別人值得來往的對象，才有可能累積更多的人脈資源。

那麼如何提升自己的能力和實力呢？

第一，要善於在工作的失誤中學習和總結

當在工作中遇到問題時，書本通常無法直接告訴我們答案，那麼我們可以經常對工作過程進行回顧，想想自己當初是怎麼想的，為什麼會那麼想，究竟錯在哪裡，怎麼糾正，等等。如此這般的長久磨煉，必定能讓你的能力和實力得到提高。

第二，要學會有效的掌握時間

百萬富翁和窮光蛋至少有一樣是完全相同的，他們一天都是二十四小時，都是一千四百四十分鐘，因此，如果你想在事業上獲得成功，那就要學會有效的掌握時間。

第三，要學會換位思考問題

由於每個人所處的立場不同，其思考問題的方式也會有所不同，自然得到的結果也就會有所差異。因此，我們要時常把自己放在對方的立場上考慮一下問題，想一想你如果碰到同樣的情況，會怎麼做。如此一來，我們便能更加合理的處理問題，同時也能讓對方滿意。

第四，要善於表達自己的創意和想法

任何時候，記住要有自己的想法。如果自己是領導人，更應該學會做決定。那些事無鉅細，樣樣匯報又唯唯諾諾、沒有主見的人，是不會得到別人賞識的。

第五，永遠都不要說「不」

俗話說：「沒有過不去的山，沒有渡不過的河」。要相信所有的困難，只要找到了合適的方法，都能得到圓滿的解決。因此，無論你面對的困難多棘手，你都要相信自己。

總之，無論你身處什麼行業，無論你職位有多高，無論你擁有什麼技能，你都要堅持不懈的不斷提高自我，不斷更新自己的思想，如此才能使自己散發出無限持久的魅力，積累更多優質的人脈資源。

一個人只有值得來往，別人才會和他交際；同理，一個人只有值得提攜，貴人才會伸手相助。

二、別玩寂寞，孤獨不是社會的主旋律

著名詩人曾說：「沒有別人，你即是一座孤島。」松下幸之助也說：「沒有人能夠獨自成功。」但在現實生活中卻有這樣一類人，他們雖然具備與人交流的能力，但不喜歡被人打擾。他們更喜歡獨處，喜歡待在自己的小世界裡，做著自己喜歡的事情。

這種生活方式固然能滿足他們的心理需要，但是不能作為長期的生活狀態。因為沒有人能夠過絕對的孤獨生活。

在奧維德的《變形記》中，宙斯打算讓洪水淹沒希臘，以此消滅掉青銅時代的人類。而杜卡利翁和皮拉倖存了下來，他們的小船最終飄到了帕納塞斯山上。杜卡利翁意識到，雖然與他人共同生活並不是一件容易的事情，但在沒有他人的情況下生活簡直是一件不可能的事。所以當宙斯要他說出自己的願望時，他的回答是「更多的人類」。

看來，人可以給自己留出必要的獨處時間，享受無人打擾的寧靜，但是這種狀態絕對不能持久，不能成為自己的生活常態。

瓊文和麗萍是大學同學，更重要的是，她們都來自偏遠的山村。走出荒涼的山村，在高樓林立的都市闖出一片天地是她們一直努力的方向。為此，大學四年，麗萍把所有的精力都放在了學習上，考完英語攻讀韓語，除了吃飯睡覺外，她把所有的時間都用在了學習上，學校社團的任何活動都見不到她的身影。但瓊文卻正好相反，不管什麼活動總能看到她在人群中穿梭的身影，也因為她是學生會副主席的緣故，學校裡沒有她不認識的人，無論是剛進校門的新生還

是快要畢業的學長學姐，瓊文總能和他們聊上幾句。當然了，瓊文也並沒有因此而耽誤自己的學習。她順利的透過了英語托福考試，並選修了心理學課程。

還沒畢業時，瓊文已被一家知名外國企業聘用。而麗萍本以為憑藉自己的能力，一定能找到一家不錯的公司，但每次面試的結果都是回家等通知，但自然是任何通知都沒等來。後來，麗萍先後在幾家小公司任職，但是工作沒幾個月，便被老闆婉言辭退了。麗萍總覺得老闆有眼無珠，不識自己才華，卻不知正是自己不合群的性格害了她。每天麗萍一到辦公室就坐到自己的辦公桌上忙碌起來，同事們跟她打招呼時，她也愛理不理的，別人請她幫忙，她也總說自己有工作要忙沒時間，自然碰了兩次灰之後，大家也都把她當成了公司裡的「隱形人」。

相較而言，瓊文卻面帶微笑，誰要是有什麼需要幫助的，她就趕緊跑過去幫忙，然後適時的和人說上幾句。若遇到同事，雖然有些不知道姓名，具體工作是什麼，但瓊文總會熱情的打招呼。下班之後，也總會和同事們光接，買些衣服飾品，品嚐特色小吃。工作不到一年的時間，瓊文不但得到了大家的一致好評，還得到了升遷。

當今的社會是資訊社會，如果不與人交流溝通就會使自己越來越封閉。良性的人際關係網，幾乎是每個人立足於社會所必要的。即使你有過人的才華，如果沒有人與你打交道，也不可能被人賞識，而你的生命仍是一種冷酷的、無助的、孤獨的不受歡迎的生命。所以，我們一定要注意經營自己的人脈。要知道，平時常聯絡感情，遠勝於臨時抱佛腳。打一個電話，帶上幾句溫暖的問候，是給朋友最好的禮物，也是會做人的表現。你們之間保持聯繫，才能在你需要對方時，對方才有可能給予幫助。同時，我們在與別人交流的同時，也可以學習他人的優點，使自己不斷的提高。更重要的是，我們可以與他人合作，借助他人的力量把事情做得更好。

李偉在一家軟體發展公司工作，因其表現突出，被委任為一個研發小組的組長。對此李偉頗有些志得意滿的樣子，並暗下決心，準備大顯身手。但事情卻並沒有他想像中的那般順利。儘管他電腦應用能力一流，但卻缺乏必要的研發經驗，研發能力也有很大的欠缺，從而導致工作進度異常緩慢。正在李偉一籌莫展的時候，主管語重心長的說：「李偉，你要知道，你不是一個人在戰鬥，你有一個團隊，你應當充分發揮集體的力量。儘管他們在電腦應用上可能要稍遜你一籌，但是在研發經驗和能力上可就是你的老師了。」

主管的一席話，讓李偉忽然意識到前一階段的自己太以自我為中心了，竟然忽視了身邊的這些同事們。於是，李偉開始虛心的向其他同事請教，經過一番交談，李偉發現他們每一個人都有自己的優勢，拿出來的方案讓許多研究所出身的人都自愧不如。

於是，李偉轉變了單獨作戰的方式，把這些同事們都調動起來，在他們的共同努力下，很多課題都被攻克了下來，而李偉的業務能力也隨之得到了提高。

一個人的能力再強，也總會遇到一些超出自己能力之外的事情，若你的能力達不到或勉強做完，也會是漏洞百出。但若是借助他人的力量，那麼事情似乎就變得簡單許多。所以，趕緊走出自己的小世界，進入到社會這個大家庭中來吧！孤獨不是社會的主旋律。

但值得注意的是，幾乎每個人都會在某些時刻體驗到孤獨襲來的痛楚。它可以是簡單而表面化的，比如成為球隊裡唯一沒有上場比賽的球員；它也可能是尖銳而劇烈的，比如失去了至親或親密的朋友。我們隨時都有可能陷入孤獨的包圍圈，但是，我們同樣能夠擺脫它。所以，

我們要接受孤獨也是生活的一部分，但切記不要讓孤獨成為自己的生活常態。幸福的人一般都不是孤獨的人，而不孤獨的人一般都賺得比較多。

三、做人需要自抬身價

一般情況下，「自抬身價」是對人的一種批評，他們為了達到某種目的而故意誇大自我，增加自己的分量，因而讓人反感。但在競爭如此激烈、人人都想出人頭地的現今社會，「自抬身價」卻可以成為人們借鑑的一種生存手段。

就像同一種商品，當商人們以一種低廉的價格向外拋售時，顧客偏偏不買，但等到商家提高了價位，便搶破了頭也要買，並且稱讚品質好。人也是如此，身價太低，別人就看不起你，一旦你把身價抬高了，別人反而覺得你很了不起，是個人才。因此，我們可以說，自抬身價也是做人處世必不可少的修養和技巧。有時需要營造條件讓別人捧，有時則要赤膊上陣自己抬。透過這種手段高價推銷自己，尋找廣闊的用武之地。

其中《戰國策》中的一個故事很能說明做人要成功，抬高自己的身價是很必要的。

戰國時期的周躁訪問齊國，並期望在那裡做官。可是他自己的名聲又不夠，怕得不到齊王賞識，於是他對在齊國做官的朋友宮他說：「我想作為齊國的特使訪問魏國，如果齊王能支持我，我會出使魏國，並試著讓魏國與齊國親近。」

宮他聽了趕緊對他說：「這可不行，你這樣說等於貶低了自己，承認自己在魏國不吃香，這樣的人，齊王又怎會重用呢？」

周躁著急的問：「那你說我該怎麼說呢？」

宮他給他出主意說：「你不如自信滿滿的問齊王對魏國有什麼期望，然後告訴他你可以傾魏國之力滿足齊王的要求。這樣說齊王必定以為你在魏國是個很有影響力的人，自然會厚待你。然後你再去魏國，對魏王說自己能夠傾自己全力，滿足大王對齊國的要求。這樣魏王也必定不會小覷你，會重用你。你看，這樣做你既可以打動齊王，又能打動魏王。」

周躁原本沒有名聲和地位，若想在齊國謀得一官半職其實很不容易。但他在朋友宮他的建議下，得到了齊、魏兩國的重用，這全靠他假魏之名抬高了自己，進而達到了在齊國謀職的目的，然後又假齊之名，讓魏國也重用了自己。

看來自抬身價的推銷之法效果不錯。那些身懷才幹，卻疲於尋找工作的年輕人們或許可以借鑑，但值得注意的一點是，自抬身價也不是無原則的自吹自擂，相反的，應有堅實知識才能做後盾，否則只能像那位濫竽充數的南郭先生一樣貽笑大方。以下幾點一定要注意：

（一）適度

所謂適度是指不要抬得過高，以至超過你的能力許多。比如，一位小職員，明明一個月只能拿到兩萬兩千元的薪水，但他卻說他一個月拿五萬元，這已是主管級的待遇。只要人們看看他的專長、年齡和能力，一下子就會發現這身價根本就是吹噓。如此一來，反而會產生負面影響，使自己摔得更慘。

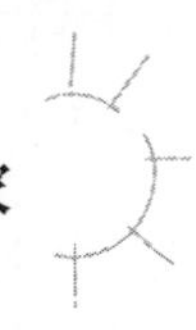

(二) 參考行情

低於行情有低價脫銷的味道，別人會把你當廉價品看，不會珍惜。如果你能力也夠，可把身價抬得比行情高一點。但如果高出行情太多，除非你是個天才，而且還要有成績做後盾，否則人家會當你是「瘋子」。

(三) 選擇時機

如果你有事沒事都在談你的身價，只會被人看成是吹噓，反而沒有人相信了。但若你在別人問你，或者是有人準備「買」的時候自抬身價，那就顯得非常必要了。

懷才不遇，壯志難酬是每個有本事的人都可能遇到的情況，這個時候若能自抬身價，得到別人的賞識不能不說是一種做人的手段。

四、累積人脈，利用網路

如果你沒有顯赫的家世，傲人的學歷，也沒有娶到億萬富豪的女兒，只要從現在開始，好好累積發展你的人脈，你也可以成功改變你的人生。

利用網路搭建人脈，是很受現代年輕人追捧的一種交友方式。因為與現實世界相比，網路為人們提供了更大的交流空間，也為人脈的拓展提供了極大的可能性。如果生活中的你，覺得自己的生活圈子還很狹小，而你也很想認識更大範圍的朋友，甚至是想認識國外的朋友，只要連接網路，足不出戶也可以輕鬆達成你的願望。

佳妮可以說是臉書的忠實粉絲，二十四小時全天在線，好友也是遍布全國。平常有事沒事她就跟線上的好友聊上幾句，每逢佳節也在群裡發送幾句祝福……就像她說的那樣「如果沒有臉書，那麼我的世界將會是寂寞沙洲」。

今年春節前，佳妮在群裡聊天時，無意中透露了自己想換工作的想法，當時就有很多網友對她換工作發表了不同的意見，也有人問佳妮最想去哪家公司。本來佳妮是一位擁有三年印表機銷售工作經驗的職場白領，於是她在回答問題時說了句「惠普公司不錯，儘管我有能力把工作做好，但以我國中畢業的學歷，可能連面試的機會都沒有。」但誰知道，一天晚上，佳妮收到了一條訊息，通知她第二天到惠普印表機公司面試。

原來，網友在一次聚會中無意中聊到佳妮工作認真努力，而且經驗豐富，但苦於學歷不夠時，一位酒友說他認識惠普公司的主任，或許可以試試看。於是那位酒友當場打通了惠普事業部主任的電話，並向他說明了佳妮的情況。最後主任決定給佳妮一次面試的機會。而佳妮也因其工作經驗豐富，在面試過程中贏得了面試官的肯定，現在已是惠普公司的一員了。

另一位網路使用者心如則是透過網路發展了一份自己的事業。透過一些論壇、部落格，他認識了很多不同地域、不同行業、不同興趣的朋友，而且在網路朋友的幫助下，開起了自己的網路商店。

最初心如有了開店的想法時，並不知道具體該如何去做。於是她就到網路上發了一個貼文求助，很快得到了網友們的回覆，他們非常熱心的將開網路商店的流程詳細的說明了一下，還

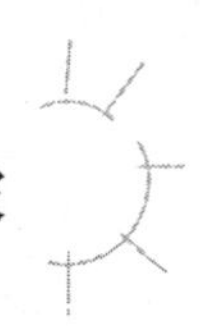

將開店的注意事項詳細羅列給她，也有網友把自己開店的心得告訴她，甚至留下了聯絡方式。心如如果有什麼不懂的地方就可以隨時請教他們。於是，對於網路商店陌生的她在不到一個星期的時間裡就把自己的小店開了起來，而且在眾多網友的宣傳和幫助下，心如的網路上小店也日漸興旺。

類似這樣的故事還有很多，網路以其所蘊涵的獨特的優勢已成為累積人脈資源的重要通路。據一項調查表明：透過網路建立起來的人脈關係為職場人士找工作、跳槽提供了將近百分之四十的就業機會。

那麼你還等什麼呢？趕快打開你手中的電腦，搭建自己的人脈網，真正實現「朋友滿天下」！

「人脈」網路化趨勢日趨增強，即時通訊工具成了人們建立和維護網路人脈的不可缺少的有效手段。人們在這些即時通訊工具上形成了與現實關係緊密結合的「人脈圈」。

五、「貴人」相助好成事

人們常說「愛拼才會贏」，可是現實中許多人拼了卻並不見得能贏，有些人卻是事沒做多少，但就是贏了不少。究其原因，是因為前者只懂得一味的努力奮鬥，卻不知有貴人相助，什麼事都能事半功倍。

或許有人會說，我也知道貴人相助好成事，可是我的生命中卻沒有遇到什麼貴人。難道你

五、「貴人」相助好成事

的運氣真的這麼背，也不盡然。而是當你的生命中出現了貴人時，你不懂得及時出手將其抓牢，而是猶豫不定，結果白白錯失了結識貴人的好時機。

因此，你不能坐等貴人出手相救，而要把貴人先網羅進你的「圈子」裡，那麼等到你遇到困難時，他自然會伸出援助之手。

盧信永是韓國駐印度總領事，他有著極其豐富的外交經驗，但是表面上卻很冷漠，這讓很多人對他望而卻步，不敢接近。不過，一位韓國年輕人卻發現了他冷漠外表下潛在的熱情，主動去接近他，向他請教，贏得了他的賞識和提拔。

這位年輕人受過良好的教育，在他大學剛畢業的時候，面臨人生第一次選擇，一是去美國當外交官，一是去印度。去美國自然是很風光的事情，但美國消費水準高，若想存錢很困難；而去印度，條件較差，但卻能存下一大筆錢貼補家用，最終他選擇去印度。

雖然目的地不太稱心，但他覺得事在人為，只要自己肯努力，一樣有出頭的機會。除了自己的才華外，他覺得在自己前進的路上還需要一位貴人。他覺得這個人就是盧信永。為了引起盧信永的注意，他顯示了自己的才氣。他做事沉穩，許多棘手的問題到了他手裡，都能順利得到解決。他謙虛的向盧信永學習，把領事館的各項事務打理得井井有條。後來，盧信永擔任了韓國國務總理，他馬上就想到了在印度共事的那位韓國年輕人，立即把他推薦到總理府工作，後來又破格提拔他擔任了總理禮賓祕書、理事官。最終這位年輕人登上了聯合國祕書長的位置，他就是潘基文。

貴人相助是人生極大的幸運，連算命先生在發售各式定心丸時，都拿「命中有貴人」當金

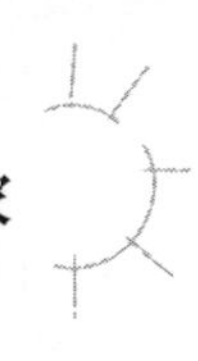

牌丹藥。而懂得抓住生命中的貴人，也是一個人成功的竅門之一，也是一個人做人做事到位的標誌。

通常意義上的貴人就是那些身居高位、腰纏萬貫的人，也可能是指你心儀已久或模仿的對象，無論在經驗、專長、知識、技能等各方面都比你略勝一籌。因為，他們也許是師傅，也許是教練，或者是引薦人。

但值得注意的是，若想被貴人「相中」，首要條件還是在於被引薦的人究竟有沒有才幹。如果你一無所長，卻僥倖得到一個不錯的位置，保證後面一堆人等著想看你的笑話也等著看引薦人的笑話。畢竟，千里馬的表現是好還是壞，代表伯樂的識人之力。找到一個扶不起來的人，對貴人堆薦的人能力，也是一大諷刺。所以，在尋找貴人的同時也應該努力提高自己的實力，一旦貴人出現，就將其套牢。

若想成為一名成功人士，就要掌握每一次與大人物見面的機會，一旦發現了他的身影，出手一定要快，要想盡辦法將他套牢。

六、距離適當才能友情永存

人們常用「親密無間」來形容兩個人關係好，其實「無間」的友情不一定能走到盡頭。每個人都喜歡擁有自己的空間，擁有自己的祕密，有一些不希望別人知道的隱私，而這些在太過親密的朋友面前卻會暴露無遺，這會讓人覺得自己的安全區域受到了侵犯，漸漸的就會疏遠對方。

六、距離適當才能友情永存

李穎和潔盈同一天到一家公司應徵，最後都應徵成功，她們成了同事。由於兩人很聊得來，每當放假就一起去逛街、看電影。後來，因為房價不斷漲調，再加上兩人居住的地方又離公司很遠，每天要在交通上花費一段很長的時間。於是兩人便在公司附近合租了一套房子。此後，她們一起上班，一起回家，一起做飯吃，彼此成了對方的影子。同事們也常笑稱她倆是「焦不離孟，孟不離焦。」兩人聽後還頗為得意。

可是，隨著日子一天天過去，她們之間的不和諧也開始慢慢出現。李穎是個夜貓子，不到十二點根本不上床，潔盈卻是個標準的乖乖女，晚上只要時針一到九點鐘，她的上下眼皮就開始打架，但是李穎開著燈，還時不時的弄出點聲響，這讓她睡得很不安穩；李穎週末的時候喜歡自己下廚煮東西吃，潔盈卻討厭屋子裡有油煙的味道；潔盈喜靜，李穎卻總會邀請朋友到家裡做客……因為這些不同的生活習慣，兩個人沒少鬧彆扭，不過彆扭過後還是好朋友。但是有一次，李穎無意中說出了潔盈的一個祕密，這讓潔盈很生氣。兩人大吵了一次，最終各自另租房子居住，而友誼也一去不復返了。

人與人之間過於接近，彼此的缺點就會暴露，彼此的摩擦也會增多，這樣爭吵的機會就會變得頻繁。所以朋友之間也需要保持一定的度，如果你越過了這個度，非但不能增加彼此的友誼，反而會傷害雙方，連朋友都做不成。因為毫無間隙的距離往往會降低彼此之間的尊重，破壞彼此之間的友誼。

那麼與朋友相交，怎麼樣才算是合適的距離呢？要避免哪些傷害朋友感情的做法呢？

（一）別拿愛情的標準衡量友誼

你不要希望你的朋友像妻子一樣專屬於你，愛情是越專一就越甜蜜，友誼則不一樣。我們生活在大千世界裡，友誼本來就是很多人的事，朋友多了苦惱會少，朋友少了苦惱會多。你應該看到這一點。你是這樣，你的朋友也是這樣。

健全的和不健全的友誼之間有一條細微的幾乎模糊不清的界線。有些人與朋友的關係惡化、令人失望或極其令人不滿，他們往往無法區分健全的和不健全的友誼。過分的依賴會損害你和朋友的關係，而且是雙方的。

人說夫妻要「相敬如賓」，如此一來自然可以琴瑟和諧，但因為夫妻太過接近，要彼此相敬如賓實在很不容易。而朋友之間卻可以做到，而要「相敬如賓」，「保持距離」便是最好的方法。

（二）想要控制朋友的想法是愚蠢的

親密的友誼，是在理解和讚揚聲中不斷成長的，是需要兩個人共同維護、共同認可的。有些人，他們不可抗拒、盛氣凌人。在與朋友的交流中，總喜歡對著朋友指手劃腳，不管朋友的想法如何，都要求朋友按照自己的意願去做，而沒有照顧到朋友的面子和感情，雖然你是為朋友的利益著想，但你的態度會讓朋友不樂意接受。作為朋友大家都是平等的，如果某一方面是被某種心理上的壓力所迫、被控制去做某事的，他就會感覺很不舒服、很不愉快，一旦有一天這一方無法忍受，你們的友誼就有可能中斷。

(三) 與朋友該淡則淡，該濃則濃

處理好人與人之間的距離，絕對是處世的大學問，而距離就在淡與濃之間，就看你如何去掌握了。與朋友該淡則淡，該濃則濃，這才是交友的真諦。

何謂「濃淡相宜」？簡單的說，就是不要太過親密，一天到晚在一起。能「保持距離」就會產生「禮」，也能尊重對方，這「禮」便是防止對方碰撞而產生傷害的「海綿」。

(四) 好友親密要有度，切不可自恃關係密切而無所顧忌

有個人家裡出了一點麻煩，但他並不想讓別人介入這件事。可是，有個朋友一次到他家去，感覺氣氛不對頭，於是就不斷追問：「怎麼回事？你家出什麼事了？」這種「無微不至」的關懷，讓人不堪忍受，會搞得朋友很厭煩。

朋友相交，重要的是雙方在感情上的互相理解和遇到困難時的互相幫助，而不是了解一些沒有必要的東西。親密過度，就可能發生質變，好比站得越高跌得越重，過於親密的關係一旦破裂，裂縫就會越來越大，好友勢必會成冤家仇敵。

而現實生活中，牢記這一點的人並不多，以密友相稱的人為了證明和朋友關係的親密，把當眾指責朋友、揭露朋友短處看做是一種證明的手段，往往導致友人的不滿。「朋友的形象是你們共同的旗幟，不論關係多麼親密，請你不要弄壞它。」

有些人自以為朋友和自己心心相印，說什麼他都不會計較，就對他當面訴說你對他本人的不滿。也許你的朋友並不像你想像的那麼大度，而很有可能記恨在心伺機暗中布置圈套陷害

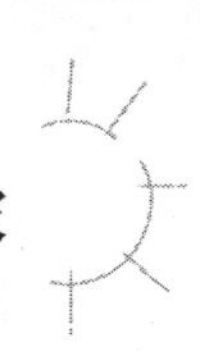

你。因此，你在坦言之前，最好是認真思考一下這樣做的後果，看對方是否能夠接受，是否會產生逆反心理，是否會感到你的行為過於輕率，是否會影響你們之間的友誼。如果你發現對方心胸比較狹窄，必須認真考慮對方有沒有實施報復行為的可能性。

距離並不是情感的隔閡，保持適當的距離可以讓友誼獲得新鮮的空氣。交友時，要掌握好交流過程中主客體間的空間距離、心理距離，要考慮到雙方彼此間的關係、客觀環境的因素，給對方一定的空間。

朋友之間也需要保持一定的度，如果你越過了這個度，非但不能增進彼此的友誼，反而會傷害雙方，連朋友都做不成了。因為毫無間隙的距離往往會降低彼此之間的尊重，破壞彼此的友誼。

七、別把小人物不當一回事

貴人，就是在關鍵時刻能夠拉你一把的人。什麼樣的人才算做貴人呢？很多人認為，當然是那些聲名顯赫、位高權重、腰纏萬貫的人，總之就是那些帶著耀眼光環的人。很少有人把目光投向那些和自己地位相當，甚至比自己低下的人身上，其實那些看似不起眼的小人物，也在每個人的成功中扮演著重要角色。

大學畢業後李亮到一家公司任職，而那時的崔健只是公司裡一個小小的鍋爐工。平時同事們看見崔健就像沒看見似的，也很少與他交往。但李亮每次碰到崔健總會熱情的打招呼，平時下班後還會去他那聊聊天，逢年過節送兩盒菸過去。

後來，李亮辭了工作開始自己創業。儘管與崔健聯繫的少了，但時不時的還會通個電話問候一聲。而崔健也由於工作認真努力，慢慢的從一個鍋爐工晉升為部長。

一天，李亮在路上碰到了崔健，於是兩個人便聊了起來，當崔健問李亮最近忙什麼時，李亮說：「公司以前的辦公室現在要拆遷了，我這兩天正忙著找辦公室呢。」聽到李亮這麼一說，崔健忙問：「那現在有著落了嗎？如果沒定下來，我們公司正在向外出租三樓的辦公室，你可以考慮一下。」

聽到這裡李亮眼前一亮，自己以前就在那裡工作，三樓辦公室正好合適。而崔健也剛好負責租賃這一塊，於是經過一番商討，在租金方面不僅得到了不少優惠，而且租賃規定的押金也被免去了。就這樣，困擾李亮多時的辦公地點就這樣輕鬆的解決了。

或許誰都沒有想到，昔日那個不起眼的鍋爐工會成為今日的部長，也會成為李亮的貴人。正可謂是三十年河東，三十年河西，只要時機成熟，眼下的小人物照樣也會飛黃騰達，成為那個助你一臂之力的大貴人。其實俗話「莫欺少年窮」、「人不可貌相，海水不可斗量」早就告誡我們要尊重那些不起眼的小人物，否則吃虧的只能是自己。

從前，有位年輕的將軍。用兵布陣非常專精，可以說是一位常勝將軍。但這位將軍在上司面前總是笑臉迎人，但對待手下時卻顯得特別傲慢，這使得很多人對他心存不滿。

有一次，這位年輕的將軍又打了勝仗，他下令要犒賞三軍，這個命令讓所有士兵都感到受寵若驚。到了晚上當所有將領都吃著佳餚、喝著美酒時，士兵們也得到了一份小小的酒菜。於

是整個軍營沉浸在一片歡樂之中。

可是就在所有士兵有吃有喝的時候，有一個人卻只能站在馬房門前聽著人們的歡笑聲，看著美酒佳餚吞口水。原來將軍覺得打仗靠的是將領和士兵，而馬夫根本沒有什麼作用。所以，在犒賞三軍的時候，儘管賞賜的多少不同，但畢竟都得到了賞賜，唯獨馬夫沒有得到任何的賞賜。

馬夫坐在那裡越想越生氣，暗想道：「你覺得我沒有用，我怎麼會沒有用呢？你的戰馬靠我給你餵養，你的戰車靠我給你駕馭，這些難道不重要嗎？其實，只要我輕輕一吹哨，別說是你常勝將軍了，就是所有的人都有可能死於敵軍之手。好啊！既然你瞧不起我，那我還有什麼理由對你忠誠呢？」想到這裡，馬夫憤恨的看了一眼得意之中的將軍，回去睡覺了。

第二天，將軍下令打道回府。正在士兵們忙著拔營的時候，敵人突然從後面反撲過來。眼看著敵人馬上就到眼前了，將軍趕快跳上戰馬打算指揮士兵作戰。這時候，馬夫覺得自己報復的時機來了，在將軍還沒有在戰車上站穩的時候就趕著馬車向敵軍衝去。

將軍大驚失色的喊道：「快停下來，再往前去我們就沒命了！」

馬夫笑著答道：「我就是要讓你明白我有沒有作用，要讓你知道掌握你作戰勝負甚至你生命的不全是士兵。」

將軍這時才明白，自己因為得罪了不起眼的馬夫，而導致了今天的災難。這時候，戰車已經和敵軍很接近了，馬夫看見旁邊有條河，就使勁的一拍戰馬，自己縱身跳進了河裡。戰馬由於受到驚嚇，拼命的往前奔跑，一直闖入敵軍之中，就這樣這位常勝將軍死在了敵人的亂刃之下。

身邊的「小人物」是萬萬不可得罪的，有時候，「小人物」匯聚在一起，足以推翻任何一個「大人物」。正所謂「人情冷暖、世態炎涼。」趁著自己有能力時，多結交些小人物，這樣才是劍走偏鋒的「找船之法」。一個人可以有多種投資，為事業，可以投資辦企業；為投機則可以買股票；為人情，不僅要跟大人物打交道，適時的也應與小人物打好關係。其實，真正的社交需四面出擊，結交三教九流。只有如此，你的社交圈子才有深度和廣度。能夠獲得各種不同類型的社交對象青睞的人，才能達到人際關係的理想境界。

奇蹟每天都會發生，每個人都是奇蹟的締造者，這也包括你身邊那些不起眼的小人物。

八、你也可以成為人脈高手

如果你還在將你所有的命運不濟歸咎於沒有一個「富爸爸」；如果你陷入困境時，不停的報怨「沒有一個能夠幫助你的人」；如果你初出校門，如果你「人微言輕」，或者你長期以來忽視了人脈的重要性，猛然間才發現，怎麼身邊沒有幾個人能稱得上「朋友」？那麼朋友，從現在開始，請痴迷於人脈吧！

要知道，在當今這個競爭激烈的社會中，人脈的重要性更加突出。就像美國好萊塢流行一句話：「一個人能否成功，不在於你知道什麼，而在於你認識誰。」而這句話也得到了人們的證實。

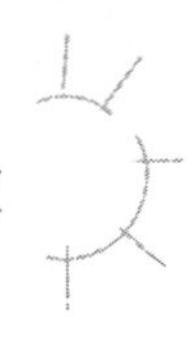

比如最為大家熟知的人脈富人就是人脈管理大師楊耀宇。他原本是一個貧窮的鄉下人，卻在短短幾年內積累了近億元的巨額財富。他憑什麼？兩個字：人脈。據楊耀宇透露，他的人脈網路遍及各個領域，上千、上萬條，數也數不清。這些豐富的人脈網路無疑是他成功的巨大支援。

又比如晚清「紅頂商人」胡雪巖的一生也可謂是憑人脈「網」富。在王有齡落魄時，他不惜冒著丟掉飯碗的危險，予以接濟，因而結交了一位官場知己。隨著王有齡的升遷，胡雪巖的事業也如日中天，從錢莊到絲綢業，到當鋪，生意橫跨好幾個行業，成為浙江商界的領袖人物；他為封疆大吏左宗棠的軍隊捐款、捐糧，贏得了左宗棠的信任，找到了官場上的有力靠山，在左宗棠的舉薦下，他四品紅頂高戴，成了真正的「紅頂商人」；在漕糧押運一事中，他貸款給漕幫，解決他們的財務危機，自此，漕幫對胡雪巖「唯命是從」，只要是胡雪巖的貨，漕幫絕對是優先運輸，所以胡雪巖的貨向來是暢通無阻、流通迅速……胡雪巖為自己精心編織的這張巨大的、錯綜複雜的人脈網，使他聚斂財富，最終成為富可敵國的大商人。

如果此時的你也想像他們一樣改變自己不太理想的命運，那麼不妨考慮借助一下人脈的力量。或許你可能會羨慕那些「在人際關係方面有天賦」的人脈達人，你可能覺得，自己永遠也不可能達到他們那樣的水準。其實，經營人脈並不難，只要你平時與各種人建立良好的關係，時常保持聯絡，建立一個有效的人脈關係網，並且要經常維繫這個網路，你就能駕馭被稱為「資本之王」的「人脈資本」！

維繫你的人脈關係網要掌握以下兩個原則：

第一，培養良好的關係

培養良好的關係有三點原則性的方式：

（一）用肯定來提升別人的價值

富蘭克林年輕時發現，如果想要與人相處，必須改變做法。他的祕訣是：「我絕不說人壞話，盡量說我所知的每一個人的好話。」

每個人都想要獲得別人的肯定，這是人們的共性。每個人都喜歡被他人讚美，希望別人給他們想要的東西——肯定對方。我們都擁有別人非常需要的無形資產，包括接納、肯定、欣賞、尊重及鼓勵等，這些都是應該盡量給予別人的！承認別人的重要性，不花一毛錢，而且用之不竭。因此，請不要吝惜你的讚美，給予別人中肯的評價；把你的眼光投向他人的長處，盡力去發掘他人的閃光點，讓他人切實感受到你對他的肯定，你有多麼的需要他。這樣的話，只要在他的能力範圍之內，他就會很樂意的幫你解決一切問題，為你把事辦好。

（二）從別人的視角看事情

從別人的觀點看事情，是一個重要的處世技巧。掌握了這個技巧，你才能有效的與人溝通和交流，否則，你就無法與人相處。

事物都具有兩面性，從不同的角度看就有不同的觀點和看法。每個人看問題都有自己獨特的視角，你只有站在他人的立場上，才能了解他人的想法。當你誠心的這麼做，他人才會打開心扉，設身處地考慮你的觀點。在這個過程中，才能互相了解彼此的想法及做法。不幸的是，

大多數人都未能有效的互相溝通，只是彼此輪流說話，這樣不能從根本上解決問題。在思想和認知上不能達成共識，自然也就無法建立良好的人際關係了。

亨利．福特對成功的人際關係有一點建議：「如果有任何成功的祕訣，就是能夠同時站在自己和別人的觀點及角度看事情。」

站在別人的立場，同時站在自己和別人的觀點及角度看事情，你就能創造一種互相尊重的氣氛，彼此才能默契配合，積極解決問題，並在解決問題的過程中創造出雙贏的局面。

簡單的說，人們要你了解他們是重要的，他們的觀點是值得你去考慮的。別人需要你承認他們的重要性，你一定也想讓他們承認你的重要性。成功的人際關係是讓人們喜歡自己的藝術，它是一種分享自我的欲望和需求的過程。當人們感受到受別人所重視，他們就更喜歡自己。能夠慷慨的喜歡自己的人，才能在與你相處時慷慨的合作。只有你給予別人，別人才會給予你。

(三) 有效的傾聽技巧

高陽描述「紅頂商人」胡雪巖時，就曾經這樣寫：「其實胡雪巖的手腕也很簡單，胡雪巖會說話，更會聽話，不管那人是如何言語無味，他都能一本正經，兩眼注視，仿佛聽得極感興趣似的。同時，他也真的是在聽，緊要關頭補充一兩句，引申一兩義，使得滔滔不絕者，有莫逆於心之快，自然覺得投機而成為至交。」

有效傾聽是一種主動而非被動的心理技巧，需要對別人所說的話表現出專心與關心，可以讓別人獲得很大的滿足感。

當你注意聽別人說話，就是給他們真誠的讚美，表現出你認為他們說的話很重要，值得你考慮，讓說話人自然而然的感覺到自己的價值與自尊得到了提升，因而當你講話的時候，他人才會對你所說的給予充分的重視。

主動傾聽需要聽者的自律和努力，因為思考的速度比說話快，大多數人每分鐘說一百二十五個字，每分鐘卻能思考四百五十到五百個字。因此，你可能在對方說話中三分之二的時間內想別的事情。專心的能力未充分利用時，自然會胡思亂想。如果你同時嘗試傾聽和思考，結果將什麼都做不好。因此有效傾聽需要注意四點：

（一）專注傾聽談論的主題

大多數情況下，你可能認為自己對主題很清楚。如果你認為談論的主題枯燥，自己毫無興趣，那麼你也應該表現出對這個主題很有興趣，幾分鐘後，你會發現真的如此。即使說話者欠缺適當的說話技巧，也要忽略這些缺點，專心聽他們所說的話。

（二）耐心

不要對主題急於提出意見。我們時常在人們還沒說明白之前就做出結論。如果你對別人所說的話尚未完全了解就給出意見，在心裡開始反駁他的論點，一定會使雙方有效溝通的努力遭到破壞。很多聽者預設立場，想好他們要如何回答，許多話都聽不進去。這樣的做法，不僅達不到好的效果，還可能把事情變得更糟。

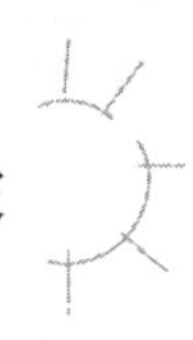

㈢ 回答之前先暫停三秒

整理你的想法，確定對方已經說完想說的話。在別人對他們的看法提出問題和批評之前，你需要充分的時間表達自己的觀點。記住，在回答之前先暫停三秒，給自己一個緩衝的空間，再做做調整，檢查一下是否有遺漏，是否不明確。

㈣ 放開心胸

每個人都有權利說話，你可能不喜歡某個人，但是觀念若無法溝通，什麼事都不能做。一個人的外表穿著或某些原因使你不悅，同樣，你也可能因此得罪別人。每個人都有向別人學習的機會，重要的是觀察，去尋找這些機會。

從現在開始，練習剛剛學習的三項技巧，你就能夠以積極的、可預見的方式，有效的激勵及影響別人。切記：對方想要的就給，不做對方不喜歡的事！這樣，你就可以擁有良好的人際關係，才能掌握成功的關鍵。

第二，要時常保持聯絡

你的人際網路要建立得穩固長久，就要時常保持聯絡。要向最需要的人提供一些有價值的資訊，提醒對方沒有注意到的問題，主動去幫助他人解決問題，噓寒問暖，讓對方可以感受到你對他的關心和關注，在他的腦海中對你的形象打上深深的烙印，這樣他才不會忘記你，在關鍵的時候才會想起你。

尋找方法保持聯絡，其目的就是要為找人做事做準備。比如：記下他人的生日或對他來說某個重要的日子，到時寄出一張賀卡。留心報紙或雜誌上出現的內容，發現對某位人士有幫助，剪下來或複印一下寄出去。出差路過某人的城市或居住地時，看看是否可以相聚共進一頓早餐、午餐或晚餐，至少要打個電話問候一下。平時用電子郵件聯絡，哪怕拿起電話僅說一聲「嗨，你好！」這種聯絡不需花費太長時間或承擔什麼責任，實際上沒有目的的去關心會更令人愉快。重要的是進行聯絡，不斷的聯絡！

在與他人的第一次接觸開始，就要不斷去收集累積他人的資料，特別是有關細節上的情況，掌握得越多，越有實際價值。

總之，任何事都是人辦的，沒有人事難成，不去努力建立良好的人脈，那麼找人做事就成了一句空話了。

成功最便捷的途徑就是去結識該領域的人，這樣，在成功的路上，你就不會是一個人秉燭夜行，而是眾人拾柴，前方自然是一片光明。

九、精心建檔，朋友要分三六九等

有人說：要看清一個人的本質，就看他身邊的朋友。也有「物以類聚，人以群分」之說。意在告訴我們，人的觀念很容易被同化，如果你和貪圖安逸的朋友關係親密，你也很難上進；如果你與從不滿足的成功人士走得很近，很容易被他不懈追求的精神感染，從而也會煥發出拼搏精神，不斷提升自己。

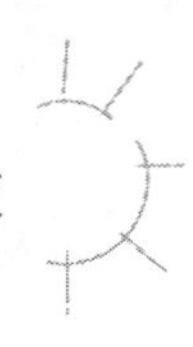

正超現在在一家公司擔任經理，每月薪水加獎金近十五萬元。這對於以前的他而言卻是連想都不敢想的事情。

在他剛進入職場時，因為自己既不是名校畢業也不是熱門科系，所以若想找一份合適的工作很難。但幸運的是，經過一段時間的奔波，口袋裡的錢也所剩無幾的時候，他終於找到了一份勉強維持溫飽的工作，月薪兩萬元。儘管他省吃儉用，但每月除了房租、生活的必要開支，可以說是所剩無幾。

經過一段時間，正超想要尋找更好的機會。當他把換工作的想法告訴朋友趙斌時，趙斌勸他說：「你還是別折騰了，現在工作這麼難找，先做著吧。我才賺一萬八千元錢，還堅持著呢！」

仔細想想，正超覺得趙斌說得似乎也有幾分道理，比起他，比起那些至今仍未找到工作的人，自己應該知足了。

但正超還是有些不甘心，他覺得這樣下去，自己的生活總是沒有太大的起色，難道就這樣一直混下去嗎？

有一天，正超結識了一位月薪上十萬的朋友，當正超向他表明了自己想換工作的想法時，這位朋友鼓勵他說：「千萬不要安於現狀，一定要想辦法爭取更好的機會。不過，你不能盲目的換工作，要有計畫有目標，要先累積經驗，平時要多充電，充實自己就是資本。」在他的鼓勵下，正超滿懷信心的制定了適合自己的學習計畫，工作中也更加賣力。

等到正超覺得自己的能力有了大幅度的提高，自信心也增強了很多，他跳槽到一家更大的公司，薪水也開始一步步上調。回過頭來再看趙斌，仍然拿著一萬八千元的薪水，而且隨著物價的上漲，趙斌的生活更加窘迫了。

看完這個例子，你還會覺得對於朋友無須做出區分嗎？其實，朋友就像每一片樹葉看上去都相似，實際上卻都不相同一樣。有的是正直無私，有的別有所圖；有的是事業上的夥伴，有的只是酒桌上的知己……對於這些形形色色的朋友，只有建立一個朋友檔案，區別對待，才能正確「親近」，合理利用這種資源。

若想建立朋友檔案首先要把我們的老朋友的資料整理出來，並做成記錄。這樣，當我們有需要時，憑著老朋友的關係，相信他們會給我們某種程度的幫忙。這種朋友關係，如果能加以把握，將是一筆相當大的資源。當然，要加強與這些朋友的關係，必須時常參加朋友聚會，並且隨時注意朋友動態。

其次，把我們身邊最有用的朋友的資料建立起來，對他們的專長、住所應有詳細的記錄。他們的工作有變動時，也要在資料上予以修正，以免必要時找不到人。而這些變動情況，則有賴於我們平時和他們的聯絡。

再次，那些在應酬場合認識的，只交換名片談不上交情的「泛泛之交」也不能忽略。這種「朋友」各種行業、各種階層都會有。因此，我們不應把這些名片丟掉，名片帶回家後，要依姓氏或專長、行業分類保存下來，最好在名片上盡量記下這個人的特徵，以備再見面時能「一眼認出」。若在平時也可藉故在電話裡向他們請教一兩個專業問題，話裡自然要提一下碰面的場合或共同的朋友，喚起他對我們的印象。當然，這種「朋友」暫時不可能幫我們什麼大忙，但只

是假以時日，很可能會助你一臂之力。

最後，為朋友建立檔案之後，還應為朋友劃分等級。這種觀點也許會遭到有些人的駁斥，「朋友之間應以誠相待、一視同仁，這樣做未免太功利了。」其實，這並非功利，而是現實。擁有豐富的朋友資源的人，應酬交際自然是不可避免，若你不分良莠、不分親疏，不論遠近的對待，那麼你就會為應付自己找來的朋友而忙忙碌碌，甚至叫苦連天，但結果很有可能不如你想的那般樂觀。就像你網織的雖然很大，但漏洞百出，而且又有許多死結，結果使用起來沒有實效，撒進海裡卻網不到魚的道理是一樣的。

當然，要把朋友分等級並不是一件易事，因為人都有主觀的好惡，因此有時會把善良的朋友當成一肚子壞水的人，也會把兇狠的「狼」看成友善的朋友，甚至在旁人提醒時還不能發現自己的錯誤，非要等到受了傷才如夢初醒。不過，任何事情都要經過學習，在交友過程中慢慢培養把朋友分等級的習慣，那麼等到了一定的時候，不用人提醒，自己心裡也會有親疏之分。

當然，我們交朋友的一個前提是，不管對方智慧多高或多有錢，一定要是個「好人」才可交往，也就是說，對方和我們做朋友的動機必須是純正的。否則身旁多個小人，遲早都會吃虧。

要十分客觀的將朋友分等級非常難，但面對複雜的人性，我們又不得不把朋友分等級。

十、平時不走動，有事不好辦

常言道：「平時多燒香，急時有人幫。」、「晴天留人情，雨天好借傘。」如果你平時不與人來往，等到有事求助時才抱佛腳，即使菩薩有力幫你，也會拒絕。

凱泰是某公司的人事主管，求他做事的人自然不少，在不違反原則的前提下，凱泰總是樂於幫忙。他總說：「都是熟人，能幫則幫，說不定自己哪天還需要人家的幫助呢。」可是這一次，凱泰卻在能幫人的情況下拒絕了對方。

原來，凱泰有一天下班回家，發現門口有人在等。當時他覺得這個人很陌生，正想問他找誰，還未開口，那個人就迎上前來說道：「小凱，聽說你現在混得不錯，還記得我嗎？」

經過再三提醒，凱泰才想起這是自己以前公司的一位同事，由於他在公司裡人緣不好，與自己也沒有什麼交流。

儘管如此，凱泰還是禮貌的把他請進了家門，給他端茶倒水聊了起來，於是這位同事跟凱泰大訴自己在職場中的不如意，並拜託凱泰幫忙，將自己推薦到凱泰所在的公司工作。凱泰公司此時正在徵人，要是關係好的人，凱泰定會答應幫忙，但是面對眼前的這位同事，凱泰卻婉拒了。一來自己和他沒什麼交情，在一起共事時沒什麼來往，不在一起共事的這幾年更沒什麼來往。二來這個人並不是一個好相處的人，把他舉薦進去，不等於給自己和同事們找麻煩嗎？

一般而言，對於那些「無事不登門，有事踏破門」的人，我們在心理上都會產生一種被利用的感覺，自然對這類人也都有厭煩和排斥感，而所求之事自然是不會給予幫助。所以，若想在關鍵時刻得貴人相助，就得在平時多聯絡，否則再濃厚的情誼也會被時間的流水沖淡。

劉坤是一個很喜歡交朋友的人，他說話幽默、為人熱情。按理說他這種性格的人，應該有著廣泛的人際關係才對。但事實上，他卻沒有多少朋友。那麼問題到底出在哪呢？原來，劉坤

喜歡結交新朋友，可一旦對方成為他的朋友之後，他就會把所有的注意力都放到去結識新朋友上，而對以前朋友的態度也慢慢的冷淡了。因為他忙於結識新朋友，自然就沒有時間聯絡老朋友，而老朋友們打他電話時，他也一副受到打擾的樣子，平時聚會也都很難看到他到場。看他這樣，對方也就沒有了和他交流的興致。

可以說，劉坤從來就不缺朋友，可就因為他那交一個丟一個的壞習慣，使得他沒有一個可以交心的朋友。所以，若你想拓展自己的人脈網，千萬要記得在結識新朋友的時候，也要和老朋友經常保持聯絡。即便是發個祝福簡訊、電子郵件或有趣的圖片和文字都是可以的。

親戚之間常常往來，才能越來越親，朋友之間也一樣，只有經常走動，才能情深意濃，自然求他做事也會變容易許多。

十一、學會人際溝通術，有朋自遠方來

沒有溝通，世界將成為一片荒涼的沙漠。當我們穿梭在茫茫的人海裡，每天都不可避免的要與他人交流。交流能給人帶來幸福和歡樂。我們一生中所有的作為在很大程度上取決於我們與人溝通的能力。根據調查，一個人成功的因素百分之八十五來自社交和處世。

生活在一個人來人往的世界上，有一個豐富多彩的人際關係是每一個正常人的需要。可是，很多人的這個需要並沒有得到滿足。於是，他們開始慨嘆世界缺少真情，缺少幫助，缺少愛……其實，很多人之所以與他人缺少交流，僅僅是因為他們缺乏與人溝通或沒有掌握溝通的

藝術。這就使我們有必要了解一下溝通的特點：

（一）隨時性

我們所做的每一件事情都是溝通。一項工作指令是溝通，一個規章制度也是溝通。任何管理者想要做任何一件事，比如了解一些簡單的情況，均是溝通。

（二）雙向性

我們既要收集資訊，又要給予資訊。我們強調的是雙方共同的交流而不是單向的交流。在企業中不是單純的上司對下屬或下屬對上級，而是相互之間的，即上司對下屬有要求要讓下屬知道、理解並執行。上司透過這一個下達指令的過程，對員工行為進行引導和控制。同時，員工對指令的執行情況也要透過一定的途徑向上司匯報，上司對匯報情況做出反應，從而實現對企業或部門的控制。

（三）情緒性

資訊的收集會受到傳遞資訊的方式所影響。溝通時要注意情緒控制，過度興奮和過度悲傷的情緒都會影響資訊的傳遞與接受，盡可能在平靜的情緒狀態下與對方溝通，才能保證良好的溝通效果。

(四) 互賴性

溝通的結果是由雙方決定的。溝通的雙方彼此需要對方配合，他們擁有相互補充的資訊，離開了其中的一方，另一方也不能達到溝通的效果。溝通越深入，兩者之間的依賴性就會越強。

了解了溝通的特點之後，我們可以在溝通的過程中講究一些溝通技巧，從而建立良好的人際關係。而溝通的技巧有很多，下面我們對一些常用的做一些介紹。

(一) 了解溝通環境和物件

溝通前先了解所要溝通的環境及溝通對象，然後再進行「量身訂製」，是溝通所必須的。

(二) 掌握溝通的主動性

你想與別人進行溝通，卻希望別人主動，這是沒有理由的，再說別人憑什麼無緣無故的對我們產生興趣呢?所以，你想與別人溝通，就必須主動與別人溝通交往。主動溝通者更容易與別人建立並維護廣泛的人際關係，更可能在人際交流中獲得成功。

(三) 善於詢問與傾聽

詢問與傾聽的行為，是用來控制自己，讓自己不要為了維護權利而侵犯別人。尤其是在對方行為退縮、默不作聲或欲言又止的時候，用詢問的方式引出對方真正的想法，了解對方的立場及需求、願望、意見和感受，並且運用積極傾聽的方式，來誘導對方發表意見，進而對自己產生好感。從而達到雙方都想要的結果。

(四)體諒他人的行為

許多人在與別人溝通時，容易站在自己的立場上，希望別人能夠理解自己，忽略了別人內心的想法。經常覺得自己是正確的，別人應該聽自己的，或者愛用自己的標準去要求別人，結果卻給別人造成「以自我為中心、盛氣凌人」等不好的印象。所以，我們在與別人溝通時要學會站在別人的立場上去想問題，在考慮自己利益的同時，也要考慮別人的利益。

(五)交談時語言要簡潔

古人說：「言不在多，達意則靈。」但在簡潔的基礎上還應該形象生動、幽默而含蓄，交談中不要說盡道破，應該留有餘地，用生動的比喻，輕鬆幽默的語言來化解人際交流時的局促、尷尬氣氛。另外還要注意委婉，也就是我們常說的「避諱」，在日常交際中，總會有一些使人們不便、不忍，或者語境不允許直說的東西。這時說話之人要故意說些與本意相關或相似的事物，來烘托本來要直說的意思，它能使本來也許是困難的交往，變得順利起來，讓聽者在比較舒坦的氛圍中接受資訊。

(六)改掉不良的身體語言習慣。

許多人在與別人談話時，常有掏耳朵、挖鼻孔、梳理頭髮等一些小動作。這些不良的身體語言會給人留下不好的印象，同時，這些無意義的身體語言會還分散對方的注意力，以至影響

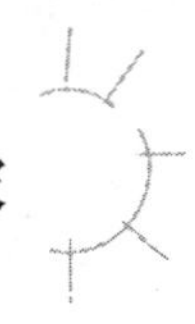

溝通的效果，所以，在與人溝通時，我們要消除無助於溝通反而使溝通效率下降的不良身體語言的習慣。

總之，一個人若想建立良好的人際關係，就必須運用有效的溝通技巧，掌握溝通的特點，並隨時有效的與人接觸溝通，在實踐中不斷提高自己的溝通技巧，擴大自己的知識面，提高專業知識水準。這樣，我們才能在與人交流時有較清晰的思路，得體的語言及行為，從而讓我們在人際交往中游刃有餘。

溝通，讓人與人靠得更近。人生在世，溝通是必不可少的，懂得人際溝通術可讓我們在人際交流中游刃有餘。

第七章　思考帽＋行動鞋，萬事皆有可能

思考是大腦的寶藏，不思考的大腦是平庸的，甚至是災難性的。只要人善於積極的思考，任何困難和問題都會迎刃而解。養成勤於思考的習慣，方能闖出一片天地。但是，運用腦子絕不是讓我們躺在床上做一些一夜成功的夢，而是要我們運用大腦找到做事的思路，並付諸行動。如此，我們就能從平凡走向璀璨，由約束而獲得自由，由卑微而彰顯高貴。

一、做事就怕光說不練

世界上有兩種人：空想家和行動者。空想家們善於談論、想像、渴望，甚至於設想去做大事情；而行動者則是去做！無數事實證明，想一萬件事情也不如去做好一件事情。我們都不乏渴望成功的想像力，但是很多人卻缺乏追求成功的勇氣，也就是缺乏實幹精神。

狐狸和狼是朋友，牠總喜歡在狼面前吹噓自己的狩獵技巧：「狩獵最重要的是講究策略，要有針對性，這樣才能以少勝多，以弱勝強。」一見面，狐狸就開始滔滔不絕。

一天，風和日麗，牠們決定去狩獵，中午見面的時候，狼拖了一頭又大又肥的山羊，而狐狸則空手而歸。

「今天真背，一隻獵物也沒看見。」狐狸有點臉紅的說。這時候草叢中忽然竄出一隻兔子，狐狸眼睛一亮：「若想抓這個兔子，首先要斷了牠的後路……」沒等狐狸說完，狼就已經衝了過去，一口咬斷了兔子的喉嚨。

狼輕蔑的說：「如果只是空想而沒有勇氣去做的話，那麼你就只能等著被餓死。」

如果你也像上文中的狐狸那樣是一位空想家，那麼你就應該馬上行動起來，讓自己成為一名行動者，如此才有可能擁抱成功。那麼如何從一位空想家轉變成一位行動者呢？

這就要我們先弄清楚空想家與行動者之間的區別。行動者比空想家做得成功，是因為，行動者一貫採取持久的、有目的的行動，而空想家則很少去著手行動，或是剛開始行動便很快懈怠了。行動者具備有目的的改變生活的能力。他們能夠完成非凡的事業，不論是開創一家自己

一、做事就怕光說不練

的公司，寫作一本書，競選政府官員，還是參加馬拉松比賽等，而與此形成鮮明對比的便是，空想家只會站到一邊，僅僅是夢想過這些而已。

那麼到底是什麼阻礙了空想家成就自己的事業呢？難道只是因為對「開始」的畏懼？或是對失敗的擔憂？或者是因為空想家不夠聰明，缺乏智慧，能力欠缺，還是運氣不佳？是什麼又能使得行動者能夠去做，從而成就了令人滿意的事業？答案很簡單，那就是：行動起來。

因為任何問題，空想一百遍也不會有任何結果；行動卻是切實的去做，一分耕耘，便有一分收穫，光想不做是沒有用處的，關鍵在於積極行動。

一個年輕人，在踏入推銷界之前非常的落魄，在從事推銷後他的命運卻發生了很大的轉機。他首先參加了一個推銷培訓班，他的所有收穫都源於這次培訓學到的東西，後來，他又潛心學習，鑽研心理學、公關學、市場學等理論，結合現代的推銷技巧，終於大獲成功。

在美國房地產界他三年內賺到了三千多萬美元，此後他成功參與了可口可樂、迪士尼、等傑出企業的推銷策劃。在銷售方面，他是全世界單年內銷售最多的房地產業務員，平均每天賣一幢房子。後來他的名字被載入了金氏世界紀錄，被國際上很多報刊稱為國際銷售界的傳奇冠軍。

有人問他：「你成功的祕訣是什麼？」他回答說：「每當我遇到挫折的時候，我只有一個信念，那就是馬上行動，堅持到底。成功者絕不放棄，放棄者絕不會成功！」

他堅信自己是一頭獅子，而不是頭羔羊。在他的思考中從來沒有「放棄」、「不可能」、「辦不到」、「行不通」、「沒希望」等字眼。

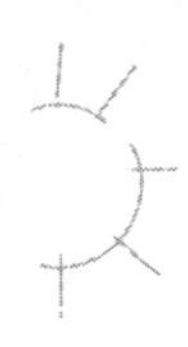

堅持就有成功的可能，他知道每一次推銷失敗，都將會增加下次成功的機率；每一次客戶的拒絕，都能離「成交」更進一步；每一次對方皺眉的表情，都將成為下次微笑的徵兆；每一次的不順利，都將會為明天的幸運帶來希望。

坐而言不如起而行。這個世界上所有的成功都是用實際行動來換取的。如果你想在有生之年有所收穫，那就勇敢的走出空想的藩籬，成為一個真正的實幹家。

沒有任何事情比開始行動、下定決心更有效果。當你選定目標後，就要不斷行動！這樣才會產生結果。而當你一步步的去做時，你也會驚嘆於自己的智慧和勇氣。

二、工作表面上用手實際上用腦

不要只賣力的去工作，要更聰明的去工作。」這句話是一個常識，但很少被實踐。大部分的人仍舊認為在工作量與成功之間存在著一種直接的連繫——你所投入的時間越多，你獲得的成功就越多。但事實真的是這樣嗎？

劉傑和韓坤畢業於同一所知名大學，又一起進入了一家公司。平時，劉傑工作非常努力認真，每天除了工作就是工作，似乎總有做不完的事情，因此經常自動留下來加班，每天都忙到很晚才回家，但遺憾的是，他的工作業績卻是平平。

反觀韓坤，顯得有些「不務正業」。他的想法和做法與劉傑完全不同。從進入公司到現在他一次班也沒有加過，而且上班時間也顯得很悠閒。這並不是因為韓坤的工作量比別人少多少，而是因為他自己鑽研出了一些巧妙的方法，比如別人需要兩小時完成的任務，他會想辦法在一個半小時內完成；相同條件下，別人做到十分的效果，他會努力做到十二分或者更多……

如此一來，上司交給他的工作，他不但能乾淨俐落的完成，而且效果還非常令人滿意。做完上司安排的工作後，韓坤還會主動向上司申請做一些額外的工作，或者找同事或上司交流工作上的經驗，很快，他就與大家建立了良好的工作和私人關係。

就這樣，一年後韓坤得到了晉升，而劉傑卻只是象徵性的加薪獎勵。這個結果讓劉傑心裡非常不舒服，他認為韓坤工作沒自己努力，總是悠閒的找同事聊天，憑什麼業績考核反而比自己還要好？而且還受到了公司的重用？想著自己為公司付出了那麼多，卻落得如此下場，一氣之下，劉傑向上司遞交了辭職信。

按照以往人們「沒有功勞，也有苦勞」的思想，劉傑這種為完成工作加班的敬業精神，著實讓人敬佩。但反過來，這也從側面反映出了員工的工作態度問題。為什麼別人能在八小時內完成的工作，你卻完無法完成？

看來，付出與績效並不成正比，儘管付出的多，但卻沒什麼效果，那麼只能說是你能力不夠或者是在做一些無用功而已。但老闆卻要因這些無用功而搭進去一些成本。所以，在這個以效率為先、靠業績說話的時代。領導者都會毫不猶豫的選擇韓坤類的人才而非劉傑。

所以，無論你從事何種工作，都請你不要光去做事情，先坐下來想一想。如果你不能讓出些時間去思考、制定策略、安排優先順序，你的工作就會變得更加辛苦，同時你將不能享受聰明的去工作所帶來的收益。

每一個人的成功都是靠自己漂亮的成就來實現的，結果說明一切！如果沒有結果，哪怕你付出了比常人多千百倍的努力，付出你一生的所有，你也無法改變未能成功的事實。

三、思考召喚行動，行動造就成功

懶惰平庸的人往往不是不動手腳，而是不動腦筋，這種習慣制約了他們擺脫困境的時機，相反的，那些成大事者都養成了勤於思考的習慣，善於發現問題、解決問題，不讓問題成為人生難題。可以講，任何一個有意義的構想和計畫都是出自於思考，而且思考得越痛苦，收益就會越大。一個不善於思考難題的人，會遇到許多取捨不定的問題；相反的，正確的思考能產生巨大的作用，可以決定一個人應該採取什麼樣的行動。

一位朋友在一家餐廳徵做兼職打工。老闆問，在人群密集的餐廳裡，如果你發現手上的托盤不穩，即將跌落，該怎麼辦？許多應徵者都答非所問。朋友答道，如果四周都是客人，我就要盡全力把托盤倒向自己。最後，朋友被錄用了。

同樣也有三個大學畢業生在參加了一家國際知名的投資公司的筆試後，很幸運的接到了面試通知。

可是等他們到了公司後，祕書卻說：「老闆原本計劃親自面試的，但臨行有事，脫不開身，留下張紙條給你。」

打開紙條，上面寫著：「請在二十四小時內和我聯繫，我將透過手機和你交談。」

走出公司大門，他們每一個人的動作都是迫不及待的掏出手機，按照上面所寫的電話號碼撥打過去。但手機裡卻清晰的傳出柔和的女聲：「對不起，您所撥打的電話已停機。」他們的第一反應是按錯了號碼，而後又小心的重撥一遍，但聽到的還是那句話。

由於紙條上寫的是二十四小時內。所以每一個人都不停的撥打這個號碼，但每次都以失望告終。

當面試者憤怒的趕往公司，想向老闆討個說法，並向老闆的祕書大聲的詢問：「老闆呢？我要見他。」時，祕書從容不迫的說：「請你稍等一會兒，等參加面試的人都到齊了，他馬上接待你們。」

不一會兒，又來了兩個人，他們同樣面帶慍色，遭遇和先前來的面試者一樣。

不過，他們驚訝的發現，老闆給他們三個人的手機號碼竟然各不相同。老闆葫蘆裡到底裝的是什麼藥？面試者都很茫然。

當祕書將他們帶到接待室時，老闆已經在那裡等候了。

沒等他們開口，老闆就說：「非常遺憾的告訴你們，你們沒有一個人通過這次面試，你們的素養和我們所要求的還有一些距離。」

三個人同時叫起來：「可是，你給我們的手機號碼無法打通呀。」

老闆笑著說道：「誰說沒有辦法？其實很簡單，只要你們花上五十元，幫這部手機加一次值，這個號碼不就可以開通了嗎？」

朋友果斷的把即將傾倒的托盤倒向自己，才保證了顧客的利益；大學畢業生們卻因五十元

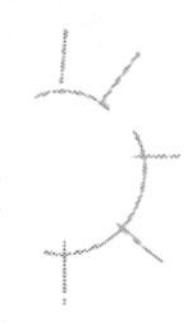

而錯失了一份工作，其實，在某個特定的時刻，你只有敢於捨棄，才有機會獲得更長遠的利益，即使遭受難以避免的挫折，你也要想盡辦法，選擇最佳的失敗方式。

思考為經，行動為緯，當經線和緯線交叉時，每一個交點，都會是人生中的一個成功。

四、思考是行動的領導者

愛默生說過：「思考是行動的領導者。」聰明人寧可受苦也要保持清醒，寧可忍受痛苦也要思考。億萬財富買不來一個敏銳的思考頭腦，而一個會思考的頭腦卻能讓你創造億萬財富。

法國思想家帕斯卡曾經說過：「人不過是一株蘆葦，自然界最脆弱的東西；可是，人是會思考的。若想壓倒人，世界萬物並不需要武裝起來；一縷空氣，一滴水，都能致人於死地。但是，即便世界萬物將人壓倒了，人還是比世界萬物要高出一籌；因為人知道自己會死，也知道世界萬物在哪些方面勝過了自己。而世界萬物則一無所知。」

西方哲人說：「我思故我在。」思考，被視作人之所以區別於非靈長類的重要理由和依據。思考可證明我們的存在，而行動則佐證我們的思考。雖說有思考力者未必都會成功，但成功者必定都會思考。縱覽古今中外，但凡取得重大成就者，莫不以思考力見長，其成功之路上必定留有大量思考的深刻印跡。思考方能致遠，人類的發展史中思考力具有極其重要的作用。

比如：看到天然的森林大火而想到保存火種，進而鑽木取火；利用思考的力量，人類只需挖一個陷阱，在陷阱口上蓋些茅草，便能讓最兇猛的野獸束手就擒；利用思考的力量，人類首

四、思考是行動的領導者

先在頭腦中設計出千萬種自然界並不存在的奇妙點子，並把這些點子變成實實在在的東西，才得以把整個地球折騰得天翻地覆……

人類的每一種行為，每一種進步，都與自己的思考能力息息相關，離開了思考，人也就不能稱其為人了。正是在這種意義上，歷史上的許多學者，都把「思考能力」理所當然的包括在「人」的定義裡面。

很多時候，我們在做事時。總是有很多人認為自己可以，但是僅僅知道自己可以是不夠的，因為這並不能使你達到成功，還需要不斷的思考，讓自己的腦子動起來，獲得成功的思考體驗。

不要小看思考的力量，只有會思考的人才會在緊張局面出現的時候做出迅速的反應。當你面對困境時，思考會讓你變得坦然，會讓你努力思索如何增強自己的能力，如何去改變現狀。多思考不見得會有成績，但不思考一定不會有成績。

有許多人，總是苦於自己沒有發展的機遇，認為自己遲遲不能成功的原因就在於幸運之神沒有眷顧自己，其實，這種觀點是錯誤的。因為很多時候，機遇就在生命的前方等待著，關鍵是你要懂得去思考。

有一位年輕人，生活十分拮据，但他有著豐富的想像力。一天，他把自己穿爛的一隻皮鞋隨手丟在地板上，誰知這只皮鞋鞋尖開了口，像是咧著嘴在嘲笑他。當他一怒之下要把它抛到樓下去時，忽然從中萌發了創意。因為這只皮鞋鞋面酷似一張臉譜。於是，他立即收集各種破皮鞋，並對它們進行藝術加工，使之變成一副副外形各異、表情極為誇張的面具，有的露齒微

笑，有的瞪眼發怒，有的張口狂笑，看後令人既驚且喜，又回味無窮。當把這些有特色的面具推入市場後，很快成為搶手貨，這位曾經十分潦倒落魄的青年也因此苦盡甘來。

思考是力量的泉源，也是能夠改變內在的基礎，只要運用大腦，積極思考，就能在生活中發現機會，創造自己，改變自己的生活，實現人生的目的。

「大腦的思考潛力幾乎是無窮無盡的。」人的大腦可子以比作「一架能夠同時彈奏無限多音樂曲目的多維音樂器材」。他強調說，我們每一個人天生就有幾乎可以說是擁有無窮的思考潛力。他宣稱，無論過去，還是現在，從來沒有任何一個男性或者女性，徹底的發揮其大腦的潛能。

所以，不要對你的頭腦吝嗇，因為你的頭腦只會越用越靈，你每一次的思考都是在給頭腦加油，經過潤滑的大腦更能適應自然的變化，也才會有更強大的生存本領。

想一想我們是怎樣對待自己心愛的人吧，我們把他（她）時時刻刻放在心裡，這才叫愛，才有收獲幸福的可能。思考也是一樣，只有時時刻刻把思考放在心中，把思考當作一種興趣、一種責任的人，才會體驗到思考的真諦，才會形成更好的思考方式，才能抓住騰飛的翅膀。

做事需要有一種創意，而這種創意只有透過思考才能獲得。所以，做事成功的真正點子就是思考，只有多思考才能找到成功的途徑和方法。

一個人想要攀上巔峰，不是靠別人的幫助，也不是靠機會的垂青，而是靠自己的頭腦。那麼，從此刻起，讓自己的腦子「動起來」，讓你的大腦充分發揮思考的作用，這樣你才能跨越重重障礙，才能體驗到豐收的喜悅。

在這個世界上，思考是一切成功、興旺、幸福的泉源。同時不思考也是一切失敗、貧窮和不幸的本源。一個人占主導地位的思考決定著他的性格、事業乃至他的一切方面。

思考是人類所從事的各項活動中的最高形式，然而只有少數人會真正思考，因為許多人總是被這樣的一種假像所迷惑：認為大腦在進行一些心理活動時就是在思考。人們的大部分時間不過是在運行所謂的「回想」這樣一種心理思維功能，而這種思維所依靠的是過去的經驗，就像播放錄影帶一樣，把先前已錄在下意識領域的心理圖景重放幾遍而已。這使得人們總是經常回歸到先前編制的程序裡，即返回他們內心的記憶檔案中去。在那裡，如果他們願意，這些程序便指揮人們繼續按過去的行為習慣行動，因為先前的編制是他們唯一用來作為比較的依據，他們必然以先前所接受的去行動或者乾脆去重複先前的行動，以期得到同樣的結果，這就是信念規律的作用。

著名實業家亨利．福特對此曾做出過這樣的評論：「思考是最困難的事，這可能就是為什麼只有少數人真正會思考的原因。」

思考有多遠，就能走多遠。思考，使人快樂，助人充實，促人進步。而智慧加汗水，則必定收獲累累碩果。

五、花時間去做有價值的事

時間似乎是個讓人很難捉摸的東西，在一些人的眼裡具有價值，在一些人的眼裡卻毫

無價值。

若想提高時間的利用效率，就得給自己的時間估個價，然後依據自己的時間價值，考量自己從事某個工作可以獲得的報酬，來判斷做事的時間價值，看看做哪個工作更有時間價值，而後選擇去做，這樣你就會成為時間的高效利用者。否則，你就會像那些花了一生的時間爬梯子並最終達到頂端的時候，卻發現梯子架的並不是你想爬上的那堵牆，這樣，就把時間白浪費掉了。

下面這位李女士就是一個精打細算卻缺乏時間管理觀念的人。

李女士是一個過日子很節儉的人，她就像許多家庭主婦一樣，並不知道怎樣去計算時間的價值。例如，她經常花許多時間去不同的商店，只是因為那些商店在大拍賣，她只是為了能夠自豪的說她去那裡買來的紙巾便宜一元，而不館自己開車去那些商店多花了十元的汽油費、過路費、汽車耗損費，更不論自己為了節省一元而多花了一個小時的時間。她並沒有把自己的時間價值考慮進去。

讓我們再看看下面這位上班族，看她是如何合理的管理自己的時間的。

有一次，她到超市買東西，挑了一包奶油，有位先生建議她說「現在先別買，明天再買就可省下一元」，但她還是在道謝之後買了這包奶油——明天再回到這家超市，那麼就得多花費至少二十分鐘的時間，而二十分鐘時間的價值遠遠超過一元。

她還說，如果我們每小時可以賺得二百元，而花一個小時到打折的購物中心只能省下九元，那我們當然要考慮時間成本，不如「浪費」九元，從而賺取一百九十一元。

五、花時間去做有價值的事

比爾蓋茲很有錢，據說他掉了一百美元都不會去撿，因為他說：「我彎腰去撿錢的五秒鐘，就足以讓我賺八十萬美元了，我寧願棄卒保車，也要保全大局。」

也許，成功人士與平庸人士的區別之一，就在於前者會花五秒鐘去賺錢，而後者會花五秒鐘去撿掉在地上的錢。

話說回來，時間管理專家是怎樣計算時間價值的呢？

我們知道，時間管理專家眼中的時間價值，也就是單位時間所產生的價值。在單位時間內所獲得的價值總量（生產量、利益額等），可以用下面的這個公式表示：

價值量等於時間價值乘時間

當然，我們的工作效率會給時間和時間價值帶來很大的影響。工作有效率，把八個小時的工作在五小時的時間裡完成，我們就節約了三個小時的時間。這樣，我們的工作效率就提高了百分之六十。

當然，我們計算時間的價值，目的還是在於提高工作效率。也就是說，我們每個人每天都從「時間銀行」裡取用八萬六千四百秒，無論我們現在是貧窮還是富有，也無論我們現在是傷心還是開心，我們都應該好好珍惜這筆巨大的財富，把它轉化為高效率的工作，並透過高效率的工作把它轉化為高品質的生活。

而實際上，我們的許多時間並沒有花在工作上。

例如：有人曾經粗略的統計過一個活到七十三歲的人一生的時間分配情況，結果發現他只是工作了十四年，睡覺卻花了二十一年，另外，個人衛生花了七年，吃飯花了六年，旅行花了

六年，排隊花了六年，學習花了四年，開會花了三年，打電話花了二年，找東西花了一年，其他花了三年。

這一個情況也許與我們的在後半生的時間利用上很類似。我們一生之中的時間花在哪裡？時間管理專家說，我們的一生大概可以從零歲開始到八十歲為一個終結，零歲至二十歲是求學期，六十歲至八十歲為半退休期，剩下來只有二十歲至六十歲工作的四十年。現在，我們就可以算一算我們再一般情況下在這四十年中的時間分配大致情況：

睡覺：八（小時）乘三百六十五（天）乘四十（年）等於十一萬六千八百（小時）；
吃飯：二（小時）乘三百六十五（天）乘四十（年）等於二萬九千二百（小時）；
交通：二（小時）乘三百六十五（天）乘四十（年）等二萬九千二百（小時）；
交談：一（小時）乘三百六十五（天）乘四十（年）等於一萬四千六百（小時）；
閱讀：三（小時）乘三百六十五（天）乘四十（年）等於四萬三千八百（小時）；
休閒：三（小時）乘三百六十五（天）乘四十（年）等於四萬三千八百（小時）；
衛生：一（小時）乘三百六十五（天）乘四十（年）等於一萬四千六百（小時）；
情緒：一（小時）乘三百六十五（天）乘四十（年）等於一萬四千六百（小時）。

累計以上時間，竟然達到三十二年之久！原來，我們一生中的工作的時間可能連八年都不到！

但是，我們千萬不要看輕這不到八年的時間，我們仍然可以好好管理這幾年的時間，從今天就開始更加努力，高效率的把工作做好。

時間永不回頭，不可能讓我們重新來過。沉湎於過往的時光，只能讓我們的時間更加不具價值。但是，太陽每一天都是新的！

接下來，就是時間管理專家關於讓時間更加具備價值的一些好建議。

這些好建議包括：覺得精神很好又精力旺盛，就做最重要的工作；覺得很忙，就別翻閱期刊和雜誌，並且抽出一定的時間告訴朋友自己很忙；覺得做某個工作有點厭煩，一般情況下就別強迫自己繼續做：可以透過電話、傳真或電子郵件就把事情有效率的辦好，那就利用這些工具；覺得工作有趣，但卻沒有效率或者效益，那就去除這些工作；覺得可以早一點起床，那就試著早一點起床等等。

是的，成功人士幾乎都有經常給自己的工作估估價的習慣，在這方面花費了一定的時間，幾乎無一例外的使他們的工作更加有效率。他們的生命，也在這個過程中得到了延長。

當你花了一生的時間爬梯子並最終達到頂端的時候，卻發現梯子架的並不是你想上的那堵牆。這是時間管理的最大失敗。

六、合理的規劃，讓工作有條理

有一位經理嘆息道：「我最大的問題之一是不能把事情組織得有條有理。」我們經常看見有一些人的包包裡，甚至高階管理人員的公事包裡，簡直像一個廢物箱：啃了一半的麵包、掉了皮的雜誌、捲了邊的書、幾塊口香糖、一疊廢紙等等。

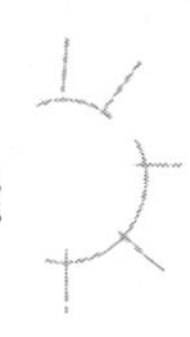

把工作安排得更有條理，是大多數人能夠完成更多工作的關鍵，但是要讓工作更有條理，並不複雜或困難。其實，大多數人心理都很清楚，自己該怎麼做才能完成更多工作，難就難在，怎麼實行這些構想、策略與技巧，讓工作有條有理。

其實，讓工作變得有條理，有實際成效，就必須掌握自己運用時間的狀況。很多時間管理權威都指出：如果能把自己的工作內容清楚的寫出來，便是很好的進行了自我管理，就會使工作條理化，因而使個人的能力取得很大的提高。

你可以試試下面這個有趣的小實驗：現在就坐下開始回想，一小時、一小時的回想自己一整天的活動。你的大腦會十分敏捷的告訴你，你把絕大部分的時間花在尋找潛在顧客、訓練新進員工、規劃、聯絡重要顧客，或是任何其他重要的分內工作。你會發現，有多少事情干擾你、有多少事情是可以避免的，以及你花在重要事項上的時間，那時，你就會發現自己花在有成效活動上的時間竟然這麼少。因此，要讓工作有實際成效，就必須掌握自己運用時間的狀況。

這就要我們明確自己的工作是什麼？如此才能認識自己工作的全貌，從全局著眼觀察整個工作，防止每天陷於雜亂的事務中。明確做事的目的，正確估量個別工作之間的不同比重，弄清工作的主要目標在哪裡？防止大事小事一把抓，既虛耗了時間，又辦不好事情。明確自己的責任與權限範圍，才能擺脫自己的工作和下屬的工作、同事的工作及上司的工作中的互相牽扯和打亂仗現象。填寫自己應做工作的清單是使自己工作明確化的最簡單的方法之一。其方法是在一張紙上首先試著毫無遺漏的寫出你正在做的工作。凡是自己必須做的工作，先不管它的重要性和順序怎樣，一項也不落的逐項排列起來，然後按這些工作的重要程度重新列表。重新列表時，要試問自己：「如果我只能做此表當中的一項工作，首先應該做哪一項呢？」然後再問自己：「接著，我該做什麼呢？」用這種方式一直問到最後就行了。這樣，自然就按著重要性的順序列出了自己的工作一覽表。其後，對你所要做的每一項工作，寫上該怎樣做，並根據以往的經驗，在每項工作上註記上你認為是最合理最有效的辦法。

為了使工作條理化，不僅要明確你的工作是什麼，還要明確每年、每季、每月、每週、每日的工作及工作進度，並透過有條理的連續工作來保證按正常速度執行任務。在這裡，為日常工作和下一步要進行的專案編出目錄，不但是一種不可估量的時間節約措施，也是提醒人們記住某些事情的手段，特別是制定一個好的工作日程表就更加重要了。計畫與工作日程表不同，計畫是指對工作的長期打算，而日程表是指怎樣處理現在的問題，比如今天的工作、明天的工作，也就是所謂的逐日的計畫。有許多人抱怨工作太多、太雜、太亂，實際上是由於許多人不善於制訂日程表。他們不善於安排好日常的工作，連最沒意義的事也抓住不放，人為的製造忙亂，不但談不上工作條理化，連自己也被壓得喘不過氣來。名作家雨果說過：「有些人每天早上預定好一天的工作，然後照此實行。他們是有效的利用時間的人。而那些平時毫無計畫，靠遇到事情現響辦法過日子的人，只有混亂二字。」制定工作日程會因工作性質、本人身體狀況和氣質的不同而不同，應遵守以下原則：

（一）以重要活動為中心制訂一天的工作日程。有些工作是關鍵的或是帶策略意義的重要活動，進行工作時應以這樣的重要工作為中心。

（二）以當天必須首先要做的那件工作為中心制訂一天工作日程。不可能有剛開始做，一下

子就做完了全部工作這種奇蹟，所以要挑出那些在一天內必須做完、一旦受干擾中斷就不太好辦的工作。

（三）把有關聯的工作歸納在一起做。種種瑣事歸納到一起，會使工作有節奏和氣勢。例如，有些信件，可以加總起來一次寫完；盡量的約好時間，盡可能集中的依次會見來訪者；必須閱讀的資料，集中到一起很快的過一下目等等。

（四）使工作日程與自己的身體狀況、能量的曲線相配合。能量曲線因人而異，一般的人上午精力充沛，因此，要利用這段時間去從事那些最有挑戰性、最富於創造性的工作。而在精神、體力和工作效率都在減退時，換做一些其他工作，或者做一些事先已經安排好了的工作，或者休息一下。

由於人們每天需要做的事情很多，事情又有輕重、緩急之分、大小之別，難免有時顧此失彼，本來想做這件事，不知不覺中卻做起了別的事情。所以在有了工作日程表以後，最好隨身攜帶筆記本和備忘錄用紙，這樣你不但確認了當天的工作，也確認了此時此刻應該做什麼工作。

除隨身攜帶筆記本外，使用卡片也是一個好辦法。可以把卡片放在口袋裡、辦公桌上、家裡的書桌上、飯桌上、電話旁、床邊和廁所等必不可少的地方，時時提醒自己。

在工作中，有時突然頭腦中冒出一個新穎的想法，或者想起了什麼必須做的事。如果這些想法與目前正在做的事有關聯，那可以照著去做。如果它並不需要立即去做，今後做著更合適，那就把它記在備忘錄上；對那些有意義的設想，可以利用星期天、節假日仔細研究，並加以歸納整理，這樣，本來不太明確的事也明確了，你的工作和應辦的事就更有條理了。

此外，對於從事學習和工作的人來說，辦公桌面是否整潔，是工作條理化的一個重點。一位管理者在解釋辦公桌上的東西是如何堆積起來時說：「這是因為我們不想忘記所有的東西。我們把想記住的東西放到辦公桌上一堆資料的頂部，這樣就可以看到它們。」問題是這種方法還真管用。每當我們的注意力分散時，我們就看到了它們，我們想起了這些事情，於是不再胡思亂想。後來，東西堆得越來越高，我們不能記起下面放的是什麼東西，於是就開始在資料堆裡尋找。這樣，時間就浪費到查找丟失的東西上。同時也浪費在注視所有我們不想忘記的東西所造成的干擾上！據統計，有百分之九十五以上的管理者都為辦公桌上堆滿東西而苦惱。

成功者使辦公桌整潔的辦法是：

（一）把辦公桌上所有與正在做的工作無關的東西清理乾淨。你現在所做的工作應該是此刻最重要的工作。

（二）在準備好辦理其他事情之前，不要把與此無關的東西放到辦公桌上。這就意味著，所有的工作專案都應該在檔案中或抽屜裡占有一定的位置，並把有關的東西放到相應的位置上。

（三）要力戒由於有吸引力的干擾或因厭煩了手頭上的工作，而放下正在做的事情去做其他的工作。

（四）按規則把已經處理完畢的東西送到適當的地方去。再核對一下剩下的重點工作，然後再去開始進行第二項最重要的工作。

從辦公桌上拿開目前不需要的書籍、文件後，可以按其重要性和先後順序，分為「應立即處理的」，如緊急信件和其他必須馬上處理、做決定的事；「暫時靠後處理的」，即大致看一下

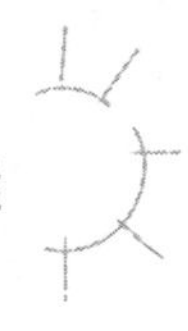

文件內容，按內容分類放入檔案夾中，在採取適當的行動之前一直放在那裡；「以後處理的」，即不是真正重要的工作，還有待研究、需要更進一步深入研究以及有必要在時間、注意力等方面做較充分安排的事項；「留作資料保存的」，包括上級的政策、指示、決定以及有保留價值的資料、文件等，可根據自己所好「分類保存」，用完以後放回原處。

一位著名作家的手稿、資料、書籍等，什麼東西放在哪裡都有一定的「規矩」，每次用完總是隨手放回原處。對與他有聯絡的報紙、出版社、文藝界、科學界朋友的姓名、地址和電話號碼，也分門別類登記，可隨手查到。由於他養成「有頭有尾」的好習慣，把資料手稿整理得井井有條，辦公桌就像「管理交通」一樣管得有條不紊，這樣就避免了混亂，時間就不會在找這找那的空隙中白白溜過去。

效率好、生產力高的工作者，會不斷找各種方法克服混亂、全心處理重要工作、精簡文書作業、避免浪費時間，而且會妥善管理各項工作，這讓他們能夠靈活又有效率的做事。

第八章　可方可圓，萬事通達

方、圓是常見的一對概念。其含義因討論的對象不同以及論述的層次、角度不同而有所區別。一般而言，「圓」有動態、整體、圓滿、靈活等含義，「方」則相對的具有靜態、部分、規則、原則性等含義。人們常說：「沒有規矩不成方圓」、「有所不為才可有所為」，說的就是做人要方，而圓，就是處世老練，圓融。做人做事時想讓方、圓無二、無礙。我們必須在方中安身，圓中立命；在方中做人，圓中歸真，如此萬事皆可通達。

一、吃虧是福心中留

「吃虧是福」，這是古代智者對吃虧的看法，它濃縮著豐富的人生經驗，包含著深刻的人生哲理。但在現實中，有多少人能真正明白其中的道理和學問。在人的意識裡，都不願意自己吃虧，所以才有了那些為了一點雞毛蒜皮的事爭來爭去的人，有了那些為了私利出賣朋友的人，有了鼠肚雞腸，算計來算計去的人。而這樣的人無非都是目光短淺之人。他們心胸狹窄，容不得一丁點兒的損失，做事時往往把眼前的利益看得很重，結果反而失去了永遠的利益。

春假快開始了，為了能買到回家的票，傑輝今天專門請了假，天還沒亮就來排隊買票了，儘管還未開始售票，但傑輝前面已經排了不少人。

可就在傑輝為能否買到票而擔心時，前面的隊伍晃動了一下，傑輝也不得不向後退了一步，結果好巧不巧的踩到了後面一位女士。傑輝還沒來得及道歉，那位女士就冷著一張臉說：「哎喲！沒硌著你的腳吧！」

聽到那位女士的話，傑輝心裡一氣，話鋒一轉說道：「沒有，謝謝。」

這下那位女士可火大了，立刻換上一副潑婦樣說道：「這什麼人啊！也不知他爸他媽怎麼教的，竟教出這麼一個不知教養為何物的小子！」

這下，傑輝本來為買票而憋著一肚子的氣徹底暴發了，張口罵道：「妳這嘴怎麼就這麼臭啊，看著人模人樣的，沒想到說出來的話居然這麼臭。」

……

一、吃虧是福心中留

隨著互相謾罵和嘲諷的升級，兩人情緒逐漸激動，那位女士手腳並用的朝傑輝進攻而去。而傑輝也因女士的手指甲在臉上劃出了一個血痕而動起手來，周圍的人眼看拉不開兩人了，急忙去報警，但等到員警趕來時，傑輝因沒有控制好力度，一拳下去，那位女士倒在了地上。

原來那位女士有先天性心臟病，當時由於情緒不穩定，再加上傑輝的那一拳又狠，就這樣那位女士倒在地上再也沒起來……而傑輝此後的三十年也將在監獄裡度過。一個人死了，一個人坐了牢，起因卻只是不小心踩了一腳。

可見，吃點兒眼前虧，不但能讓你避免不必要的衝突，還能讓你終身受益。因此，人生在世，即使什麼也學不會，也得學會吃虧。學會吃虧，你就會感到煩惱從不上身，遇事游刃有餘，心底坦坦蕩蕩，吃飯有滋有味，睡覺踏踏實實。這種感覺，是那些善於計較，愛占小便宜的人根本無法體會到的。

不過有一點你也應該明白，「吃虧是福」沒有錯，但只有「吃虧在明處才是福」。明明白白的吃虧，讓關鍵人物知道你是主動的吃虧，認同你的吃虧，感謝你的吃虧，你才能換取他人的「知恩圖報」。

張靜在上大學的時候，大家只知她好心腸、心細如髮，做事不那麼雷厲風行。雖然通常會為她的好心而動容，但說實話，關於她的將來，還真的沒有人特別看好。從學校畢業後，她與同學們到了一家由一些女性占據領導地位的公司，大家都覺得有點不那麼自在，但張靜與她們很快就融成一片了。

張靜的公司吃尾牙，一些已是媽媽的同事們都把自己的小孩子帶來玩。一般沒有結婚的女

子頂多出於禮貌過去逗孩子幾分鐘，吃飯的時候都躲得遠遠的，生怕孩子的油嘴、油手弄髒了自己的衣服。但是張靜卻不然，她看起來是真心實意的喜歡那些孩子，她坐在小孩子旁邊，餵他們吃飯，給他們擦鼻涕……結果自己不僅沒吃好飯，而且乾淨的衣服也被弄得髒兮兮的。席終，她成了孩子們最喜歡的阿姨，媽媽們也與她結成了好友。

張靜是分到公司去的同學中升遷最快的。當初有一個名額分給公關部，大家怎麼也想不到會是外貌、英文都一般的張靜。可是她似乎又沒有使用什麼特別的手段，只是一味真誠的待人，哪怕自己吃點「虧」。

那時候，每次過節，公司裡照例會分一大堆禮品。張靜的父母不在本地，善於吃虧的她有充分的理由把禮品都送給組長鄧姐。雖然張靜在本地也有許多親戚，但張靜很明白鄧姐在此時對她的意義。果然，當老闆來徵求鄧姐對新來的一群大學生的意見時，張靜的分數最高，老闆透過鄧姐最早認識了張靜。

還有一次，大家起哄讓主管請大家吃火鍋。起因是主管平時比較節儉，但那次因為得了獎，拿了一筆不菲的獎金。去的時候，張靜讓大家先去，說有點事要辦，但特別叮囑大家要去包房，要等她到了才點菜。大家坐了好一會兒，張靜才到，拿了一大包超市裡買來的東西，神神祕祕的。等服務員一出包房的門，張靜趕緊從塑膠袋裡取出她從超市裡買來的蛋餃、魚丸、蟹肉棒、年糕……這樣，每次請服務員出去加湯的時候，張靜就往湯裡倒一大堆東西。結果，大家只花很便宜的價錢，就在那家有名的火鍋店裡大吃了一頓。當晚，最高興的當然是做東請客的主管。雖然大家對張靜有點不屑，覺得二十出頭的女孩子，弄得像一個斤斤計較的主婦似的，但張靜的出頭之日就是來得比較快。最後，張靜還是同學中最先買房、買車的人。大家不能不承認，她真是善於「吃虧」。

人生行走於世，如果我們並非無欲無求，那麼在「吃虧」與「福」之間，就不能總盯著眼前的利益去計算。換句話說，人生的每一步，都是為下一步做鋪墊，要著眼於未來，主動選擇吃眼前虧，只有這樣才會比較容易掌握主動。

不要以為吃虧就是讓自己白白蒙受損失，有些虧是一定要吃的，而且要善於吃，因為吃虧吃得好就能換來「福氣」。

二、善偽裝，藏鋒顯拙真聰明

《三十六計》「假痴不癲」裡也講到：「寧偽作不知不為，不偽作假知妄為。靜不露機，雲雷屯也。」這句話的意思是，寧可假裝糊塗不做任何事情，也不可以輕舉妄動，故作聰明。要冷靜沉著，鋒芒不露，好像雲雷蓄而不發一樣。

對此，有人就問，難道聰明不好嗎？其實不然，幾乎所有人都希望自己聰明，但嫉賢妒才，幾乎是人的本性。願意別人比自己強的人並不多，所以有才能的人會遭受更多的不幸和磨難，木秀於林，風必摧之。

應該承認，在自己有一定的成績之後，受到他人的種種妒忌是十分難受的。本來是自己透過努力，辛辛苦苦得來的一點成績，卻反而招致如此不友好的對待，可以說往往會給人帶來一

種極大的委屈和不平。特別是那些惡毒的詆毀和誣衊，有時實在讓人難以承受。在這種情況下，不少人往往會乾脆放棄自己的追求，使自己停留於一般和平庸，混同於普通之列。有些人在這種妒忌的壓力下，不得不縮回了自己剛剛施展開的手腳，壓抑了自己的抱負和理想。因此，做人要懂得偽裝，否則只會為將來的不幸埋下伏筆。

三國時，楊修是曹營的主簿，他是個思維敏捷的官員和有名的敢於冒犯曹操的才子。楊修很聰明，能看透別人看不到的很多東西，能猜透別人猜不透的很多東西。然而，他又很愚蠢，不知如何保護自己，他鋒芒畢露的個性使他最終走上了絕路。

曹操曾經建造了一所花園。竣工之後，曹操去看了，沒有說好，也沒說不好，只是舉筆在門上寫了一個「活」字就走了，大家都不明白其中的意思。楊修說：「門內添活字，是闊字，丞相嫌園門太窄了。」因此就重新建造圍牆。改造後，再請曹操來看，曹操見了大喜，問道：「是誰知道我的意思的？」左右說：「是楊修。」曹操表面上雖然稱讚，其實心裡已開始忌諱楊修了。又有一天，塞外送來一盒酥。曹操信筆塗鴉寫上「一合酥」三字，放在桌上。楊修進屋後見了，直接拿了出來與大家分吃了。曹操看見了，問道：「為什麼要吃？」楊修回答：「盒上分明寫著一人一口酥，難道我們敢違背丞相的命令嗎？」曹操表面上高興，其實內心很厭惡楊修了。楊修恃才傲物若此，殊不知曹操也是才高八斗的文人，同時曹操還是擁有極權的奸雄，與擁有權力的人比才華，那就命運堪憂了。

曹操害怕別人暗中謀害自己，曾經吩咐左右：「我在夢中好殺人，只要我睡著，你們千萬不要走近我。」一次，曹操休息時被子掉在地上，一個近侍趕緊過來給曹操蓋上。曹操從床上一躍而起，拔劍斬殺了近侍，又上床睡覺，半夜起來，裝作吃了一驚，問：「什麼人殺了我的近侍？」大家說了實情，曹操失聲痛哭，下令厚葬近侍。大家都認為曹操果然是夢中殺人。只有楊修知道曹操的用意，臨葬時指著棺材說：「丞相不是在夢中，只是你在夢中罷了。」楊修竟敢揭穿曹操的險惡用心，足見其不知天高地厚。

楊修的最後一次顯露才華是在曹操率軍與蜀軍作戰，戰事失利，進退不能。當時曹操心中猶豫不決，剛好廚子呈上雞湯。曹操看見碗中有雞肋，因而有感於懷。正沉吟間，夏侯惇請示夜間號令，曹操隨口說：「雞肋、雞肋！」楊修見傳「雞肋」二字，便讓隨行軍士各自收拾行裝，準備歸程。有人報知夏侯惇。夏侯惇大為吃驚，就請楊修到帳中問他：「您為什麼讓人收拾行裝？」楊修說：「以今夜的號令，便知魏王很快就要退兵回去了。雞肋者，吃著沒有肉，扔了又覺得它有點滋味。現在進不能勝，退又怕人笑話，在此沒有好處，不如早歸；明天魏王一定班師回朝。所以先收拾行裝，免得臨行慌亂。」夏侯惇說：「您真是知道魏王的心思啊！」便也收拾行裝。於是寨中各位將領，無不準備歸去。當夜曹操心亂不能穩睡，就手提鋼斧繞寨子獨自行走，只見夏侯惇寨內軍士，各自準備著行裝。曹操大驚，急忙回帳問夏侯惇，夏侯惇說：「主簿楊修已經知道大王想撤軍的意思。」曹操叫來楊修問他怎麼知道，楊修就將雞肋之意對答。曹操大怒說：「你怎麼敢造謠亂我軍心，叫來刀斧手推出去斬了，把首級懸掛在轅門外。」

古人說：「君子要聰明不露，才華不逞。」如果一個人總是喜歡顯露自己的才幹，那麼他必然會遭受更多的挫折。所以，千萬不要做這樣的無知者！從現在起，讓自己真正低調起來，

從內心裡謙遜起來，而不是假裝的樣子。要知道，假裝的低調沒用，因為它是一種更加炫耀的姿態。世界上沒有誰是傻瓜，沒有人是不被看出來的。我們需要做到真正的不張揚，真正的謙卑和努力。如果你能夠做到這一點，你就能夠慢慢變成一個最明智的人，一個有能力改變自己命運的人。

但是，不張揚並非讓你不作為，內斂也不是讓你將自己鎖進大箱子，而是等待最佳時機，然後一鳴驚人。況且，如果沒有前期大智若愚的鋪墊，一鳴驚人的效果也不會達到，整天忙著表現自己的人，其實永遠也不會驚人。

聰明在關鍵時刻表現出來，才會有爆發力，才能引起眾人足夠的關注，留下深刻的印象。那些平時聰明過度的人，他的心思全用在如何吸引大家的眼球上，輕浮衝動、沉不住氣，到了緊要關頭，反而拿不出讓人眼睛一亮的東西，於是也就現了原形。

人的一生不應對什麼事都斤斤計較，該糊塗時糊塗，該聰明時聰明。小事裝糊塗，不耍小聰明，而在關鍵時刻，才表現出大智大謀。

三、低頭是為了更好的抬頭

俗話說：「總想著比別人高一頭的人，最後會比別人低幾個頭。」目中無人，並非就能證明自己真的高人一等，很多時候只有先低頭，才能換來顯貴的機會。

漢朝開國皇帝劉邦是一位很會示弱的人物，但這並不影響他最終成為漢朝的建立者；項羽英雄蓋世，處處張揚逞強，卻成為垓下之鬼。這兩種不同做人做事的方法所帶來的不同命運，很值得我們深思。

楚漢相爭之前，項羽與劉邦說好了先入關者為王，但項羽遇上秦軍主力，到頭來卻被一個無賴搶占了勝利成果，豈不叫天下人恥笑，加上項羽的謀士范增又火上澆油的說：「劉邦在山東時，貪財好色，如今進了關中卻變成了另一個人，既不取錢財也不近女色，由此可見，他的野心不小啊！」

范增挑起項羽的怒火之後又說：「我仔細觀察了雲氣，只見劉邦頭頂上五彩繽紛，顯現出盤龍臥虎的形勢，這可是天子的徵兆。」這一說，把項羽氣得火冒三丈，下定決心要將劉邦除掉。

當時項羽的兵馬四十萬，駐紮在鴻門；劉邦的兵馬只有十萬，駐紮在灞上。雙方相隔只有四十里地，兵力懸殊，硬拼的話劉邦肯定不是項羽的對手。

這時劉邦的謀士張良獻計說：「項羽是一個吃軟不吃硬的人，你要向項羽道歉，並裝作很服從他的樣子，這樣才能平息他的怒火，平息了他的怒火，他就不會殺你。」劉邦想了想，沒有其他的辦法，只能如此。

劉邦挑了個良辰吉日，帶了一百多個隨從，到鴻門去拜見項羽。劉邦一見項羽，滿臉堆著諂媚的笑說：「我跟將軍同心協力攻打秦國，將軍在河北，我在河南。我自己也沒有想到能夠先入關。今天在這裡和將軍相見，真是件令人高興的事。誰知道有人在您面前挑撥，叫您生了氣，這實在太不幸了。」

項羽見劉邦低聲下氣的樣子，滿肚子氣也消了不少。劉邦見項羽心軟了，才大大鬆了一口

氣。後來劉邦巧妙的設計逃離了這個是非之地。劉邦的這一示弱戰術為自己日後的成功奠定了基礎。

西元前二〇六年，在推翻秦朝之後，項羽分封天下諸侯，自立為西楚霸王，封劉邦為漢王，屬地為巴蜀。

劉邦並沒有因為被項羽分封在路途遙遠的偏避之所而意志消沉，在其得力謀士的輔佐之下，劉邦「明修棧道，暗度陳倉」，在漢中勵精圖治，積蓄力量，等到有了與項羽相抗衡的實力後，突然殺出漢中，將項羽打得大敗，逼得一代霸王在烏江拔劍自刎，為後人留下了無盡的遺憾和思索。

楚漢之爭這段歷史雖然早已是過眼雲煙，但它留給我們的意義和教訓卻發人深省。

劉邦遇強則避，適時「低頭」示弱，最終開創了四百年的漢朝基業，成為中國歷史上漢唐盛世的開山之祖。而楚霸王項羽雖然英雄蓋世，卻不知「低頭」，不肯過江東以圖東山再起，為後人所惋惜和感嘆。

相信大家都見過這樣的場景。冬天大雪紛飛時，雪花落滿了雪松的枝椏。當積雪的厚度達到一定程度時，雪松那富有彈性的枝椏就會向下慢慢彎曲，直到積雪一點點的從枝上滑落。透過這樣反覆的積，反覆的彎，反覆的落，等到來年春暖花開之時，雪松依舊俊俏挺拔。再看看其他的樹，因為不懂得彎腰低頭，枝椏早就被積雪壓斷了，再也無法體驗到春回大地的感覺。所以不要將低頭彎腰視為不齒，要知道，只有低得了頭，才能獲得新的抬頭之日。這並不是讓你改變立場、見風使舵，甚至是奴顏婢膝，懦弱無能，而是讓你知道自省，有點自知之明。

鉤吻鮭是生活在深海之中的一種非常漂亮的魚類，銀膚燕尾大眼睛，只有到了春夏之交繁育後代的時候，牠們才會成群結隊的隨著海潮漂遊到淺海。但是它們空有一副美麗的外表，行動上卻是死腦筋。每年牠們溯流產卵、繁育後代之際，也是漁民們開始捕撈的大好時節。鉤吻鮭「個性」很強，遇事只知往前衝，卻不知後退，即使闖入羅網之中也不會停止，所以漁民們捕捉牠們的方法非常簡單：用一個孔目粗疏的竹簾，下端系上鐵附，放入水中，由兩隻小艇拖著，攔截魚群。只要第一隻進入漁網之後，後面所有的魚都會前赴後繼的陷入到竹簾孔中，然後一拉繩子，簾子隨之收緊，鉤吻鮭被激怒，瞪起眼睛，張開脊鰭，更加拼命的往前衝，結果被牢牢卡死，輕輕鬆鬆的就被漁民所獲。

在人生的道路上，很多人都用不屈不撓、百折不撓作為自己的座右銘，這種韌勁確實是成功所必備的，但是不分場合盲目向前衝，最後的結果只能是輸掉自己，輸掉一切。

其實，低頭做人有時是出於無奈，有時則是我們自身發展的需要。只有低頭，我們才能順利的走過生活中的風風雨雨。

真正的強者並不是處處逞強的人，在不該逞強時懂得低頭示弱，一旦得勢再抓住機遇，一舉強攻，才能獲得最後的勝利。

四、「和」字值千金，狂傲丟性命

現代的社會是一個交流頻繁的社會，社會化大量生產的「地球村」，人際、國際交流日益頻

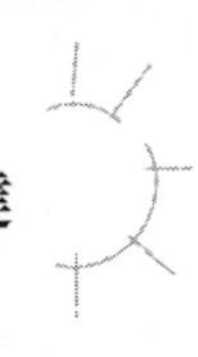

繁。同時，由於一系列全球性的威脅日益嚴重，生態危機、環境惡化、人口爆炸、資源短缺等全球性的難題，都要求人們具備全球觀念、合作意願，要求攜起手來，通力協作。

合作是一件快樂的事情，有些事情只有人們相互合作才能做成。而所有成功人士都有一個共同之處，就是他們都注重團結協作，把「和」放在第一位。

井深大剛進索尼公司時，索尼還是一個只有二十多人的小企業。但老闆盛田昭夫卻對他充滿信心的說：「我知道你是一個優秀的電子技術專家，就像好鋼要用在刀刃上一樣，我要把你安排在最重要的職位上——由你全權負責新產品的研發，怎麼樣？希望你能發揮榜樣的作用，充分的調動其他人。您這一步走好了，企業也就有希望了！」

「我？我還很不成熟，雖然我很願意擔此重任，但實在怕有負重託啊！」雖然井深大對自己的能力充滿信心，但是他還是知道老闆壓給他的擔子有多重——那絕對不是靠一個人的力量能應付得來的。

「新的領域對每個人都是陌生的，關鍵在於你要和大家聯起手來，這才是你的強勢所在！將眾人的智慧合起來，還能有什麼困難不能戰勝呢？」盛田昭夫很自信的道。

井深大一下子豁然開朗：「對啊，我怎麼光想自己？不是還有二十多個員工嗎？為什麼不虛心向他們求教，和他們一同奮鬥呢？」

他找到市場部的同事一起探討銷路不暢的問題，他們告訴他：「磁帶答錄機之所以不好銷售，一是太笨重；二是價錢太貴，每臺售價十六萬日元，一般人很難接受，半年也賣不出一臺。您能不能往輕便和低廉的方向上改善？」井深大點頭稱是。

然後他又找到資訊部的同事了解情況。資訊部的人告訴他：「目前美國已採用電晶體生產技術，不但大大降低了成本，而且非常輕便。我們建議您在這方面下功夫。」於是，在研製過程中，他又和生產第一線的工人團結合作，終於一起攻克了一道道難關，最終成功研製出了日本最早的電晶體收音機，並成功的推向市場。索尼公司由此開始了企業發展的新紀元！

孤身奮戰，單打獨鬥，心神皆累，而團結合作，互相幫助，與人共事，才會集思廣益，以團體的力量方能少走彎路，節省時間，提高做事效率。但是社會上卻總有那麼一些人，自恃學識淵博，完全可以獨當一面，憑自己的實力取得成功。於是驕傲自大，目空一切，不把任何人放在眼裡，最終吃了大虧，丟了性命。

比如：明末的農民起義的領袖李自成，當他成功奪下了北京後，沒有重視雄踞關外的清兵，結果一敗塗地，將勝利的果實拱手送給了清兵。

又比如：《三國演義》中的禰衡。建安初年，二十出頭的禰衡初遊許昌。當時許昌是漢王朝的都城，名流雲集，司馬朗、荀攸、趙稚等人都是當世名士。有人勸禰衡結交司馬朗等人。禰衡說：「我怎能跟殺豬、賣酒的在一起。」勸他參拜荀攸、趙稚，他回答道：「荀某白長一副好相貌，如果弔喪，可借他的面孔用一下，趙某是個酒囊飯袋，只好叫他看守廚房。」這位才子唯獨與少府孔融、主簿楊修意氣相投，對人說：「孔文舉是我大兒，楊德祖是我小兒，其餘碌碌之輩，不值一提。」由此可見，他是何等的狂傲。獻帝初年間，孔融上書舉薦禰衡，曹操有召見之意。禰衡看不起曹操，抱病不往，還口出不遜之言。曹操求才心切，為了收買人

心，還是給他封了個擊鼓的小官，藉以羞辱他。一天，曹操大會賓客，命禰衡穿戴鼓史衣帽當眾擊鼓為樂，禰衡竟在大庭廣眾中脫光衣服，赤身露體，使賓主皆討了個沒趣。曹操對其恨之入骨，但又不願因殺他而壞自己的名聲。便把禰衡送給荊州牧劉表。禰衡替劉表掌管文書，頗為賣力，但不久便因倨傲無禮而得罪眾人。劉表也很聰明，把他打發到江夏太守黃祖那裡去。禰衡為黃祖掌管文書，起初做得也不錯，後來黃祖在戰船上設宴，禰衡因無禮而受到黃祖呵斥，禰衡頂嘴罵道：「死老頭，你少囉嗦！」黃祖是個急性子，盛怒之下把他殺了。

「謙虛使人進步，驕傲使人落後」這句話確實有它的道理。做人若以「傲」字為要，蔑視他人，不善於捨小取大，使人際關係產生裂痕而失去和氣，導致翻臉和敗壞名聲，最終還可能丟了性命。因此，當你因有特別表現而受到肯定時，應該做到以下幾點：

（一）與人分享

即使是口頭上的感謝也是一種分享，而且你也可以擴大這種「分享」的對象，反正「禮多人不怪」！當然，別人倒並不是非得要分你一杯羹不可，但你主動與人分享，這讓旁人有受尊重的感覺，如果你的成績事實上是眾人協力完成的，那你更不應該忘記這一點。你可以採取多種方式與人分享，如請大家吃點心，或請大家吃一頓飯。別人分享了你的榮耀，就不會和你作對了。

（二）感謝他人

要感謝同仁的協助，不要認為這都是自己的功勞。尤其要感謝上司，感謝他的提拔、指導、授權。如果實情也是如此，那麼你本就該如此感謝。如果同事的協助有限，上司也不值得恭維，那你的感謝也有必要，雖然顯得有點客套，但可以使你免於成為他人的箭靶。為什麼很多人上臺領獎時，他們首先要講的話就是：「我很高興！但我要感謝……」的道理就是如此。這種「口惠」的感謝雖然缺乏「實質」意義，但聽到的人心裡都很愉快，也就不會妒忌你了。

(三) 為人謙卑

有些人一旦獲得成績，就容易忘了自己是誰，並且自我膨脹。這種心情雖是可以理解的，但旁人就遭殃了，他們要忍受你的氣焰，卻又不敢出聲，因為你正在鋒頭上。可是慢慢的，他們會在工作上有意無意的抵制你，讓你碰釘子。因此，當你在工作中取得了成績，要更加謙卑。別人看到你如此謙卑，當然不會找你麻煩，和你作對了。

保持謙虛的作風，戒驕戒躁，才能使你的心靈得到昇華，得到充實；而驕傲卻只能使人的心靈低下和無知。

五、做人要傲骨但不要傲慢

「人生自古誰無死，留取丹心照汗青。」這是文士的傲骨。為世人所景仰。但是傲骨不同於傲慢。傲骨是堅持原則，堅持人品，傲慢是自以為是，藐視他人。以傲慢施加於人，有表現為神情氣色上的傲，有表現在儀表禮節方面的傲。傲慢者內心依仗他的才能，傲氣溢於言表。

可是一個人的成就再偉大，也只是相對於個人而言；在我們所生存的這個宇宙之中，沒有什麼不是渺小的。但還是有許多人依恃著自己的才能、學識、金錢等等，目空一切，狂妄自大，忘記了謙遜為何物。他們常把自己看得很重要，好像世界上少了他們，人們就不知該怎麼辦了。但事實上，少了他，事情往往可以做得更好。所以，狂妄自大歷來就是成事不足敗事有餘之人所具有的特點之一。你要切記這樣一個道理：狂妄是與無知聯繫在一起的，狂妄自大也是失敗的前兆。

品言供職於某貿易公司，是個專業知識很強的青年。雖然只是一個小職員，但他胸懷抱負，想著總有一天自己能踢倒那個不善言辭的主管而占據他的位置。

一段時間，大家都在傳言主管要調動，誰來坐主管的位置成了大家關注的焦點。此時，品言在與同事談話中明顯流露出對主管的不屑，大談自己如果擔任主管會把公司管理得如何如何。對此，同事們一笑了之，品言以為大家英雄所見略同，論氣魄論口才，那個老實沉默的主管早就該下臺，而讓他品言來坐這個位置了。

一天，主管要拜見一位非常重要的客戶，如果爭取到這個客戶的訂單，那公司今年的業績就會提高兩倍多。主管想到品言平時的表達能力很強，工作水準也可以，就帶著他去了。

到了客戶的公司後，客戶剛出來迎接，品言就搶先一步與人家握手，本來應該主管來說的一些話，品言卻以主管的姿態說了出來；當主管正和客戶聊到興頭上時，品言插上一嘴後就沒讓主管再說上話……

品言的用意很明顯，爭取這個大客戶的好感，顯出主管的無能，假如自己坐上主管的位置也好順利與這位客戶接洽。

主管沒想到品言竟然會這樣，雖然怒火中燒，但沒有說什麼。幾天後，主管調動了位置，但不是降職而是升到了總經理。同時，人事部交給了品言一封辭退信，理由讓品言感到震驚：那個大客戶從品言的表現上感到品言所在的公司缺乏誠信，覺得一個連上司都不懂得尊重的人，那麼其公司是否也存在華而不實之事。所以大客戶對整個公司產生了懷疑和擔心。

品言離職一段時間後，聽以前的同事說，那個大客戶並沒有丟，是原來的主管在升任經理之前極力爭取過來的。不過主管卻為了挽回這個大客戶花了不少的心力，畢竟對方的不信任已經產生，若要讓對方重新認識該公司，可不是一件簡單的事。而此時的品言也才領悟到：什麼是真正的能力，什麼是真正的素養。

有句話說：不要留戀你的影子，哪怕它很輝煌，它畢竟只是虛無飄渺的影子而已。要知道，當你望著影子依依不捨的時候，你正好背離著照亮你的太陽。

所以，真正會做人的人是絕不會濫用優點和榮譽的，他不會等待著去享受榮譽，他會繼續努力去做那些需要去做的事。正如俄國科學家巴夫洛夫所告誡我們的那樣：「絕不要陷於驕傲。因為一驕傲，你們就會在應該同意的場合固執起來；因為一驕傲，你們就會拒絕別人的忠告和友誼的幫助；因為一驕傲，你們就會喪失客觀方面的準繩。」

況且，讓事情更糟的是，你在得意時越誇耀自己，別人越迴避你，越會在背後談論你的自誇，甚至可能因此而怨恨你。可是表現自己是人的天性。讓我們完全不談自己的得意之事是不現實的，但我們可以少談，或者先讓別人說，你再穿插著談自己得意之事，這樣雙方心理才不

會失去平衡。

李阿姨的小女兒從外國留學回來，在一家金融機構任職，月薪四萬多。於是李阿姨在面對親朋好友時，言必稱女兒的風光，語必道女兒的薪俸。慢慢的，她發現親朋好友都在疏遠她，不願和她交往，聊天見面時也僅是寒喧幾句而已，為此她感到很痛苦，也不知道是什麼原因。女兒知道這件事以後，就勸導母親，說總誇自己的女兒，突出自家的好，人家會覺得有失面子，心裡自己不好受，當然不會理你了。於是，李阿姨逢人見面就先誇別人幾句，漸漸的，親朋好友就不再疏遠她，還會有事沒事的老找她聊幾句。

任何人都有表現自己的欲望，讓他人看重自己、知道自己。但「天不言自高，地不言自厚。」所以不論是莊子還是老子，都勸人要以謙抑為上，不可自作聰明的顯示、誇耀自己的才能和實力。只有這樣，才能真正達到自己的目的，取得更大的成就。

勝利後沉溺於安樂，必然給對手留下可乘之機，而且往往是致命的時機。千里之堤，潰於蟻穴。安樂之時也是災難醞釀發生之時。

六、揭人瘡疤，定有災禍

在民間有「逆鱗」一說，指的是再馴順的龍，也不能碰牠喉下直徑一尺的部位。因為龍的全身只有這一處的鱗是倒長的，無論是誰觸摸了此處，都會被盛怒的龍殺掉。

人又何嘗不是如此，無論人格多麼偉大、高尚，身上都有「逆鱗」。一旦別人觸摸了它的

「逆鱗」，那麼勢必也會因此而招來災禍。

張潔和美靜是同一間公司、同一個部門裡的職員，工作能力難分伯仲，互為競爭對手，誰先升任科長是部門內十分關心的話題。但他們兩人競爭意識過於強烈，凡事都要對著幹，快到人事變動時，他們的矛盾已激化到了不可收拾的地步，總是互相指責，揭對方的短。

一天，張潔用一個匿名電郵給每個同事發了一份電子郵件，裡面內容大致是：美靜用計讓婆婆賣掉祖厝，然後用那些錢買了一套樓房，可是等到房子裝修完畢時，老太太還沒住滿一個月，就被迫搬進了養老院，至今已搬進養老院一年多，可美靜卻一次也沒有探望過她。

當然這份電郵也發送到了老闆的郵箱之中，而美靜也因此與科長之位失之交臂，自然張潔順利的榮升了。後來等美靜知道是張潔在背後搞的鬼後，就一心想著要報復。於是，在一次較大的專案當中，美靜動了一些手腳，結果公司因此而損失了一大筆錢，而負責該專案的張潔也因此而被免職。

《菜根譚》中有句話：「不揭他人之短，不探他人之祕，不思他人之舊過，則可以此養德疏害。」可是，生活中的我們，總會因為一時的大意而揭了別人的傷疤，結果使好事變成了壞事。

孫凌和馮濤是很要好的朋友兼同事，同為公司的部門經理，志趣相投，嬉笑怒罵無所不說，私下裡也沒有保留的餘地，甚至連對方的忌諱也是酒後茶餘的談資。

在一次公司聚會上，孫凌有點兒喝多了，為了表達對馮濤的曲折經歷和能力的敬佩，他舉起酒杯說：「我提議大家共同為馮經理的成功乾杯！總結馮經理的曲折歷程，我得出一個結論：凡是成大事的人，必須具備三證！」孫凌提高了嗓門說道：「第一是大學畢業證書；第二是監

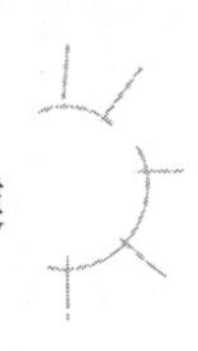

獄釋放證；第三是離婚證書！」話音剛落，眾人譁然，馮濤硬撐著喝下了那杯苦澀的酒。這「三證」中的兩證無疑是馮濤的忌諱和痛處，他不想讓更多的人知道，也不想讓人們議論，但孫凌與他太好太熟太沒有界限了。從此，馮濤對這位曾經的好朋友兼同事的態度一落千丈，他們倆再也回不到當初親密無間、無話不談的程度了。

每一個人都有自己的忌諱，有人們不能提及的「禁區」。正如我們常說的「瘸子」面前不說短、「胖子」面前不提肥、「東施」面前不言醜一樣。

可以說，被擊中短處，對任何人來說，都不是一件令人愉快的事。所以他人身上的缺陷，千萬不能用侮辱性的言語加以攻擊。臺灣人可以吃暗虧，也可以吃明虧，但就是不能吃「沒面子」的虧。無論什麼人，只要你觸及了這塊傷疤，他都會採取一定的方法進行反擊。人人都想獲得一種心理上的平衡。

「打人不打臉，罵人不揭短」，這是一個亙古不變的道理，尤其在今天的社會中，更是放之四海皆準的道理。因此，在與人交談，應找出對方「逆鱗」所在之處，以免有所冒犯。

良言一句三冬暖，惡語傷人六月寒。傷害人最深的莫過於打人打臉、罵人揭短了。所以，在與人交往時，一定要記得不要去碰對方的「逆鱗」。

七、示弱，真正強者玩的遊戲

俗話說：「鷹立如睡，虎行似病。」很形象的說明了兩種自然界中最強而有力的動物的攫食之道。這種強者示弱的方法，既避免了因鋒芒太露而引來攻擊，又麻痹了對手，所以他們一旦出動捕食，幾乎從不落空，而古今成大事者，也往往效法他們而取得成功。

日本的著名拳擊手輪島功一，曾經有過這麼一段往事。由於前次的不幸失敗而失去拳王寶座的他，決心在下回比賽中奪回冠軍，於是宣布要向上屆冠軍挑戰。但是不巧的很，在比賽前夕召開的記者招待會上，功一這名拳擊手居然全身裹著厚重的大衣，還戴著口罩，頻頻咳嗽，精神顯得異常憔悴，使在場的記者十分不安。他們想，在此重大比賽的前夕，這位老兄的身體竟然這般狀況，真是太不幸了。

相反的，功一的對手，身強體壯，一副自信的樣子，人們都一致認定這場比賽的勝者非他莫屬。然而比賽的結果竟然出乎大家的預料，拳王寶座竟然被功一成功奪回。這到底是怎麼一回事呢？原來，在比賽前的記者招待會上，功一不過是在「做戲」而已，其目的是要鬆懈對手的戒心。

生活中無論面臨何種挑戰，其道理是一樣的。如果要鬆懈對手的警戒心理，就要善於運用「示弱」的大智若愚之術，縱使自己具備了十分有利的條件，也萬不可輕易的將它顯示出來，否則被對方看破，那麼吃虧的就可能是自己了。

其實，適時示弱不僅是一種獲取成功的手段，也是一種生存智慧。懂得示弱的人，往往能更有力的存活下來。這樣的例子不勝枚舉：項羽強悍英武，飛揚跋扈，結果兵敗垓下，英雄末路，自刎烏江。而漢高祖劉邦善於示弱，結果一統江山，坐擁天下，成為一代帝王。韓信居功自傲，功高蓋主，結果招來殺身之禍。而與他同朝的另一個大臣蕭何，卻懂得處處避其鋒芒，

贏得了朝野一致的好評，也確保了他一生的地位和平安。

在人際交流中，我們總會遇到這樣的事情：每次向聾啞人士回答問題時，人們總是提高音量，又說又比劃的，這是為什麼？因為人們在急於替他們解決問題。

銀行通知客戶超過了分期付款的期限，貸款者用兒童般的聲音答道：「我們不懂。」這時，銀行方面就覺得客戶並非故意拖欠而是因為不了解規矩，那麼銀行方面就會給客戶更多的解釋來幫助他弄懂。如果客戶還是不明白，銀行還會向他提供建議，比如申請延期，這麼一來，客戶的目的就會輕而易舉的達到了。

更有甚者，當向某人尋求幫助，在接受幫助的同時，對方還投入了時間的資本，增加了對你有利的情況。

為什麼會出現這種局面呢？因為，人性自私的一面決定了人是有攀比之心和嫉妒之心的，而無論是攀比還是嫉妒，所針對的都是那些能力比自己強的、地位比自己高的，或者說成就比自己大的人。所以，當你能力出眾時，一定要謹防別人的嫉妒心作怪，否則，可能在成功的半途中倒了下來。

而且，當你示弱時，便是放低位置、降低姿態，讓弱者充分感受到人格上的平等，並獲得充分的人格尊重。自然，要創設這樣的氛圍，還須注意細節，亦即是說要注意細微處的自我言行舉止。

因此，懂得適時的示弱才是做人做事的智者，更是生活的強者。因為他們懂得示弱並不是妥協，也不是倒下，而是一種理智的忍讓。用示弱把別人對自己的不滿或嫉妒等消極作用減少到最低程度。

曾有一位記者去拜訪一位政治家，目的是獲得有關他的一些醜聞資料。然而，還來不及寒暄，這位政治家就對想質問的記者說：「時間還長得很，我們可以慢慢談。」記者對政治家這種從容不迫的態度大感意外。

過一會兒，侍者將咖啡端上桌來，這位政治家端起咖啡喝了一口，立即大嚷道：「哦，好燙！」咖啡杯隨之滾落在地。等侍者收拾好後，政治家又把香菸倒著插入嘴中，從過濾嘴處點火。這時記者趕忙提醒道：「先生，你將香菸拿倒了。」政治家聽到這話之後，慌忙將香菸拿正，不料卻將菸灰缸碰翻在地。

平時趾高氣揚的政治家出了一連串洋相，使記者大感意外，不知不覺中，原來的那種挑戰情緒消失了，甚至對他懷有一種親近感。其實，這整個過程是政治家一手安排的。當人們發現傑出的權威人物也有許多弱點時，過去對他抱有的恐懼感就會消失。而且由於受同情心的驅使，還會對對方發生某種程度的親密感。事實也正是如此，如果一個人的能力過強，過於突出自己，則會給他人很大的壓力。任何一個人，無論如何都不可能去選擇一個總是提醒自己無能和低劣的對象來喜歡。相反，一個常犯小錯誤但能力出眾者則降低了這種對他人的壓力，縮小了雙方的心理距離，保護了他人的自尊，因而也容易贏得更多人的喜愛。

示弱是一種靈性的覺醒，是一種智慧的顯現。示弱不是妥協，而是一種理智的忍讓。示弱不是倒下，而是為了更好、更堅定的站立。

八、寧當老二也不當老大

俗話說：「寧為雞首不為牛後。」這是人類社會千百年來的老大文化縮影，做老大就是命中註定的幸運，老二總是有太多的無奈和不幸。於是，人們總是若想盡一切辦法突出自己的優勢，樹立自己的大哥地位，蹭破了頭也想著要做老大。

可是並不是所有的老大都好當，尤其是在競爭激烈的今天，一旦你成為老大，那也必將成為眾人攻擊的對象，四面八方都有無數的眼睛監督著你，若是稍有不慎就很有可能掉入別人的陷阱裡。而且老大的後面有無數個老二三四五在追趕著，所以老大時時刻刻都不能放鬆自己，還擔心被後面的老二所超越。可見，當老大還不如做老二。因為老二同樣有很多得天獨厚的優勢，比如說後發制人的優勢，比如說少犯錯誤的優勢，比如說到樹底下好乘涼的優勢，比如說學習對手的優勢……這些優勢是任何老大所不能享受的，老大唯一能夠享受到的，是一點點市場宣傳的虛名，比起老二來，老大的辛苦和挫折，永遠要比老二多。而老二也不需要太多的創新能力，只要能夠不斷的學習老大，就能夠站在巨人的肩膀上，不斷的讓自己獲得超越，而只要瞄準了老大的缺點，就能夠將老大放倒在地上，從而超越老大成為霸主。

會做「老二」並非真的是甘居人後，而是可以從做「老二」的位置中嘗到更多的甜頭，從而使自己的創業在一開始就可以借「蹭車」獲得利潤。

經營企業如此，做人也如此，人們不是常說「槍打出頭鳥」嗎？雖說做老大表面上是很風光，可是背後卻是累彎的腰和憂愁的心。看來還是做老二比較划算。至少不用為了保住「老大」

的地位而惶惶不可終日。

當然，我這並不是不要你去當老大，而是要我們認清自身與現實環境，然後選擇對自己最好的位置。倘若你自認能力有限，個性懶散，那麼你就算有機會，也不要當老大，因為當得好則好，沒當好一下子就變成老三老四，不但對自己是個打擊，更會遭到千百萬人的批評「某某人太差勁」、「自己沒能力還要管我們，真是自不量力」、「某某人下臺了，聽說很慘」……這些批評對你今後的發展是相當不利的。因此，還是當老二比較好，因為當老二還有其他的好處：

（一）靜看「老大」如何構築、鞏固、維持他的地位，他的成功與失敗，都可以成為你的經驗和指標。

（二）可趁此機會培養自己的實力，以迎接當「老大」的機會（假如你有當「老大」的意願的話）。

（三）因為志不在「老大」，所以就不用太急切，造成得失，不會勉強自己去做力不從心的事情，反而能保全自己，會降低失敗的機率。

總之，做人做事，無論從老二、老三、或老五做起都沒有關係，就是先不要做「老大」。有一段童謠是這樣說的：「老大屁股大，褲子穿不下」，所以說當老大的麻煩真的很多。如果能好好的當「老二」，當主客觀條件具備，自然就會變成「老大」，這個時候的老大才是真正的老大。

不做第一、不做第三，而只是緊跟在排名第一的後面做老二，不僅會省去許多氣力，還會在適當的時機衝刺成為第一。

第九章　深諳人情世故，智做人巧做事

人情世故就是我們日常生活中累積的約定俗成的行為規則，屬於社會知識的範疇。同時也是做人做事的技巧。一個人不管有多聰明，多能幹，背景條件多好，如果不懂得深諳人情世故，不懂得如何做人做事，那麼他就會處處碰避壁，最終的結局也肯定是失敗。很多人之所以一輩子都碌碌無為，是因為他活了一輩子都沒有弄明白該怎樣去做人做事。行走於現代社會的我們，不僅要面對激烈的競爭，還要面對紛繁複雜的社會關係，只有深諳人情世故，智慧做人，靈巧做事，把人做得偉岸坦蕩，把事做得乾淨漂亮，才會繞過艱難險阻，成就美好人生。

一、人在江湖漂，謹防小人刀

人們常說：「畫虎畫皮難畫骨，知人知面不知心。」尤其是那些交往不深的人，我們就更難摸清對方的心思、了解對方的想法了。比如：有些人看上去親切和藹，實際上卻內心狡詐，僅僅披著一件友善的外衣；有些人當面對你畢恭畢敬，卻不料一轉身便開始說你的壞話；有些人披著誠惶誠恐的面紗，卻不過是想利用你的善良和輕信來騙取你的錢財……若我們的生活中，有機會遇到這樣的人，難道不需要處處留心、時時警惕嗎？

沈文君做酒店生意五年，積攢了一筆數目不小的錢。一天，其妹夫李正對他說，自己的侄子小劉從臺南打來電話，想在臺北開一家健身館，問沈文君是否願意投資。沈文君心想這項投資可不是小數字，便回覆道要好好考慮考慮再說。

沒過多久，小劉和李正一起來到沈文君家。大家一見面就開始談論開辦健身館的事，整整談論了一個下午。現代人都注重健康，做健身館盈利是毫無疑問的，只是對健身館投資等事宜沈文君不是很清楚。聽了小劉的一番詳細介紹，沈文君感到這項投資確實讓人心動。

隨後，小劉便向沈文君介紹了資金的需求情況。經過估算，整套設備約需資金兩百萬元左右，不過由於小劉在臺南有至交好友，估計一百五十萬元的樣子就能拿到。與此同時，他還拿出了一些照片和說明書之類的東西讓沈文君看，還把他的投資規劃、場地租賃、費用概算、利潤分成等等一併告訴了沈文君，小劉講得頭頭是道，而且利潤分成更讓沈文君怦然心動——每人每年至少純利二十萬元。百分之三十多的利潤，絕對可以得到。

三人於是達成了共識：每人投資六十多萬元，總計二百萬元開辦健身館。購買設備要用一百五十萬元，剩下的五十萬元用於租場館、僱用人員及辦執照等等。於是大家分頭行動：小劉負責去臺南購設備；李正負責辦執照、面試人員；沈文君則負責聯繫租借場館。

由於沈文君在當地混得很熟，不出一週便在一條比較繁華的街道旁找到了合適的地點，並且和房主簽訂了租賃協議。

正當沈文君與李正商量如何改裝的時候，小劉來電說設備已經買到，經朋友幫忙，買下整套設備只花了一百四十萬元，而且品質一流。在交代了一大堆他如何如何費周折的殺價之後，他說目前自己手頭有六十萬元，連同運費還需要多待一天，其中就要多花不少費用。

於是在第二天，沈文君和李正就去銀行，按照小劉提供的帳戶給他匯去九十萬元。李正因錢不夠只出了四十二萬元，沈文君則拿出了四十八萬。

錢匯出之後，沈文君和李正就開始改裝樓層，兩人忙得不亦樂乎。一晃眼大半個月過去了，仍不見小劉回來，期間電話聯繫過數次，他總是說正在僱車，準備馬上發貨。但又一個月過去了，設備仍然沒運回來。

沈文君兩人便開始著急起來，有一天他們往從事貨運的朋友處打聽近日全臺的貨運集裝箱是否難請。對方回答說，近兩個月是貨運淡季，僱車絕對沒問題，還問了他們要用幾臺車以及發往何地等事宜。

看來肯定不是貨運難請的問題，其中可能還有其他原因。沈文君於是撥通了小劉的手機，這次小劉說貨運已經請到，後天就可以裝車。

沈文君、李正二人雖然心裡著急，但是又不能過多的說些什麼，因為這次他說的已很清楚，一旦設備裝上車後，他就會即刻趕回來，離開業的日期不遠了！

後來他又打電話回來，說貨物已全部裝上車。由於安裝時須有廠方的一位師傅在現場指揮，而這位師傅最近家中有事，所以還要再等些時日，以便一起回來安裝。他讓沈李二人耐心等待，同時還問了一下這邊租房以及辦執照的相關事宜。

誰知又過了半個月，沈李二人去貨運公司查詢設備是否到貨，得到的答案是沒有。而小劉所說的過幾天，到現在已經過去很久了，打他的手機得到的回答是「因故停機」。這下，沈文君和李正終於明白自己是被騙了。

而健身館卻已基本改造完成，沈文君面對這種局面，欲哭無淚。而李正則像是發了瘋，他說那小子不但騙了大家的錢，更欺騙了他對小劉一直以來的感情，他咬牙切齒的說：「待我看見那小子，一定把他的眼睛挖出來。」

可是，要是沈李兩人在當初多點防人之心，對小劉在臺南的情況做一番調查，又怎會出現這一後果呢？

古人說：「害人之心不可有，防人之心不可無。」在我們所生活的這個現實社會，欺騙、狡詐的人大有人在。我們每個人都要在生活中學會保護自己，適當的設防。在紛繁複雜的人際關係中，穿上「防彈衣」，學會躲過各種明槍暗箭，使自己立於不敗之地。

與小人鬥，有點划不來；與小人親，有點掉價。以防為主，防不過就躲，在做事過程中，盡量提防小人，免遭不必要的麻煩。

二、萬事「禮」為先

有人說：「在當今的社會，送禮有如駕駛執照，你想飛奔在官場、商場和情場，是萬萬少不了的。」也有「有禮走遍天下，無禮寸步難行」之說，雖然話說得有些誇張，但對禮的作用則可窺見一斑。

在現實生活中，若求人做事時，送上一點禮品，則任何話好說，如果空手求人，只得被別人婉拒。

如今商業社會，「利」和「禮」是連在一起的，往往是「利」「禮」相關，先「禮」後「利」，有「禮」才有「利」。這已經成了商務交際的潛規則。

李健是一位紙張推銷員，多次電話預約一位印刷廠張經理，都被婉言謝絕，而且曾二次登門拜訪，也都一無所獲。

一天，一個小孩在他身旁摔倒了，李健趕忙扶起並安慰了幾句，這使得趕到的小孩媽媽非常感激他，不斷的道謝。就在這一瞬，李健突然想到：我為什麼不從張經理的家人身上下手呢？

經過一番了解，他得知張經理有一個上小學一年級的兒子，而且很喜歡遙控賽車。於是他到玩具城精心挑選了一套進口的遙控賽車，等到星期天的時候，他還帶了一些水果去拜訪張經理，張經理兒子看到玩具後就愛不釋手的玩了起來，而李健也只是和張經理聊了一會，並未提及有關紙張的事。

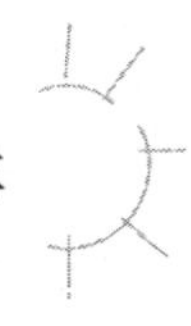

過了兩天後，李健再次撥通了張經理的電話，這次張經理的語氣明顯要比以前親切許多，而且他們定在下午一點半在辦公室面談。面談的結果當然是張經理決定用李健所在公司的紙張，並且還給李健介紹認識了另外幾家印刷廠的老闆。

小禮物起到了大作用，而李健此舉之所以成功，在於抓住了對方的心理，又運用了自己的策略。一是他選擇了從孩子身上下手，這減少了對方拒絕的機率；二是他針對孩子的喜好選擇了恰當的禮物，這一點很重要。正所謂「寶劍贈英雄，紅粉贈佳人。」送人禮物必須能令對方感到滿意，才能肯定該份禮物的價值。如果買一隻貴重的瑞士手錶給孩子；或者是給女孩送一套玩具車……這些不恰當的東西，都只會得到相反的效果。因此，在購買禮物前應仔細考察，才能為受禮人帶來無比的溫馨。

那麼選了禮物之後，如何把東西給送出去卻是一件讓人頭痛的事，若方法不當，對方很可能會嚴辭拒絕，或婉言推卻，或事後送回，這都令送禮者十分尷尬，結果賠了夫人又折兵。那麼如何防患於未然，一送中的呢？關鍵在於你送的藉口好不好，送禮的說法圓不圓。如果你能巧妙的掌握送禮的技巧，就能給整個做事過程畫上一個漂亮的句號。以下列舉一些比較常用的送禮技巧，希望助你禮到事自成。

（一）借花獻佛

假如你送的是土特產，你可說是老家來人寄來的，分給朋友嚐嚐鮮，東西不多，又沒花錢，不是特地給他買的，請他收下。通常如果這樣說的話，受禮者那種盛情無法回報的拒禮心態就會大為緩和，最後，大多會收下你的禮物。

(二) 暗渡陳倉

假如你送給朋友的是酒一類的東西，不防不談「送」字，假借說是別人送你兩瓶酒，來和朋友對飲共酌，請他準備點菜。這樣喝一瓶送一瓶，關係也近了，禮也送了，還不露痕跡，豈不妙哉。不過，話說回來了，這是針對比較要好的朋友，否則一般人興許會認為你為了吃一頓，吃小虧占大便宜。

(三) 烘雲托月

有時你想送禮給人，而受禮者又跟你有些過節，不便直接去送。你不妨選受禮者的誕辰結婚之日，邀上幾位熟人一同去送禮祝賀，那樣受禮者就不會拒絕了。當事後知道這個主意是你出的時，必將改變對你的看法，使關係和好如初。如此這般，借助大家的力量達到送禮聯誼的目的實為上策。

(四) 移花接木

如果老李有事要託小張辦理，想送點禮物疏通一下，但是又怕小張拒絕。老李的妻子跟小張的太太很熟，老李想起了夫人外交，讓妻子帶著禮物去拜訪，一舉成功——事也辦了，禮也收了，兩全其美。這樣看來，有事直接出擊不如迂迴行動能收奇效。

（五）醉翁之意

如果你是給家庭困難者送些錢物，有時他自尊心會很強，不肯輕易接受。你若送的是物品，不妨說，這東西我家放著也是閒著，讓他拿去先用，日後買了再還。這樣一來，就會讓受禮者覺得你不是在施捨，日後要還的，他就會樂意接受的。

（六）錦上添花

有一位職員，平時受上司照顧，想回報卻苦於無機會。一天，他偶然發現上司紅木畫框裡的字畫竟是拓本，跟室內雅緻的陳設不太協調。恰巧他有個朋友是位小有名氣的書法家，手頭正好有朋友贈他的字畫。於是他馬上把字畫拿來，主動放在畫框裡，上司不但不反對，而且喜愛非常。這樣，職員送禮回報的目的終於達到了。

（七）異曲同工

有時候，送禮也不一定要自己掏錢去買。因為，在某些情況下，人情也是一種禮物。比如，你能透過某些關係買到原廠價、批發價、優惠價的東西，當你為朋友、同事買了這些東西後，他們在拿到東西的同時，已將你的那份情當作禮物收下了。你未花分文，只不過搭上一點人情和工夫，而收到的效果與送禮一般無二。受禮者則因給了錢，收東西時心安理得，毫無顧慮；送「情」者無本萬利，自得其樂。像這種避嫌、實惠的送禮方法，只要不損害別人的利益，實在不失為一種送禮的高招。

當然，挑選禮物和最佳的送禮時機及場合也是很重要的。若你處理得好，會取得意想不到的效果。

禮這個字可說是非同小可，大凡學會送禮的人，基本上在這個社會上是無所障礙的人。

三、做人不能太老實

俗話說：「馬善被人騎，人善被人欺。」自古以來，老實人被欺負，實在不是什麼會讓人大驚小怪的事。由於老實人自身的性格特徵，所以他們在群體中基本上處於一種不受重視的地位，沒有什麼實際的影響力，也很難因為出類拔萃而成為領導者。

玉英在一家律師事務所上班，可是工作已經兩年多了，仍沒有親手做過一個案子，原因是她太老實，不懂得人情世故。這樣的人怎麼能在競爭激烈的職場中得到重用呢？所以，一起進公司的同事們都大小案件接了一個又一個，可她只能做一些幕後工作。

也由於她太老實，別人讓她做什麼，她從來不知道怎麼拒絕，所以同事有什麼事就愛指使她。

「玉英，幫我沖杯咖啡，不加糖。」

「玉英，今天幫我把這份資料整理一下，明天開庭要用。」

「玉英，晚上我有一個約會，妳幫我把剩下的這些工作做完吧！」

……

一整天，玉英除了自己的工作，還要幫助別人端茶倒水，等到下了班，別人去約會了，而她卻只能加班到很晚才能把那些不是自己份內的工作做完。

而最後玉英也因為太老實而丟掉了工作。因為公司的廚房在一樓，他們在五樓工作。中午吃飯的時候，本來就應該大家自己去拿屬於自己的飯盒。而玉英很實在，光拿自己的飯盒不好意思，就順便把大家飯盒都提了上來。第一次，大家都說聲謝謝，次數多了，大家也都習慣了，不但不感激，反而覺得這件事本就應該屬於玉英的職責。若哪次玉英下去提飯晚了，有人就吆喝道：「玉英，都幾點了，妳想餓死我們啊！」

而吃完飯後，同事們就開玩笑的說：「玉英，妳乾脆好事做到底，把飯盒一起拿下去洗了吧！」於是，玉英又多了一項洗飯盒的任務。可是有一天，玉英來了月事，肚子痛的她連腰都直不起來，好不容易忍著痛把飯盒提上來，連飯都沒吃就抱了個熱水袋止痛。而同事們吃完飯，習慣性的把飯盒放在玉英的辦公桌上就各自工作去了。可是很不巧的是，一家很大的客戶來公司參觀，看到玉英辦公桌上橫七豎八的放滿了飯盒，皺了皺眉頭，心想：這間公司的員工素養這麼差，想必公司也好不到哪裡去。因此拒絕了與公司合作。老闆因此而非常生氣，把玉英罵了一頓，並讓她去結算薪水走人。玉英有口難辯，但可悲的是旁邊的同事竟然沒有一個人站出來幫她說句話。

由於老實人在群體中往往沒有什麼地位，所以，在利益分配的過程中自然也就沒有什麼發言權，只能被動的接受別人的安排，甚至是被人吆來喝去。可以說，老實人常常處於一種任人宰割的地位，別人吃肉的時候他只能舀點湯喝，有時僧多粥少，他可能連湯都沒得喝。如此循環往復，老實人便會陷入一種利益的惡性循環，實力變得越來越弱，地位也變得越來越低。

其實，老實人的這種生存狀況與其本身所具有的一些基本特性是分不開的。首先，老實人不善於表現自己，儘管自己應該得到的也不去爭取，會覺得不好意思；自己的優點與能力常常不為人所知，給人的印象很平常，甚至常常被人遺忘還有這樣一個人存在，很難引起他人的重視。

其次，老實人不知道自己的將來計劃和打算，他們的觀念是湊合著過日子，沒有什麼大理想，也不知道自己能夠做什麼，一生糊裡糊塗。或許他們偶爾也有自己的想法，卻沒機會表達，一旦有機會又沒有信心，所以即使把想法說出來也不會得到他人的重視。可以說，太老實的人是沒有話語權的。

再次，太老實的人不懂得交際，不會運用社會資源，總是單打獨鬥，在處理各種關係上原則有餘、圓融不足，很難樹立起自己的威信。太老實的人個性也往往比較孤僻，不主動和別人交往，不主動和別人接觸。本來就是一個很普通的人，再不主動，還能期望別人主動結交嗎？這是不可能的事情。所以，太老實的人往往沒有多少朋友，也不是一個受歡迎的人。

最後，老實人不加入任何的利益團體，只知道過自己的生活，也沒有給別人帶來好處的能力，而給別人帶不來任何好處的人在整個利益關係的鏈條中就會處於不被重視的地位。

所以，在這個競爭十分激烈的社會裡，你一定不要太老實，當然，這也並不是要我們處處算計，事事提防，而是要我們圓滑做人做事，在照顧別人的利益時也應顧及到自身利益。

追求生存的安全和安定，當然是無可非議的，這也是我們生存的重要目的。但冒險精神往

往是我們擺脫某種困境的力量和達到富有與成功彼岸的鑰匙，我們應當學會做生存的勇士。

四、給別人面子，就是給自己機會

「面子」是一件很重要的事情，這也就是為什麼會有「士可殺，不可辱」的道理。也許你會說，講究面子是虛偽的表現。這也沒錯，可是，是人都愛面子，即使是仁人賢士也無法超越。如果你不相信，你可以看看自己，也許有時候你會自認吃虧，這些虧或許是悶虧、暗虧甚至是明虧，但有一點，你絕對不會吃「沒有面子」的虧。

其實，面子和尊嚴是一對很難分清的「雙胞胎」，在人們心中總有這樣一種感覺，面子即尊嚴，尊嚴也就是面子。所以，當你給了別人面子，那結果就會大不一樣。高帽子一頂頂的送，別人看了覺得自己臉上有光，自我的尊嚴或者說是虛榮心得到了滿足，地位也得到了提升。這樣一來，大家心裡高興，自然就成了朋友，那你以後的路可就寬了。

可是有許多人在取得了一些小小的成就之後，就為自己的能力感到沾沾自喜，覺得自己有見解，有眼光，有口才。於是，他們生怕沒有機會表現自己，逮到機會就滔滔不絕，把別人批評的一文不值。有的甚至不惜貶損別人來提升自己，根本就沒有「給別人面子」的意識。當別人的面子丟光了，他們的心裡也舒服了，可是丟了面子的人卻氣得要吐血，心裡肯定想著「非討回這口氣不可」，甚至還要和他拼命。其實，這種不給面子的舉動就等於是在為自己的禍端鋪路，堵住自己的路。

曾經有一個大官，他總是覺得自己對圍棋很有研究，而且下棋的技術也很高，所以，在閒暇的時候，總是習慣與人切磋棋藝。

一天，有一個對圍棋也深有研究的讀書人投奔到他的門下，做了一名食客。於是兩個棋藝高手切磋起來。然而這位食客不知道所謂的人情世故，也不知道自己在大官面前應該禮讓三分。因此，對弈一開始就對大官的棋子進行緊逼，這樣的對弈顯然讓大官感覺有些難堪，比賽到後來，竟逼得這個大官心神失常，滿頭大汗。但此時這個讀書人又在棋局上給大官留了一個小小的破綻，大官一看，頓時又來了興致，滿以為依靠這個小小的破綻可以扭轉乾坤，轉敗為勝，然而，事情卻沒有像他所想像的那樣，誰知讀書人突然出其殺手鐧，一子落下，使得大官的棋子無處可走，並得意的說：「看，我贏了！」這令大官感覺有失顏面，心理很不高興，但大官是個很有修養的人，雖然，後來也沒有給他找麻煩。但大官以後再也沒有和他下過棋。這個食客在他這裡也只做了一輩子的食客，終身沒有得到提拔的機會。

與此相反，下面這個年輕人卻因懂得適時的保全別人的面子而得到了晉升。一次，總經理在新來的員工會議上點名時喊道：「劉樺，劉樺……」這時，人群中一個細小的聲音說道：「對不起，我叫劉燁。」

一下子，總經理的臉色變得非常難看，而此時一句看起來很精練的年輕人站起來，大聲說道：「對不起，經理，我在打字時把燁字打成華了。」

聽到年輕人這麼一說，總經理的臉色變緩和了，然後他看了一眼年輕人，說道：「以後注意，點名繼續。」

而在後來的工作中，那名被念錯名的年輕人實習期一滿就被辭退了，而那位幫總經理保全面子的年輕人卻一步步高升，最後成了總經理助理。

保全別人的面子是十分重要的——許多人依著自己的感情，罔顧他人的自尊，結果鬧得不可收拾。有些人，自認為比別人高一等，於是「狗眼看人低」。但人與人之間是平等的，清潔工與總裁除了所從事的工作不同外，在人格上是平等的。所以在人之上時，要把別人當人；在人之下時，要把自己當人。尊重是一種修養、一種品格、一種對別人的不卑不亢、不仰不俯的平等相待。一個人有沒有修養，儘管度量的標準很多，但懂得尊重他人這一點是最重要的。

有這樣一個真實的故事。一天，一位穿得很時髦的中年女人帶著一個小男孩走進美國著名企業大廈樓下的花園，他們坐在一張長椅上，女人十分生氣的責罵孩子。不遠處有一位白髮蒼蒼的老人正在清掃垃圾。

小男孩由於不能忍受女人的大聲責罵，哭了起來。女人從包裡掏出一張面紙，為小男孩擦乾眼淚，然後隨手把紙丟在地上。老人看了女人一眼，她也不屑的看了老人一眼，老人沒說話，把那團紙撿起來扔進垃圾桶內。

女人繼續責罵男孩，孩子流著淚，一會兒，女人又把擦眼淚的紙扔在地上。老人再次把紙撿走……就這樣，女人一共扔了六、七團紙，老人也不厭其煩的撿了六、七次。女人突然指著老人對小男孩說：「你都看見了吧！如果你現在不好好上學，將來就會跟他一樣沒出息，做這些既卑賤又骯髒的工作。」

老人依舊沒有動怒，他平和的對女人說：「夫人，這是企業的私家花園，按規定只有集團員工才能進來。」女人理直氣壯的說道：「是的，我是這家企業分公司的部門經理！」老人看了看她，說：「明天妳不用來上班了，這是我的名片。」

中年女人由生氣變成了驚呆，原來他不是什麼清潔工，而是該集團的總裁。中年女人一下子癱坐在長椅上。

與人交流不能不給面子。林語堂曾說：「不給面子是最大的無禮。」給人面子，或者要求別人給自己面子，是合乎傳統文化的禮儀規範的。這乃是社會通行的「人情法則」。面子的學問中蘊涵著立人、立志、立業的方法與技巧。只有處處給別人面子，你才能更有面子。所以，一個精明的人，應該懂得恰當的保住別人的面子，也知道保住別人的面子會比撕破面子更重要。你可以想一想，當你傷害了別人的面子，犧牲你的人緣，換來了一個小小的勝利，你是否覺得真的很值得。所以，做人應該明白一點：保住別人的面子就是給自己的未來鋪路，是在給自己加分。

人都有爭強好勝的一面，所以大多數人總想在別人面前站得高一點，其實這是做人的一大禁忌。深諳人情世故的人懂得保住別人的面子便是給自己的未來鋪路。

五、看輕自己才能高飛

一位作家初到紐約，馬克·吐溫請他吃飯，陪客有三十多人，都是本地的達官顯貴。臨入席的時候，那位作家越想越害怕，渾身都發起抖來。

「你哪裡不舒服嗎？」馬克．吐溫問。

「我怕得要死」這位年輕作家說，「我知道，他們一定會請我發言，可是我實在不知道該說些什麼，一想起可能要在他們面前出糗，我就心神不寧」。

「呵呵，你不用害怕，我只想告訴你——他們可能要請你講話，但任何人都不指望你有什麼驚人的言論。」

是的，我們每個人都渴望充分展示自己的才華，得到大家的認可。可是當機會突然降臨的時候，很多人會一下子變得手足無措，也會產生緊張。但我們一定要明白，周圍的人都有自己的事要做，他們沒有那麼多時間把注意力完全集中到你身上，他們還是把你當成一個普通人來看待。他們並不期望你能幹出什麼驚天動地的大事，你只要和別人一樣，按部就班的做了、說了，就算圓滿的完成任務了。

想想我們在以前的生活中是否有過這樣的惡作劇。找一個隱密的地方把自己給藏起來，暗自想著讓周圍的人為找不到你而發瘋，想像著人們驚慌的表情。可是，就在時間一分一秒的過去中，我們那「壞事」得逞的快感也在慢慢流失。等到我們終於不耐煩了，從那個隱身的地方出來時，卻發現事實與想像不一樣，所有人並沒有什麼驚慌的表情，也沒有誰在忙於找你，他們只是專心的在做自己的事情。就好像你一直在他們身邊待著一樣，也好像這個惡作劇根本就沒發生過一樣。那一刻，我們有點失落，也有點傷心，畢竟在我們的認知裡，自己理應得到眾人的關注。朋友，別傻了，沒有人會在意你，唯一在意的只是你自己。你要明白，沒有誰是世界的中心，也沒有誰一直都是所有人注目的焦點。反倒是我們把自己看得太高，而時常感到失意。正如著名詩人魯藜所說的那樣：「把自己看作是泥土吧，老是把自己看作珍珠，就時時有被埋沒的痛苦。」

小張是清華大學研究生畢業，進入一家國營企業工作。報到當天，公司就把他送到遠離公司三百公里的施工現場。與普通的工人師傅們同吃同住同工作。而且薪水也和他們一樣。這使他感到非常的「鬱悶」，再怎麼說他也是清華大學畢業的高材生，憑什麼跟那些普通的工人平起平坐。他覺得自己沒有得到重用，更不安於在基層向師傅們學習，總是三天兩頭就請假回家，試用期結束時，被公司婉言辭退。於是小張又開始為找工作而奔波。

「萬般皆下品，唯有讀書高」曾是對讀書人的傳統認同，這種認同是基於借著讀書而得到未來可能的飛黃騰達。因此，即使是當下，當大學生畢業，個人、家庭所想到的自然是苦盡甘來。但現實卻總是無法盡如人意，許多人把這歸之於大學的盲目擴生、社會的急功近利等。但實際說來，這種不盡如人意恰恰是他們自己的舊觀念帶來的。其中對於「大學生畢業賣羊肉串」、「大學生畢業賣肉」、「大學生畢業當農民」等諸多新聞的炒作就是這種舊觀念的體現。

其實，大學畢業實在不能說明什麼，現今社會別說是大學生了，就連碩士、博士都滿大街都是。所以，別把自己看得太重，而要時常看空自己。

適時適當的看空是人的自我和諧所必要的心理調適。人在旅途，與人相處、與世相爭，「不如意十之八九」，心理傾斜是常有的事。從心理過程看，大凡和他人或社會過不去，首先是從和自己過不去開始的。所以，人的心理調適、自我和諧，至關重要的是正確的對待自我、他人與社會，正確的對待困難、挫折和榮譽，塑造理性平和的心態。而「正確對待」的良方，就是把

自己看輕些，把目標看空些。

姜寧大學畢業後進了一家投資顧問公司。他在大學裡學的是投資管理，在一次人才交流會上遇到了一位老闆，老闆說，公司目前雖然不大，但可以給予他充分施展個人才華的空間和機會——而這些，在那些名頭很響的大公司裡，對於一個新人來說是不可想像的。

姜寧到公司後，沒過多久，就被任命為公司市場部的副經理。負責客戶拓展。這是一項相當重要的工作，當然，也是一項難度較大的工作。

但姜寧沒有膽怯，他有幹勁，再加上豐厚的專業知識打底，漸漸打開了局面。有一段時間，姜寧新開發過來的客戶竟占了公司新增客戶總量的一半以上。老闆很高興，有事沒事總要過來拍拍姜寧的肩膀，還時不時拉上他去喝酒，公司有什麼重要活動，都要把姜寧帶上。給人的感覺，他和姜寧的關係已經超越了一般的老闆與職員的關係。公司裡有些人私下裡說，姜寧不久就會是市場部經理，還有人說，市場部經理算什麼，對姜寧來說，公司副經理也是指日可待的。

姜寧自己也以為如此。老闆越倚重他，他越覺得自己對於這個公司的重要性，從職業素養和業務能力來看，除了老闆，公司裡再也無人能與他相提並論。

不久，市場部經理離開了公司，但出人意料的是，老闆並沒有讓姜寧接替那個位置，而是花高薪從一家證券公司挖了一個人過來擔任了市場部經理。這讓姜寧很不解，也非常憤懣。姜寧不好直接表明自己的不滿，於是向老闆提出要休一段時間的假，說以前太累了，想放鬆放鬆。他想透過這種方式提醒老闆，他對於公司來說是不可或缺的。老闆考慮了一會兒後同意了。

五、看輕自己才能高飛

姜寧帶著一絲報復的心理休假去了，他心想，要不了兩天，公司就會一團亂，到那時，老闆一定會哭著喊著請他回來。但並沒有，一個月後姜寧回到公司，公司一切如舊，運轉正常。當他去老闆辦公室銷假時，老闆放下手中的文件，站起來，熱情的拍拍他的肩膀，笑著問：「休假結束了？」

姜寧終於知道，老闆的熱情不過是作為管理者的一種技巧而已，對於他來說，其實並沒有自己所想的那樣重要。這麼一想，姜寧原本鬱悶的心情忽然輕鬆起來，他覺得人應該看輕自己。如果把自己看得太高，那麼心底就會有沉重的負擔，會產生一種無形的壓力，就像鳥的翅膀，拴了沉重的鉛。怎麼也飛不高。

在人生的路上，要多把自己看輕一些，尤其是年輕人。也許這句話包含著幾縷滄桑，但更多的卻是對生活的一種超越。面對這個世界，每個人或多或少都有些自詡的地方，然而也少不了一些無奈；如果恣意輕狂，得到的將是一事無成。而看輕自己才是種智慧，它並不是自卑，也不是怯弱，它是清醒中的一種苦心經營。為人處事，切忌盲目自信，先把自己置於一種不利位置。多設計一下前途中的諸種困難，認準突破口，就為成功打下了堅實的基礎。

看輕自己，並不代表怯懦。看輕自己，就是學習他人之長彌補自己的不足，就是以自己的真誠贏取他人的信任，就是以眼前的退步爭取今後的成功。看輕自己是福，自以為是是禍。天使之所以能夠飛翔，是因為她把自己看得很輕。

放下你的學歷，放下你的家庭背景，放下你的身分，讓自己回歸到「普通人」當中，同時也不要在乎別人的眼光的批評，做你認為值得做的事，走你想走的路。

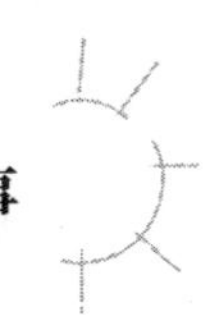

六、做人要留有退路，做事要留有餘地

《周易．復卦．彖辭》說：「復，其見天地之心乎！」、「日中則昃，月盈則食」，中國人從周而復始的自然變化中得到心靈的啟示：「無平不陂，無往不復」。世事的變化並非無章可循，而是究極則反，循環往復。生活既然如此，做人做事就應處處講究恰當的分寸，做到「得理且饒人」，給自己留一線退路。

戰國時，梁國與楚國交界，兩國在邊界上各設界亭，亭卒們也都在各自的地界裡種了西瓜。梁亭的亭卒勤勞，鋤草澆水，瓜秧長勢極好，而楚亭的亭卒懶惰，對瓜事很少過問，瓜秧又瘦又弱，與對面瓜田的簡直是差遠了。楚人死要面子，在一個無月之夜，偷跑過去把梁亭的瓜秧全給扯斷了。梁亭的人第二天發現後，氣憤難平，報告縣令，說：「我們也過去把他們的瓜秧扯斷好了。」縣令聽了以後，對梁亭的人說：「楚亭的人這樣做當然是很卑鄙的，可是，我們明明不願他們扯斷我們的瓜秧，那麼為什麼又反過去扯斷人家的瓜秧呢？別人不對，我們再跟著學，那就太狹隘了。你們聽我的話，從今天起，每天晚上去給他們的瓜秧澆水，讓他們的瓜秧長得好，而且，你們這樣做，一定不可以讓他們知道。」梁亭的人聽了縣令的話後覺得有道理，於是就照辦了。楚亭的人發現自己的瓜秧長勢一天好似一天，仔細觀察，發現每天早上地都被人澆過了，而且是梁亭的人在黑夜裡悄悄為他們澆的。楚國的邊縣縣令聽到亭卒們的報告後，感到非常慚愧又非常敬佩，於是把這件事報告給楚王。楚王聽說後，也感動於梁國人修睦邊鄰的誠心，特備重禮送梁王，既表示自責，也表示酬謝，結果這一對敵國成了友鄰。」

「得理且饒人」是給對方一條生路，讓他有個臺階下，為他留點面子和立足之地，這樣，等到對方得理時，也會給你留點面子和立足之地。若你得理不饒人，把對方逼到死角，就很可能會激起對方的「求生」意志，既然是「求生」，往往就會做一些「不擇手段」的事，如此一來，就會給你帶來傷害。或者你也可能在把對方逼上死路的同時，無意中也把自己給帶進了死角。

在美麗的大森林裡，居住著許許多多的動物，狼是其中最狡猾的。在山腳下有個洞，各種動物都由此通過。狼非常高興，牠想，守住山洞就可以捕獲到各種的獵物。於是，牠堵上洞的另一端，等著動物們來送死。第一天，有一隻山羊經過，狼趕忙追上前去，山羊拼命逃竄。突然，山羊找到了一個可以逃生的小洞，從小洞倉皇逃竄。狼很生氣的把小洞堵死了，心想，這下就再也不會功敗垂成了！

第二天，有一隻兔子路過，狼連忙起身奮力追捕，結果，兔子找到了更小一點的洞，並從洞口逃生。於是，狼又把類似大小的洞都堵上。還心想，這下可就萬無一失了，別說羊，就是與兔子個頭接近的狐狸、雞、鴨等小動物也都跑不掉。

第三天，跑來了一隻松鼠，狼馬上飛奔過去，追得松鼠上躥下跳。最終，松鼠還是從洞頂上的一個通道跑掉了。狼為此非常氣憤，於是牠一氣之下堵塞了山洞裡的所有窟窿，把整個山洞堵得個水泄不通。做完後，還對自己實施的「絕妙」措施非常滿意。

然而，第四天，突然來了一隻老虎，狼嚇壞了，拔腿就跑，老虎窮追不捨。狼在山洞裡面跑來跑去，可是苦於沒有出口，無法逃脫，最終，這隻狼被老虎吃掉了。

對於這個例子，站在不同角度，說法卻大致相同。

哲學上來說：絕對化意味著謬誤。

宗教上來說：堵塞別人生路意味著自斷退路。

環境上來說：破壞原生態及平衡者必將自食其果。

經濟上來說：預算和計畫都須要留有餘地。

軍事上來說：除非你是百獸之王，否則，休想占有整個森林。

法學上來說：犯規則皆有例外，惡法非法。

政治上來說：絕對的權力導致絕對的腐敗，絕對的腐敗必然導致徹底的失敗。

漁民說：一網打盡，下一網打什麼？

農民說：不留種子就是絕種絕收。

總而言之，不給別人留有餘地，自己也將沒有了出路。人生最大的智慧就是凡事懂得留有餘地。

話不可說滿，事不能做絕。留出一定的餘地，才有足夠的迴旋空間。所謂天無絕人之路，就是說上天都會為每個人留有一定的轉機，留有選擇的餘地。

七、偉大是熬出來的

一本有關林彪的書寫林彪與越南的國防部長武元甲會見。他告訴武元甲，與美國對抗只有一個字：熬。熬住就是勝利。其實這一個字的確道出了人生的一種真諦，美國那麼強大，和它對抗當然不容易，但只要「熬」住，最後越南還是贏了。但要真正熬得住又談何容易。

看來，一個人若想有所作為，就必須要學會熬。為什麼要熬呢？因為人生有很多時候都是前進不得倒退不得，就卡在那裡。比如在你遇到特別糾結困難的時候，像大學畢業應徵到一家大企業，職位卻只是跑腿的。現在你是要另謀高就呢？還是繼續待在這裡，然後熬到一個高位呢？其實，按現今的就業形勢，大學一畢業就能得到重用的很少，很大一部分人都是從低位上做起，然後一步步熬到高位的，畢竟理論知識只是「紙上談兵」，而實踐經驗才是真本事。所以在此時選擇熬就顯得比較明智，若你能在低位上熬住了，那麼等到你的經驗得到了提高，不升遷怕是也難。

所以，對於一個人而言，「熬」住其實非常重要。人生中進進退退是尋常事，關鍵是能夠「熬」得住。就像《三國演義》中的劉備就是因為「熬」得住，最後才成就了大業。

當時劉備被呂布擊敗，不得已投奔曹操。曹操「挾天子以令諸侯」，掌握朝廷的生殺大權，漢獻帝實際上是個傀儡。為了不引起曹操的注意，劉備每天在自己住處的後園中種菜澆水，鋤地鬆土，以示「胸無大志」，甚至將他的結義兄弟關羽和張飛都瞞住了。關、張二人曾說：「兄不留心天下大事，而學小人之事，何也？」

其實劉備是很識時務的，知道此時必須「熬」得住才能求日後的發展。因為劉備知道曹操是一世奸雄，不能容忍能與他競爭的英雄存在，只有表現出胸無大志的樣子，才不會引起曹操的殺意。

當然，曹操也不是好騙的，像劉備這樣志向遠大的英雄突然種起菜來，一定有原因，於是他派許褚、張遼引數十人入園中將劉備請至丞相府，「盤置青梅，一樽煮酒，二人對坐，開懷暢飲。」一段膾炙人口的歷史戲劇就此開場。

當時，曹操幾乎明知故問，要劉備承認自己本懷英雄之志。劉備則故意拉扯旁人，先抬出最讓人看不起的袁術，曹操斥之為塚中枯骨，劉備又舉出袁紹、劉表、孫策、劉璋等人，惟獨不提參加了董承為首的討曹聯盟的馬騰和他自己。

曹操自然不滿意，乾脆直言相告：「今天下英雄，唯使君與操耳！」劉備所擔心的是討曹聯盟之事暴露，聽到曹操稱自己為「英雄」，以為事情已經暴露，手中匙勺也掉在地上。為避免曹操進一步懷疑自己，只好推說是害怕雷聲所致。

果然不出所料，曹操想，這樣一個連雷聲都害怕的人，也許根本不是什麼「英雄」，於是將疑心放下。為劉備後來借討伐袁術為名領兵出發，「撞破鐵籠逃虎豹，頓開金鎖走蛟龍。」奠定了成大事的基礎。

能成大事的人往往是懂得見機行事，在自己力量尚無法達到自己追求的目標時，為防止別人的干預和破壞，以低頭示弱來保護自己，用熬來儲蓄力量，為以後的發展找好起跳板。其實，雖然人生在大歷史中只是白駒過隙的一瞬，但對於我們的個體生命來說還是漫長極了，在這個漫長的過程中自然少不了諸多的誘惑，因為眼前的誘惑太誘人，太實在，熬得住太難，所以許多人便迫不及待的跳進去，結果不是陷阱，就是獲得的成功極小甚至是一無所獲。所以，做人做事一定要熬得住，唯有如此。雖然我們有時候像龜兔賽跑的那隻烏龜，未必跑得快，但

「熬」得住，卻能笑在最後；「熬」得住，才能在人生的馬拉松中贏得輝煌。

那麼，處於現今社會的我們，該怎樣熬呢？

(一) 靜

所謂「靜」是指心靜。面對誘惑，很多人都會蠢蠢欲動，都會變得急躁和衝動，但是善於忍耐的人不會這樣，即使這個欲望對他也很有誘惑力，但是他的心還是靜的，如此我們才能正確的分析整個局勢，從而對此有準確的掌握，等到時機成熟才能一舉彰顯自己。

(二) 退

有句話說得好：以退為進。而其中的退就是一種忍耐的表現和過程，目標還是那個目標，終點還是那個終點，只不過在行進的途中稍微改變了一下方向而已，並且很多時候這個方向是非改不可的。就像水在前進的途中遇到了阻礙，既然無法穿阻而過，那何不繞阻而前進呢？

(三) 弱

一個聰明的人在別人面前會適當的示弱，這種示弱不僅僅是表現自己的無能，而且還表現自己的缺點。一個完美的人和一個有缺點的人在一起，人們總是會選擇有缺點的人做自己的朋友，而不會選擇完美的人。原因很簡單，完美對於任何人來說都是一種負擔，無論是老闆還是同事，因此，適當的顯露一些缺點反而能拉近人和人之間的距離，這也是熬的一種重要表現。

(四)隱

所謂隱就是隱忍個人的才能，不至於讓自己在別人面前猶如一張白紙。人總是會有嫉妒心理，有的人看到別人強過自己，就會想方設法的去陷害別人。作為弱者的一方，總是希望看到強大的對手遭遇挫折，所以作為強者來說，最好能適當的保留自己的實力，正如花開半紅是最佳的狀態，或者在某些場合，某些時候假裝「丟臉」一次，以減少自己的鋒芒，也給別人一個心理平衡。隱忍是為了更好的保護自己免受傷害。

總之，成功並不是一蹴而就的事情，它需要一段漫長的過程，而在這個過程中，熬得住就是一切。

人往高處走，水往低處流。人人都想成就一番輝煌，但這往往需要一顆「堅持」心和一份「永不放棄」的耐力。

第十章　做人做事憑的是真本事

做人不能全是虛的，有本事，能做事，才能在社會上穩住腳跟。一切都會改變，唯有真才實學是別人無法搶走的，也無須擔心時運不濟。沒機會時我們可以韜光養晦為別人服務，等到時機成熟，那麼我們將會成為一塊有價值的「美玉」。

一、做人做事，憑的是實力

有這樣一個傳說：一個自以為很有才華的人，一直得不到重用。為此，他愁腸百結，異常苦悶。有一天，他去質問上帝：「命運為什麼對我如此不公？」上帝聽了沉默不語，只是撿起了一顆不起眼的小石子，並把它扔到亂石堆中，上帝對那個人說：「你去找回我剛才扔掉的那個石子。」結果，那個人翻遍了亂石堆，卻無功而返。這時候，上帝又取下了自己手上的那枚戒指，然後以同樣的方式扔到了亂石堆中。結果，這一次，他很快便找到了那枚戒指——那枚金光閃閃的金戒指。上帝雖然沒有再說什麼，但是他卻一下子醒悟了：當自己還只不過是一顆石子，而不是一塊金光閃閃的金子時，就永遠不要抱怨命運對自己的不公平。

許多人總是抱怨命運的不公，總覺得沒有伯樂賞識自己。其實，這種被動的等待只是徒勞，命運的主宰者就是你自己。是自嘆懷才不遇，還是主動創造機遇；是自卑沉淪，還是自信奮發……這一切都由你來決定。只有你充分掌握自我，不斷充實、發展、完善自己，才能成為金子，吸引伯樂的眼球。或許你又會說：「當地上滿是金子時，我都不知道自己是哪一顆了。」但是朋友，你為何不讓自己成為最亮最大的那一顆呢？當你透過努力，把自己變成最大最亮的那一顆時你還會擔心伯樂找不到你嗎？

所以，與其花費時間去抱怨命運不如多學點知識充實自己，相信只要你擁有了真本事，那麼，你便會走出一條屬於自己的成功之路。

有這麼兩個人，他們是高中同學，指考的成績也不相上下，同時考入了清華大學，但就在收到錄取通知書的同時，其中一個名叫劉傑的學生的母親突然患急病入院急救，經診斷為腦溢血，雖因搶救及時而無生命危險，但卻從此成了植物人。這無疑給那個本不寬裕的家庭造成了重創，望著白髮愁眉的老父親和躺在加護病房裡的母親，劉傑決定放棄學業，以幫助老父親維持這個家的生計。為了償還母親治病欠的債，劉傑決定外出打工。

在建築工地上，劉傑起初是個苦力，由於有唸過書，經理有意要劉傑到後勤去編列預算什麼的，但後勤人員拿的是固定薪水，收入穩定但不高，劉傑就請經理把他安排在一線能賺錢多一點的職位上。在工作期間，劉傑邊做邊學，不恥下問，很是勤快。對任何不懂的問題都向有關的師傅請教。在實踐中虛心學習，使劉傑在一年多的時間裡掌握了幾種主要建築工程必備的技術。但這只是實際操作知識，劉傑又利用有限的休息時間，購買了些建築設計圖、間架結構等有關書籍資料，在蚊子叮、燈光暗的工棚裡學習。

偶爾與那位上了大學的同學通訊，他的那位同學就在信裡給劉傑描述大學的生活如何的豐富多彩，信上說，大學裡可以和同學談戀愛、泡酒吧，同學們可以到校外去聚餐、野餐、喝酒等。劉傑寫信說自己打工的條件很苦，沒有機會上大學了，勸他的同學要珍惜那裡優越的學習機會和條件。這位同學回信說在大學裡的學習一點都不緊張，考的只要別太差，一樣會拿到畢業證書。

第二年，劉傑基本上掌握了基礎建設的各種操作技術和原理，漸漸由技術員提升為副經理。由於劉傑的好學肯做精神以及扎實的功底，公司試著給劉傑一些小專案讓他去施工。由於措施得當和管理到位，劉傑負責的每個專案都能出色的完成，在這期間，劉傑仍沒放棄學習，

自修了哈佛管理學中的系列課程，還選修了一些和建築有關的學科，準備參加檢定，完善自我。

第三年，公司成立分公司，在競選經理時，劉傑以優秀的成績競選成功，劉傑準備在這個行業中一展宏圖、建功立業。

同年六月，那位上了大學的同學畢業了，由於平時的學習不太認真，有幾科考的很不理想，勉強拿到畢業證書。因此在很多面試時都落選，只有一家小公司看中他，決定試用半年，由於剛畢業且在實習期，薪水不高，工作條件也不理想，這位同學很惱火。由於他的學習成績不佳，且在工作中態度不端正，雙方均不滿意，只好握手言別，這位大學生失業了。

此時的劉傑已是擁有近千人的工程公司的經理，但他仍在上線上課程進修和業務相關的課程。大學同學找到劉傑說自己想給劉傑做個助手，「朋友嘛，總要照顧一下。」

劉傑說：「來做可以，我這裡同樣也只問效益和貢獻，沒有朋友和照顧，要拿得出真才實學。到哪都會得到承認，光靠朋友和照顧，那是對你以及對我公司的失職，永遠是靠不住的。」

真才實學是走向成功的敲門磚，僅僅靠一張圖有虛名的文憑，是很難適應社會的發展的。就像某位金融界鉅子所說：「一個人，如果既無閱歷又無背景，只有自己可以依靠。那麼，他最好的起步方法是：首先獲得一份工作；第二，珍惜你的第一份工作；第三，培養勤奮、敬業的習慣；第四，認真學習和觀察，獲取真經；第五，要努力成為不可或缺、舉足輕重的人；第六，成為一個謙虛、有修養的人。」因此，生活於知識經濟時代的我們若想有所發展，就要努力提升自己，掌握真正的知識，擁有了真本事才能創造財富，走向成功。如果你學不到真本事，就等於失去了生存的競爭力。

做人不能全是虛的，有本事，能做事，才能在社會上穩住腳跟。一切都會改變，唯有真才實學是別人無法搶走的，也無須擔心時運不濟。

二、有學歷更要有實力

對個人發展而言，是實力重要呢？還是學歷重要？對此，我不想違心的說實力重要，因為求職面試時要求高學歷，低學歷者求職難都是不爭的事實，學歷有很多情況下都有著舉足輕重的作用。

只要有能力，學歷不是問題只存在於個別企業，更多的企業在選擇人才時仍以學歷為主要參考。所以讓自己擁有較高的含金量確實能為我們的求職面試帶來不少好處。但值得注意的一點是：學歷代表著一個人的受教育程度，並不代表著能力的大小。如果因為有了高學歷而沾沾自喜，固步自封。那麼，學歷只意味著畢業證書，或許剛開始它能助你「混」得很好，但終究難以接受時間的考驗，試用期一過老闆能否為你的那紙畢業證書買單卻是個問題。

李濤是師範大學歷史系研究所畢業，他畢業後並沒有選擇留在臺北，而是回到家鄉，在一家高中擔任歷史老師。剛開始，對於鄉下地方而言，李濤可是匹「千里馬」，可是半年後，學校卻把李濤給辭退了。

原來，李濤雖然是研究所畢業，可是一站在講臺上他的思考就完全處於停頓狀態，再加上李濤不善言談，儘管他把課備的認真仔細，可是講出來的內容卻完全變了味。對於學生而言，

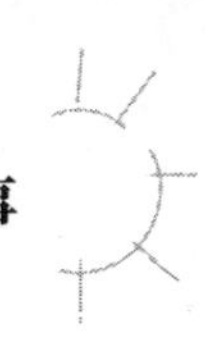

如同是聽天書。於是，學長和家長要求學校換老師。為此，學校還專門調派了老師去聽課，結果自然是一團糟。學校自然不會讓一個光有學歷卻無實力的老師來誤人子弟，自然把李濤給辭退了。

看來，對個人發展而言，學歷有著舉足輕重的地位，但實力也同樣不可或缺。所以，你若想謀取一份理想的職業，不僅要有學歷更要有實力，如此你才能讓自己立於不敗之地。

金子在哪都會發光的，相信自己並不斷提升自身的實力。學歷只是個人發展的第一步，工作中最看重的是實力。

三、揚長避短，經營自己的優勢

在美國，有一個關於成功的寓言故事，它取自名為《飛向成功》的暢銷書，一直被職場成功人士廣泛流傳：

小兔子被送進了動物學校，牠最喜歡跑步課，並且總是得第一；最不喜歡的則是游泳課，一上游泳課牠就非常痛苦。但是兔爸爸和兔媽媽不允許小兔子放棄。小兔子只好每天垂頭喪氣的到學校上學，老師問牠是不是在為游泳太差而煩惱，小兔子點點頭，盼望得到老師的幫助。老師說：「其實這個問題很好解決，你的跑步是強項，游泳是弱項，這樣好了，你以後不用上跑步課了，可以專心練習游泳。」

這個寓言故事詮釋了一個通俗的哲理，那就是成功在於發揮自己的長處。小兔子根本不是

三、揚長避短，經營自己的優勢

學游泳的料，即使再刻苦牠也不會成為游泳能手；相反，如果訓練得法，牠也許會成為跑步冠軍。這個寓言故事的結果大家都應該能夠猜得到：小兔子不再是動物學校的跑步能手，更不會成為游泳高手，最終強項變成了弱項，弱項依然是弱項。因此，做人做事要選擇自己的長處，經營自己的優勢，如此才能發揮無限潛能而取得大的成功。

李揚是著名的配音員，被戲稱為「天生愛叫的唐老鴨」。

李揚國中畢業後，在部隊當一名工程兵，他的工作是挖土、打坑道、建房屋。可是李揚明白，自己身上潛在的寶藏還沒有開發出來，那就是自己一直喜愛的影視藝術和文學藝術。

在一般人看來，這兩種工作簡直是風馬牛不相及，但李揚卻堅信自己在這方面有潛力，應該努力把它們發掘出來。於是他抓緊時間學習，認真讀書看報，博覽各種名著劇本，並且嘗試著自己創作。

退伍後李揚成了一名普通工人，但是他仍然堅持不懈的追求自己的目標。沒有多久，大學恢復招生考試，李揚考上了工業大學機械系，變成了一名大學生。從此，他用來發掘自己身上寶藏的機會和工具一下子多了起來。後來，經朋友介紹，李揚在短短的五年中參加了數部外國影片的錄音工作。這個業餘愛好者憑藉著生動的、富有想像力的聲音風格，參加了《西遊記》中的美猴王的配音工作。隨後，他迎來了自己事業中的輝煌時刻，風靡世界的動畫片《米老鼠和唐老鴨》招聘中文配音演員，風格獨特的李揚一下子被迪士尼相中，為可愛滑稽的唐老鴨配音，從此一舉成名。

人人都有自己特有的天賦與專長，從某種意義上說，每一個人都可以稱為天才。但只有少

數人發現了自己的天賦，並把它充分發揮了出來，劉翔是短跑冠軍，喬丹是飛人，巴菲特是股神，李小龍是功夫影帝……他們之所以成為英雄，正在於他們都是在做自己最擅長的事情，都是在拿自己的長處和別人的短處較量。他們本來是普通的常人，但因為在某一點上超過了所有的人，因而獲得了成功。所以，學會正確的認識自己、分析自己，找到自己的優勢所在對每一個人都至關重要。

李踐在《做自己想做的》一書中，提出了認識自己長處的七個自問，這七個問題對於我們發現自己的長處很有幫助：

（一）我究竟有什麼才幹和天賦？什麼東西我能做得最出色？與我所認識的人相比，我的長處，高人一籌的東西是什麼？

（二）我的熱情在哪一方面？有什麼東西特別使我的內心激動嚮往，使我分外有衝動去完成，而且做起來不僅不覺得累，反而感覺其樂無窮？

（三）我的經歷有什麼與眾不同之處？能給我什麼特別的洞察力、經驗和能力？運用它我能做出什麼與眾不同的事？

（四）我最明顯的缺陷和劣勢是什麼？

（五）時代和環境有什麼特別之處（地理、政治氣候、歷史經濟、文化背景等因素）？這其中有什麼東西能對我的機遇產生影響？

（六）我與什麼傑出人物有往來？他們有哪些傑出的才幹、天賦和熱情？與之合作（或跟隨他們），能找到什麼樣的機遇？

（七）我要看到何種需要得到滿足？

透過以上自問，知道自己適合做什麼，自己熱衷於做什麼，不斷發展自己的長處，經營自己的優勢。你要始終堅信：天生我材必有用，千金散盡還復來。相信每個人都有自己獨特的地方，即使是那些看起來很平常的人，也會在某些方面有獨特的稟賦，不可能一無所長，只要用心發掘，一定會發現那些被忽略的「閃光點」。

每個人都擁有自己獨特的才能，優點是我們成長空間最大的地方。人之所以成功，不是因為他彌補了每一個弱點，而是因為他最大限度的發揮了自己的優點。

四、每天進步一點點

管理學中有一個「蝴蝶效應」。紐約的一場風暴，起始條件是因為東京有一隻蝴蝶在拍翅膀。翅膀的振動波，正好每一次都被外界不斷放大，不斷被放大的振動波越過大洋，結果就引發了紐約的一場風暴，每次一點點的放大，最終帶來了一場「翻天覆地」的變化。而成功的道理也是一樣的，只要每天進步一點點，哪怕是百分之一的進步，那麼就能贏得最終的輝煌。

「不積跬步，無以至千里；不積小流，無以至江河。」、「鍥而捨之，朽木不折；鍥而不捨，金石可鏤。」正是小小的量變，日積月累就鑄成了質的飛躍，這是亙古不變的真理，也在暗示著我們要：每天進步一點點！

一個全世界頂尖的銷售冠軍應權威機構邀請在一個廣場為一萬人做演講，演講開始後，這

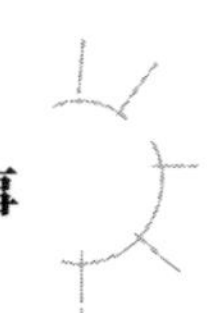

位老兄並沒有侃侃而談銷售技巧，而是找了四個彪形大漢，抬上來一口大鐘，懸掛在一個單杠形狀的鐵架子上，然後，他拿起一個小木錘子，開始輕輕敲打大鐘，五分鐘過去了，人群開始騷動，十分鐘過去了，約有三分之一的人開始散去，這位老兄絲毫不在意臺下發生了什麼，而是不斷敲打大鐘，力度越來越大，頻率越來越高。三十分鐘過去了，只有四分之一的人留下來了，大鐘開始緩緩移動，他繼續不斷敲打，大鐘擺動的速度越來越大，幅度越來越大了，他還在不斷敲打，大鐘已經停不下來了，他放下了木錘，對臺下的聽眾說：「每天進步一點點，你的力量將是無窮的，這就是我的銷售經驗。」

其實，每個人無論在什麼職位上，無論在哪個公司，若想做得最好，需要的只是，每天進步一點點，你的進步讓你的上司對你更有信心，讓企業對你更有信心。

「每天進步一點點」重在「每天進步」四個字。所謂「每天進步」就是永不停止向前邁進的腳步，而不是今天進步一大點，明後天就可以歇歇了。

IBM 國際商業機器公司的創始人說過：「如果你要達到卓越，今天就可以達到。立刻不再做低於卓越標準的事就行。」這話聽起來有些荒誕，但這卻是事實。假設你下決心要達到高品質、高服務的標準，那你現在就已經達到了目的，一旦開始就千萬不要往後看，永遠不要做低於你心目中標準的事情。那麼剩下的就只有堅持了，堅持你的高標準、高要求，不論遇到什麼樣子的打擊和挫折也不要放棄，那你就成功了。

每天勤奮一點點、每天完美一點點、每天主動一點點、每天學習一點點、每天創造一點點……只要每天進步一點點並堅持不懈，那麼有一天你就會驚奇的發現，不知不覺中，你已經在同事中脫穎而出，具備了承擔更多責任的能力。

世界上本沒有路，走的人多了，也就踏成了路。所以我們需要從今天開始，多走多看多想，多完善自己的目標和方向，找到自己擅長的能力和領域。

每天進步一點點，聽起來似乎沒有沖天的氣魄，沒有誘人的碩果，沒有浩大的聲勢，可仔細思考一下，就不難發現，只要我們每天進步一點點，就一定能夠創造奇蹟。

每天進步一點點，會讓我們每天充滿信心。一個人，如果每天都能進步一點點，哪怕在別人眼裡是微不足道的一點點，然而，猶如滴水穿石，他的今天已經與昨天有了不同。在平靜和從容中，只要我默默的努力，就不會虛度每一天。我們不需要那些不切實際的妄想，我們只要每天進步一點點。無數個這樣的「一點點」累積起來，將會是極為輝煌的勝利。每天進步一點點，你就離成功更近一點點。

競爭對手常常不是我們打敗的，是他們自己忘記了每天進步一點點。成功者並不比我們聰明，而是他比我們每天多進步一點點。

五、時時充「電」，才不會斷電

有這樣一則寓言故事：草原的夜幕下，一頭獅子在沉思：當明天的太陽升起來的時候，我要拼命的奔跑，追上那隻跑得最快的羚羊；與此同時，一頭羚羊也在想著：當明天太陽升起的時候，我要拼命的奔跑，逃脫那隻跑得最快的獅子的追趕。這個故事揭示了動物界一個永恆的

法則——只有奔跑起來的動物，才能夠生存。

獅子因為害怕挨餓而奔跑，羚羊因為害怕被獅子吃掉也在拼命奔跑。顯而易見，這是自然界最常見不過的事情了。「物競天擇，適者生存。」在競爭面前，如果不拼命奔跑，不僅會落在其它動物的後面，甚至會遭到被吃掉的命運。源於熱愛奔跑，源於害怕被吃掉，一代又一代的羚羊每天在奔跑。千百年來，由於牠們樂此不疲，持之以恆，不僅收獲了豐厚鮮美的青草，而且練就了強壯的四肢，一次次躲過了獅子等野獸的攻擊。

由羚羊的奔跑，不由聯想到我們自己。如果我們不「奔跑」，那麼結果又會怎樣呢？相信不是被別人超越，就是被淘汰。因此，我們需要勤奮學習，時時充「電」，不斷的完善自身，如此才能改變被淘汰的命運。

在網路資訊技術日益升溫的今天，你如果不每天學習，不去充電，那麼很快就會落伍。因此，無論在何時何地，每一個現代人都不要忘記給自己充電。只有那些隨時充實自己，用學習來武裝自己的頭腦，充實自己的生活，為自己奠定雄厚基礎的人才能在激烈的競爭環境中生存下去。

一名員工對自己的上司很不滿意，他對朋友說：「我們的上司根本就不把我當回事，總有一天我要炒他魷魚。」

朋友問他：「你對自己的表現滿意嗎？對你們公司的業務都熟悉嗎？」

他說：「還不太清楚，但我感覺我的本職工作已經做得很好了。」

朋友建議說：「你最好把關於國際貿易的技巧、商業文書等一系列的東西好好研究一番，再與你們經理坐下來好好的聊一聊，看看你在經理的眼裡是什麼樣子的，再聽聽他對你的期望和要求，心平氣和的談談，如果你們交流後你還是感覺不適合在這家公司繼續工作的話，再辭職也不遲啊！」

他點頭贊同朋友的看法，回公司後改變了自己以往的態度，勤懇的學習公司業務。不久，經理把他叫到辦公室肯定的對他點點頭，把一項非常重要的工作交給他去處理。他不解的看著經理，經理給他倒了一杯茶說：「我相信你現在的能力了，所以把這項任務交給你，大膽的去做吧，做出點成績來給我看看。」

他試探著說：「可以問問為什麼以前……」

經理說：「那時是因為你的能力還沒有達到一定的水準，而且心太浮躁。年輕人，做人最重要的就是能夠認識自己的能力，從自身找原因，這樣才能贏得他人的重視與尊重啊！經過一段時間的學習、提高，我認為以前看錯了你。現在將這項重要的任務交給你，我放心了，你也到了獨自去完成任務的時候了。」說著拍拍他的肩膀離開了。

現實生活中，總有些眼高手低的人，他們常常抱怨老闆不給表現的機會，認為老闆不夠器重自己，所以就會產生一些牢騷，甚至想離開工作的公司。可是，有這樣想法的人們，你是否檢討過自己？有沒有問問自己，為什麼老闆不重用你？有沒有在自身能力上找原因？還是時時檢討一下自己吧！透過學習趕快提高自己的能力吧！

學無止境，成功需要終生學習，每一個想成功的人都應該認識到，學習將成為終生的需要。過去，一個人只要學會一技之長就可以享用終生，現在就不行了。今天還在應用的某項技

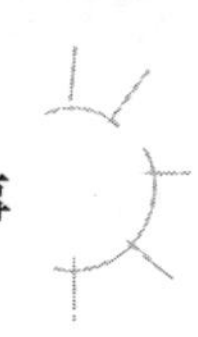

術，明天可能已經過時了。知識、技術更新換代的速度讓人目不暇給，要使自己能夠跟上時代發展的步伐，就要不斷的學習。

荀子早就說過：「學不可以已。」人如果停止學習，就會退步。從人的自我發展和自我實現來說，一旦停止學習，也就到頭了。

我們今天還談不上到頭不到頭的問題，我們多數人還在如何適應生存、如何才能發展自己的問題上思考著學習的重要性。如果停止學習，你就會落伍，就會被時代淘汰，你的生存就會受到威脅，就談不上發展，更談不上自我實現。

很多人會找藉口說：「我已經太老了，學不動了。」或者說：「我有一大家子人等著我去養活，哪有時間去學習？」這只是一種藉口罷了。這是一種得過且過，苟且偷安，貪圖享受，安於現狀，不思進取的心理在作怪。

其實，人的一生就是學習的一生。一生學習，你就會過著有收穫的一生；一生學習，你就會有成功的一生。學會學習，你的一生就有了意義。

一個人的起點也許會很低，但只要他擁有強大的，並且堅持不懈的努力下去，就一定能夠克服各種困難，最終實現自己的夢想。

六、讓自己不可替代

美國有一位工程師的維修出場費高達一萬美元。有一次他應邀到某工廠維修大型機器，他敲敲這裡，聽聽那裡，最後在機器的一個部位畫了一條直線，說：「問題就在這裡。」工人將那個部位拆開，修理完之後，機器果然重新運轉起來，工人們紛紛叫好。廠裡付給他一萬美元，工人們羨慕的說：「你畫的這條線可真貴呀，一條線值一萬美元。」工程師回答道：「這條線其實只值一美元，可是知道在哪裡畫這條線值九千九百九十九美元。」知道這條線要畫在哪裡——這就是這位工程師的重要性所在，說明了他是不可替代的。

市場經濟的條件下，薪水發放的原則是「重要性」，而不是「工作量」，也就是說，一個人越是重要，越是不可替代，他的收入就越高，而不是「誰辛苦，誰收入高」。因此，你可以試著問問自己：假如我明天離開了公司，老闆會真心誠意的挽留我嗎？假如我明天離開了，公司會不會因為無法找到一個能接替我的人而影響業務的正常開展？如果答案是肯定的，那麼你的價值就高；如果是否定的，那麼你就要不斷努力，使自己成為不可替代的人。你要明白一點：唯有不可替代才是真理。

麥可．喬丹，一個被眾人所熟知的名字，一個讓人們開始認識籃球，認識美國籃球協會，為籃球史的發展作出了巨大的貢獻的體育明星。可以說在全世界範圍內，不管是不是一名籃球愛好者，不知道麥可．喬丹的人幾乎沒有。

為什麼這樣說呢？因為喬丹是一個不可替代的人，他創造了許多不可替代的價值。而他的不可替代讓人們對他熟知。

喬丹在公牛隊以及美國籃球協會聯盟中的地位，都是不可替代的。從一九九三年喬丹宣布退出籃壇，改行打棒球的那一刻起，他的那種不可替代性就尤為凸顯。一方面，公牛隊群龍無

首，變成一隻弱隊。另一方面，美國籃球協會比賽人氣大減，收入損失慘重。但從一九九五年季後賽前，喬丹復出，公牛隊繼續上演神話，完成第二個三連冠的霸業。有喬丹在，公牛隊聯合中心體育館幾乎場場暴滿。隨著公牛王朝的復興，美國籃球協會賽場也出現了罕見的火爆場面。

但這並不能完全證明麥可．喬丹的不可替代性。從一九八四年加入美國籃球協會開始，喬丹就成了美國籃球協會商業世界裡最重要的組成部分。當初耐吉公司宣布以二百五十萬美元購買喬丹五年的「穿鞋權」，當初的耐吉公司遠沒有現今這般「豪氣」，在經營慘澹的情況下，耐吉公司拋出堪稱天價的代言費，請新人喬丹代言其產品，在當時這被許多人視為是一次瘋狂的賭博。然而，在這瘋狂賭博下注僅一年後，耐吉就奠定了運動品牌翹楚的地位。這些年來，僅從銷售喬丹服裝鞋帽上的盈利就高達數十億美元。

而且這種喬丹效應不僅發生在體育用品領域，就連麥當勞、可口可樂、雪佛蘭汽車等品牌也因為喬丹而盈利頗豐。公牛隊所在的芝加哥城也因為喬丹而在旅遊、紀念品等方面獲益匪淺。

喬丹本人的年薪也漸漸上漲到三千三百一十四萬美元，打下了至今無人超越的紀錄。另外，喬丹的「副業」也是收入頗豐。但這些並不能說明喬丹的身價，可以這麼說，我們很難用金錢來衡量喬丹的價值，就像有人說的那樣，喬丹本身就是一部「印鈔機」，其價值是無限的，身價再高，也會有人爭著為他買單。

那麼，作為社會大眾普通的一員，在就業競爭日益激烈，對於一份工作，你不做，可能會有更多的人在等著做的今天，「優秀」已經是一個相當過時的概念，在激烈競爭的職場，就連「卓

六、讓自己不可替代

越」都變得岌岌可危。你的學歷高，還有人的學歷比你更高；你的資歷長，還有人的資歷比你更長；你的責任心強，還有人的責任心比你更強；你的能力強，還有人的能力比你更好……所以，對於一個員工來說，學歷，資歷、責任心、能力等都非常重要，但僅僅擁有這些還遠遠不夠，你必須盡快盡力發掘自己身上的「優勢」，把自己塑造成一個不可替代的人才是最重要的。

一位剛剛大學畢業的女孩進入某公司，在老闆辦公室從事祕書助理工作，主要的任務就是幫助老闆處理日常事務，諸如列印檔案、分發信件、編輯文字等，其薪水與普通職員相同。一次，老闆要求她列印一句話：「請你記住：成功的祕訣，就是讓自己變得不可替代。」

她將打好的標語交給老闆時，很有感悟的說：「您的這句話讓我深受啟發，對我有很深刻的人生啟迪。」這件事並未引起老闆的注意，但是卻在女孩心中產生了巨大的力量。從那時起她開始在晚飯回到辦公室繼續工作，並且從不計報酬的做一些並非份內的工作——比如替老闆給客戶回覆信件。

她認真的研究老闆的語氣與思路，以致於她的回信和老闆的一樣好，有的甚至比老闆考慮的還仔細。她一直堅持這樣做，並不在意老闆是否注意到自己的努力。終於有一天，老闆的祕書因故辭職，在挑人選時，老闆自然想起這個女孩。

機會總是垂青於有準備的人，在沒有得到這個職位之前她已經身在其位了，當許多同事正在上網聊天的時候，她卻依然堅守在自己的職位上，在沒有任何報酬的情況下，依然刻苦訓練，最終使自己有機會獲得更高的職位。

而事實上，好運並沒有結束，這位優秀的女孩，引起了更多人的關注，有好幾家與他們有

業務聯繫的公司也主動要求她加盟。為了留住她，老闆只好多次為她加薪，與最初當一名普通職員已經高出了好幾倍。對此，老闆也實在出於無奈，因為她不斷提升自我價值，使自己變得不可替代！

我想這位女孩的成功之路頗值得年輕人思考：無論你從事哪一樣工作，每天一定要使自己尋找一個機會，使你能在平常的工作範圍之外，從事一些對其他人有價值的服務。而且你這樣做的目的並不是為了獲得金錢上的報酬，而是為了訓練和培養自己的進取心，從而為你贏得更多成功的機會。儘管現實職場的競爭激烈、人才輩出，想成為不可替代的人物可不是件容易的事。但無論怎樣，你可以嘗試一些提升自己的方法，增強自己的不可替代性。

首先，你要清楚的知道自己的優勢和劣勢。

「尺有所長，寸有所短。」沒有人是完美無缺的，一個人有他的長處就一定會有他的短處，而很多時候，在某種情況下的長處，在另外一種情況下，也許恰恰就成了短處。當我們清楚的知道了自己的優勢和劣勢，我們就能依據自己所處的環境讓它們發揮最大的效用。

其次，在工作中發揮自己的專長和興趣，做到揚長避短。

很多人在工作中沒有取得大的成就，並不是因為他們能力差，而是因為他們所從事的工作並不是自己真正喜歡的，甚至並不能發揮自身所長的工作。或許你不想更換現在所從事的工作，那就要在工作中培養對其的興趣和愛好；如果你覺得現在的工作並不能發揮你的專長和興趣，甚至背道而馳，那你就要考慮換一個職位，甚至換一份工作了。雖然，也許你會有暫時的利益損失，但是從長遠來看，那無疑是值得的。因為你沒有浪費你最寶貴的資產——你的時間。而對任何人來說，在錯誤的方向上走得越久，就意味著回頭的時候，所要支付的機會成本越高昂。

再次，在工作中，還應追求將工作變得更快、更好、更有成果。

在工作中，我們只有要求自己把工作做得更快、更好、更有成果，我們才能成為其中的強者，使別人很難或者是無法戰勝，只有這樣，我們才不會失業，才能升遷加薪，跟著企業一起成長。

最後，創新者永遠走在別人的前面。

創新是一種寶貴而稀缺的能力，是弱者戰勝強者的唯一機會。不管你是否成為了某一方面的最強者，或是創新者，你都需要證明，你為老闆創造的價值，遠遠大於老闆向你支付的薪水。

就業危機已經來臨，只有那些可能成為不可替代的員工的人，才可能找到理想的工作。企業裁員正在進行中，只有那些不可替代的員工才不會被裁掉，才能升遷加薪與公司一起成長。

不懂社交，小心社死

「談」情說愛、先「捧」後求、萬事有「禮」，一本書教你屬於成年人的社交潛規則

作　　者：康昱生，田由申

發 行 人：黃振庭

出 版 者：崧燁文化事業有限公司

發 行 者：崧燁文化事業有限公司

E-mail：sonbookservice@gmail.com

粉 絲 頁：https://www.facebook.com/sonbookss/

網　　址：https://sonbook.net/

地　　址：台北市中正區重慶南路一段六十一號八樓 815 室

Rm. 815, 8F., No.61, Sec. 1, Chongqing S. Rd., Zhongzheng Dist., Taipei City 100, Taiwan

電　　話：(02) 2370-3310

傳　　真：(02) 2388-1990

印　　刷：京峯彩色印刷有限公司（京峰數位）

律師顧問：廣華律師事務所 張珮琦律師

定　　價：375 元

發行日期：2022 年 02 月第一版

◎本書以 POD 印製

國家圖書館出版品預行編目資料

不懂社交，小心社死：「談」情說愛、先「捧」後求、萬事有「禮」，一本書教你屬於成年人的社交潛規則 / 康昱生，田由申著 . -- 第一版 . -- 臺北市：崧燁文化事業有限公司，2022.02

　面；　公分

POD 版

ISBN 978-626-332-041-3(平裝)

1.CST: 修身 2.CST: 生活指導

192.1　　111000645

電子書購買

臉書